本书由上海交通大学安泰经济与管理学院出版基金资助

赢利模式：企业战略的原点

余明阳 等 著

内容提要

本书是上海交通大学 EMBA 学员经典赢利模式企业案例总结，详细分析和介绍了 10 家企业的赢利模式，引导读者对企业现实的赢利模式进行思考和梳理，帮助更多的企业中高层管理人员对赢利模式进行有效分析，提高企业业主在风雨变化的市场经济环境中对企业赢利模式的把握和分析能力。

本书适合 MBA、EMBA 学员以及企业管理者参考阅读。

图书在版编目(CIP)数据

赢利模式：企业战略的原点 / 余明阳等著. —上海：上海交通大学出版社，2016 (2017 重印)

ISBN 978-7-313-14310-5

Ⅰ.①赢…　Ⅱ.①余…　Ⅲ.①企业经营管理　Ⅳ.①F270

中国版本图书馆 CIP 数据核字(2015) 第 310169 号

赢利模式：企业战略的原点

著　　者：余明阳 等

出版发行：上海交通大学出版社　　地　　址：上海市番禺路 951 号

邮政编码：200030　　电　　话：021-64071208

出 版 人：谈　毅

印　　刷：江苏凤凰数码印务有限公司　　经　　销：全国新华书店

开　　本：710mm×1000mm　1/16　　印　　张：15.25

字　　数：244 千字

版　　次：2016 年 5 月第 1 版　　印　　次：2017 年 10 月第 2 次印刷

书　　号：ISBN 978-7-313-14310-5/F

定　　价：49.00 元

前　言

商学院的教育应当以什么为中心、围绕什么进行展开和演绎，一直是国内外商学院非常关注的问题。从关注绩效到关注理念，从关注促销技巧到关注战略定位，从"器"到"道"，商学院的管理者们一直在探索着最能说明商学院价值的创意原点。

我认为，商学院当中无论是战略还是营销，无论是供应链管理还是人力资源，无论是管理信息系统还是财务会计，所有的原点都是建立在商业价值的营造上。正像菲利普·科特勒所说："赢利是企业存在的理由和本质的价值所在。没有这一点，企业将不能被称之为企业。"因此，将赢利模式定位成商学院运行的核心和原点，是有充分理由的。同样，作为企业战略来说，它也是战略发展的核心和原点。

赢利模式的构成比较复杂，各位研究者、各种学派对赢利模式的表述不尽相同。我的理解是，赢利模式就是指企业为实现赢利的逻辑架构。也就是说，一个企业如果没有良好的赢利模式，其赢利必然是违背逻辑结构的。这种赢利，注定不能持久。当然，良好的赢利模式也不等于企业能立即赢利。正如菲利普·科特勒所说："赢利模式的正确比它是否赢利更重要"。

决定赢利模式的因素也是一个颇有争议的问题。我个人觉得，决定赢利模式的无外乎市场需求、与同行的战略差异、企业核心竞争力、战略定位、要素配置、战略实施方法等元素。当然，这些元素在具体赢利模式的设计和形成过程中进行各种不同的组合，从而产生出具有差异性的甚至是千姿百态、丰富多彩的各种赢利模式。有了这个基础，其他的商学院的各种学科才有了依附点和发力点。当然反过来说，这些学科也将为赢利模式的清晰，提供理论指导和技术保障。

以互联网为代表的信息革命，对于商业业态的颠覆和市场格局的重建，产生了革命性的影响。乔布斯颠覆了唱片业，支付宝和余额宝开始挑战传统的零售银行，淘宝和天猫将快速消费品的零售搅得天翻地覆，微信使传统电信运营商寝食难安，百度甚至改变了广告媒体的生存环境，特斯拉让传统汽车产业备感压力；即便是再传统的制造业和最普通的简单服务行业，也不得不接受互联网$^{+}$的强力冲击，大众点评网、饿了么，以及异业联盟、团购体系、虚拟社区营销都使得互联网成了企业发展的不可或缺的标配，从而使企业主动和被动地融入创新大潮，进入与资本市场全面对接的快车道。从这个意义上讲，互联网$^{+}$是创新+金融的基础。而这三个元素，又对所有企业现有赢利模式提出了巨大的挑战，使更多的企业家不得不在全新的环境中重新思考自己的赢利模式，也使大量的创业者必须在新的环境中考虑赢利模式设计的先进性。

上海交通大学安泰经济与管理学院是中国最早关注赢利模式的商学院之一，也是把赢利模式放在核心位置的商学院之一。我们从本硕博层面、MBA层面、EMBA层面都格外关注赢利模式问题。在中国商学院中，首创了赢利模式大赛，也集结出版了诸多有关赢利模式的书籍和文集，在国内外商学院系统具有一定的影响力。

本人有幸从中国第一届EMBA学生开始，就为EMBA的同学授课并担任赢利模式方面的参赛评委，目睹了十多年来交大安泰EMBA同学在赢利模式问题上的不断探索和孜孜以求。其中，以往若干年的优秀赢利模式设计最后都获得了VC和PE的青睐，真正成为创业项目，甚至走向了资本市场。我们的EMBA同学们也在这样的比赛中加深了对赢利模式的理解，继而形成对自身赢利模式的反思，从而在未来发展中，调整战略、重建价值、有所取舍、持续发展，实现了通过EMBA学习提升企业发展水准的最终目的。

本书收录的是历届上海交大EMBA公司赢利模式大赛中的十个经典获奖作品。他们的业务领域各不相同，创新程度各有差异，要素配置各有千秋。但是对于所有阅读者来说，都能从中获得启示，引发思考。为此，我特向广大的EMBA同学、MBA同学、EDP学院、企业家朋友及各种准备创业的同仁们推荐这本书，相信你们能从中获得有益的东西。

是为序。

余明阳

上海交通大学安泰经济与管理学院党委书记

中国企业发展研究院院长

教授、博士、博士生导师

2015年12月

目　录

环保水务产业发展的创新之路
——上海巴安水务股份有限公司赢利模式

一、案例背景及赢利模式研究思路

（一）企业介绍

上海巴安水务股份有限公司（简称巴安水务）前身为张春霖、沈祚萍于1999年创办的上海巴安水处理工程有限公司（简称巴安水处理），成立时的注册资本为100万元。当时中国电力行业一度沉寂，2003年伴随着中国经济景气进入大发展，同时随着高压电远距离输送技术的提升，国家发改委对电厂选址的思路有了变化。而随着通信事业的发达和市场信息进一步透明，巴安水处理决定从技术代理经营转向提供技术解决方案，以山西古交发电厂为起点，整合500多个供应商，将自己的技术转化为市场成果，陆续为100多个发电厂安装了自己的系统。巴安水处理也从一个二三十人的小公司，在与当时国内"巨人对手"的竞争中不落下风，迅速成为千万级公司，到2008年已经跻身亿元销售额俱乐部，7年之间，销售收入翻了四五十倍。2010年2月5日，巴安水处理公司整体变更为巴安水务。2011年9月，巴安水务成功在深圳交易所创业板上市，募资3亿元。2013年公司实现营收4.51亿元。

作为解决方案供应商，经过十几年的发展，巴安水务已经完成了近200个水处理项目，积累了丰富的技术经验和水处理工程实例资料。巴安水务已经成了一家专业从事环保水处理业务，为电力、石化等大型工业项目和市政水务项目提供持续创新的智能化、全方位水处理技术解决方案及服务的公司。公司紧紧围绕国家发改委提倡的"节能、节水、环保"的政策主题，与时俱进，顺应国家发展潮流，利用人才优势，在电力行业大力推广新技术、新工艺，得到了业内外专家及同行的赞许。同时，作为上海市院士工作站和国家人力资源和社会保障部颁发的博士后企业工作站，巴安水务一直坚持以技术创新为核心发展战略，并致力于新技术和升级替代型技术的产业化推广和应用，凭借技术创新优势，公司目前在多项技术领域处于行业领先水平。

巴安水务主营业务涵盖工业水处理、市政水处理、固体废弃物处理、天然气调压站与分布式能源四大板块，是一家专业从事环保能源领域的智能化、全方位技术解决方案服务商。公司秉承以电力市场为基础，以工业和市政为两翼的一体化战略方针，具体体现为环保能源领域技术研发、系统设计、系统集成、系统安装、调试、EPC 交钥匙工程和 BT、BOT 工程项目等。十多年来，公司坚持"在发展中聚焦，在守成中创新"的发展原则，秉持"深耕水务事业，改善我们的环境"的理念，形成了"多技术路线、多产品类型、多行业应用"的巴安经营模式；巴安水务凭借丰富的处理经验、过硬的项目质量和良好的服务能力，已形成良好的市场美誉度和"巴安"品牌认知度。目前，公司业务涵盖火电、石化、冶金等多个工业子行业及市政水务行业，系行业内少数跨工业和市政水务领域的全能型水处理服务提供商之一；另外，公司在海外电力市场的直接开拓上亦处于行业领先地位。

公司的主要业务范围：

1. 工业水处理

- 设计与生产制造成套及土建施工、设备安装和系统整岛调试及运行；
- 原水预处理系统，包括水的澄清过滤系统、煤矿沆道水处理系统及超滤技术；
- 海水淡化处理系统；
- 锅炉补给水深度处理系统，包括离子交换器及超滤、反渗透、EDI 等；
- 城市中水深度处理系统，包括石灰处理工艺、生物滤池及膜生物反应器（MBR）技术等；
- 中压凝结水精处理系统，包括凝结水粉末树脂过滤系统和凝结水深层混床处理系统；
- 煤化工及石化行业冷凝液处理系统、水处理系统、回用水处理系统；
- 废水处理系统，包括垃圾渗透液及高有机物废水、电镀废水、脱硫废水处理系统及电厂集中废水处理系统和零排放处理技术；
- 粉末药剂储存、计量、配置系统；
- 先进的油水处理系统；
- 公司还提供空冷机组专用的凝结水粉末阳树脂、阴树脂及纤维粉和按一定比例的混合树脂粉；同时，提供与之配套的粉末树脂覆盖过滤器专用滤元（不锈钢骨架、PP 纤维缠绕）和高速混床前置过滤器用的折叠式滤元及全自动反冲洗过滤装置。

2. 市政水处理

- 市政自来水以及配套管网工程，包括沉淀、过滤、消毒、深度处理（如臭氧活性炭等工艺系统）；
- 市政水处理系统以及配套管网工程，包括百乐卡生物悬挂链技术、氧化沟、AB/A2O、SBR 等工艺系统；
- 百乐卡生物悬挂链技术；
- 饮用水安全处理技术及微污染水处理、微滤成膜技术；
- BT 和 BOT 项目。

3. 固体废弃物处理

- 污泥干化石灰工艺系统及污泥焚烧干化系统；
- 污泥处理系统：包括离心脱水机及板框式脱水机和压滤机等；
- 垃圾焚烧发电厂

4. 天然气调压站与分布式能源

- 天然气调压门站，智慧能源三联供技术。

表 1 巴安水务主要产品类别和用途简介

类 别	业务/产品	描述和用途
凝结水（冷凝液）精处理	凝结水精处理	除去因凝汽器泄漏带入的杂质、系统腐蚀产物、补给水系统带入的杂质等，保证经过处理的凝结水达到锅炉给水水质要求
	冷凝液精处理	除去因水循环中带入的杂质、系统腐蚀产物、补给水系统带入的杂质等，保证经过处理的冷凝水达到化工、冶金等行业循环水水质要求
再生水（中水）回用	市政水再生水（中水）回用	用各种物理、化学、生物等方式对市政水进行不同深度的处理，达到规定的水质标准，然后再回用
	工业中水回用	对工业废水进行不同深度的处理，达到工业生产工艺要求的水质，再回用到工艺生产中

（续表）

类　别	业务/产品	描述和用途
给水处理系统	市政自来水处理	将原水经过各种物理、化学、生物等方式净化后，达到饮用水标准
	工业给水处理	工业给水系统包括锅炉补给水处理、原水预处理等多种水处理系统，用各种物理、化学、生物方式对原水进行净化或进一步除盐处理，以满足用户对给水水质的要求
排水处理系统	市政水处理	将市政水经过各种物理、化学、生物等方式处理后，达到排放标准，按规定直接排放或作为再生系统原水
	工业废水处理	将工业生产的污废水经过各种物理、化学、生物等方式处理后，达到排放标准，按规定直接排放或进一步深度处理回用

（二）案例典型性

进入 21 世纪，水资源的重要性日渐凸显，水资源的战略性控制和水资源的节约、水生态环境的保护不断强化，国家宏观政策也给水处理行业带来了千载难逢的良机，水处理行业蕴藏着巨大商机。但是，中国水务作为传统的自然垄断企业，一直处于国企改革的边缘，在市场经济体制建立和完善过程中，暴露出机制落后、融资不畅、效率低下等诸多弊端。因此，在国家开放公用事业产业领域、推动水务行业市场化、产业化的宏观政策，以及外资、民间资本等各类资本竞相进入中国水务产业的背景下，本土水务企业面临巨大的生存和发展压力。尤其在未来几年，有竞争优势的企业将会加快扩张和发展，水务企业将向集团化、规模化发展，水务企业上市融资、跨区域资产重组、产业一体化发展将成为趋势。全国水务行业最终将形成由若干个跨地区、跨所有制的大型水务集团割据的局面。面对如此的机遇与挑战，巴安水务凭借灵敏的嗅觉，在大力开拓市场的同时敏感地捕捉到了国家政策性动向，自主研发的再生水回用系统等技术，跻身水处理行业之列。在当前状况下，像巴安水务这样的中国本土水务企业如何抓住水务市场开放的发展机遇，利用自身的优势实现生存和发展，制定自己的企业发展战略，已成为当务之急。

（三）赢利模式研究思路

本文将首先利用 PEST 分析工具、产业链分析方法和波特五力竞争模型等理论和分析工具对巴安水务所处宏观环境、行业竞争环境进行介绍，解读巴安水务在现阶段所面临的外部机遇和挑战。

然后，分析得出巴安水务从传统水处理企业向环保能源企业转型、从技术代理经营向提供技术解决方案转型，业务模式从单一的 EPC 模式转向多种模式发展的战略定位转变的历史必然性，以此作为巴安水务赢利模式创新的出发点和指导思想。

接下来，本文将对巴安水务的发展阶段进行划分，分析赢利模式的要素组成，基本按照企业演化的轨迹，从目标顾客、价值主张、业务流程、核心资源、重要合作、收入结构、成本结构等要素对巴安水务主要业务赢利模式创新的具体实践进行还原和提炼。

最后，将总结巴安水务赢利模式创新经验，以期给环保水处理行业的发展提供一定的借鉴。

二、外部环境分析

（一）宏观环境分析

近 30 年来，我国经济规模持续增长，重工业快速发展，各地城市化建设加快，工业用水总量由 2000 年的 1 139.1 亿 m^3 增长至 2012 年的 1 423.9 亿 $m^3$①，工业废水排放总量由 2000 年的 194.2 亿吨增长至 2012 年的 221.6 亿吨②，2000 年工业废水达标率是 76.9%，2008 年的工业废水达标率已提高到 92.4%，推动了工业废水处理市场持续增长。近年来，伴随着国家推出多项投资鼓励措施和产业振兴规划，工业用水总量和废水排放总量继续保持增长，工业废水排放标准和工业废水达标率均不断提升，工业水处理市场需求持续增长。国家统计局披露的工业废水治理投资总额，2002 年是 71.5 亿元，2008 年已达到 194.6 亿元，年复合增长率为 15.38%。

① 《中国统计年鉴(2013)》。

② 《全国环境统计公报(2012 年)》。

中国水处理行业目前处于散乱的无序竞争状态，相对和绝对集中度都很低。而国际著名的大公司，如GE、西门子等均在近年高调进军中国，参与群雄逐鹿。中国水处理企业的机会应在于：中国特殊的水环境，其水处理需要本地化的技术和本地化的解决方案。

预计未来国家将继续加大基础设施建设力度，继续推进城市化进程，这使得电力、石化、煤化工等重工业领域的投资仍将保持增长，带动工业废水处理市场需求持续增长。另外，工业水处理不仅包括工业废水处理，还包括给水处理及各种循环水处理，因此整体工业水处理市场的增长空间更大。随着国民经济的持续增长，预计工业水处理市场容量将以超过国民经济增长率的速度增长。

水处理产品是一种准公共产品，既有公益性又有营利性，同时具有垄断性。水务产业是关系国计民生的产业。这样的性质，决定了这个产业既需要市场无形之手的激活和搅动，优化配置资源，吸引多元化的投资促进产业的兴旺，满足市场需求，同时更需要政府有形之手的助推。

这里，将运用战略管理中的PEST分析工具对巴安水务宏观环境进行详细分析，由此得出巴安水务进行赢利模式创新的背景和必然性。

1. 政策环境为巴安水务赢利模式创新提供有力支撑

中国是人口大国，也是水资源严重缺乏的国家。随着国家对环境污染问题的重视程度越来越高，越来越重视水资源的可持续利用，国家大力引导和鼓励环境污染治理领域的投资，并出台各项扶植政策，对水处理行业可以说是政策利好。

根据《2013年国民经济和社会发展统计公报》，2013年我国用水总量为6 170亿立方米；万元国内生产总值用水量121立方米，万元工业增加值用水量68立方米，人均用水量453立方米。面对水资源短缺和水污染严重的现状，从源头上控制污染并通过水处理产品达到污染水净化和处理是缓解我国水源短缺的重要途径。

为推动我国水资源保护和水处理行业的发展，国家先后出台了多项政策措施和金融、财税等优惠政策，为水处理产品行业的发展铺平了道路。

2012年6月16日国务院《关于印发“十二五”节能环保产业发展规划的通知》，《规划》明确了“十二五”时期我国节能产业、资源循环利用产业和环保产业发展的重点领域。

为支持节能环保产业发展，《规划》提出了相应的政策扶持措施。

一是完善价格、收费和土地政策，如研究制定鼓励余热余压发电的价格政策，对能源消耗超过限额标准的实行惩罚性电价，研究制定燃煤电厂脱硝电价政策等。

二是加大财税金融政策支持力度，安排中央财政节能减排和循环经济专项资金，支持节能减排重点工程和节能环保产业发展重点工程，完善节能、节水、环保、综合利用税收优惠政策，选择成熟的税目开征环境保护税等。

三是完善进出口政策，通过完善出口卖方信贷和买方信贷政策，鼓励节能环保装备产品出口，对外援助优先安排环境基础设施建设等节能环保项目，建立进口再生资源加工区，对用于制造大型节能环保设备确有必要进口的关键零部件及原材料，研究免征进口关税和进口增值税等。

从潜力看，我国节能环保产业潜力巨大。据测算，到 2015 年，我国技术可行、经济合理的节能潜力超过 4 亿吨标准煤，可带动上万亿元投资；节能服务业总产值可突破 3 000 亿元；产业废物循环利用市场空间巨大。

国家政策不断在向节能环保方向倾斜，各种具体标准和规则相继出台。出台的文件包括中共中央、国务院《关于加快水利改革发展的决定》、《生活饮用水卫生标准》、国务院《关于印发〈国家环境保护"十一五"规划的通知〉》、《城市水再生利用农田灌溉用水水质》、《城镇排水与水处理条例》等。政府和企业均加大了环保投入，推动了环保相关产业的发展。

党的十八届三中全会通过的《中共中央关于全面深化改革若干重大问题的决定》，提出建设生态文明，必须建立系统完整的生态文明制度体系，用制度保护生态环境。这表明水污染治理将会加强。

《"十二五"全国城镇水处理及再生利用设施建设规划》新增投资额约 4 210 亿元，其中水再生利用设施投资 344 亿元，占比 8%；部分区域提出更高要求。据了解，目前北京、上海、西安、杭州等城市均出台了涉及本地区的再生水利用"十二五"规划。北京市提出 2015 年，全市年再生水利用量将不低于 10 亿立方米，再生水利用率达到 70%以上。此外，未来北方缺水城市将成为落实再生水利用产业的重点地区。发达国家再生水利用比例达到 70%以上，我国再生水投资空间广阔，市场大幕刚刚开启。

国家不仅制定扶持政策引导资金向环境治理方面倾斜，同时调整能源节能减排、环境保护方面政策；另外，由于国际国内均对水处理等环境治理业的关注，并且政策执行有序，水处理行业市场前景广阔，为巴安水务赢利模式创新提供了有力支撑。

2. 经济发展是巴安水务赢利模式创新的催化剂

"十二五"期间，国民经济继续保持又好又快的发展势头，人均收入不断提高，随着政府对环境治理的逐渐重视，国家加大基础设施和环保投资力度，各项扶持政策出台，社会需求的增长，我国水处理行业进入了快速发展，行业规模保持较高扩张速度，近 5 年以来，行业企业数量、从业人员以及资产总值都呈较快增长态势。其中，企业数量从2006年的98个增至2010年的302个，企业人数从2006年的7 868人增至2010年的23 884人，资产总额由262.96亿元增长到687.80亿元，平均增长率达24.14%。

表2 2006—2010年11月水处理行业主要指标统计

年份	企业数量（家）	从业人员（人）	资产总计（亿元）	增长率（%）	负债总计（亿元）	增长率（%）
2006	98	7 868	262.96	35.22	120.85	15.40
2007.11	115	9 532	312.67	44.69	141.28	21.23
2008.11	134	12 313	371.24	13.49	179.34	21.50
2009.11	249	18 463	566.83	9.88	309.84	23.99
2010.11	302	23 884	687.80	17.42	368.56	15.84

资料来源：国家统计局。

2006—2010年，水处理行业销售状况良好，利润保持较高增速，亏损处于较低水平。5年来销售收入平均增长率为34.43%，利润总额平均增速为34.69%，亏损额平均增速为29.23%，利润总额平均增速超越负债平均增速，行业赢利能力比较强。

表3 2006－2010年11月水处理行业收入和利润情况

年份	销售收入（亿元）	增速（%）	利润总额（亿元）	增速（%）	亏损额（亿元）	增速（%）
2006	25.95	27.23	0.96	192.27	1.48	18.16
2007.1－11	33.86	38.10	－0.90	－236.33	3.86	122.04
2008.1－11	47.19	36.64	0.70	－139.95	3.21	－24.68
2009.1－11	93.16	37.28	3.08	218.09	6.02	32.29
2010.1－11	129.75	32.88	7.25	139.38	6.30	－1.65

资料来源：国家统计局。

水处理行业利润总额在经历2007年、2008年的低谷期之后，2009年出现大幅增长，2010年增速适当回调，但依然达到139.38%的增速（见图1）。随着国家对城市乡镇水处理设施的进一步投入，水处理费用的调整，水处理行业的利润仍会保持较高增速。

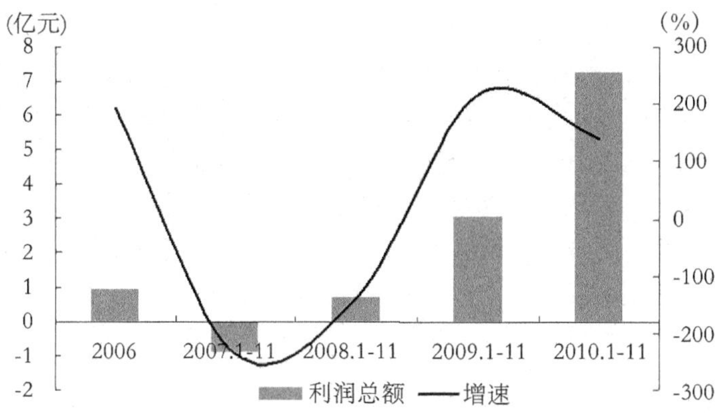

资料来源：国家统计局。

图 1　2006—2010 年 11 月水处理行业利润总额及增速

2006 年—2010 年，随着我国水处理量的增加，水处理行业的工业增加值大幅增加，由 2006 年的 25.27 亿元增至 2010 年的 136.8 亿元，复合增长率达到 52.54%；工业总产值增速在 2007 年达到顶点之后，开始小幅回落，但是仍保持较高增速，增幅在 23%到 39%之间上下波动。2006—2010 年水行业工业总产值增长了五倍以上，水处理行业供应高速增长。

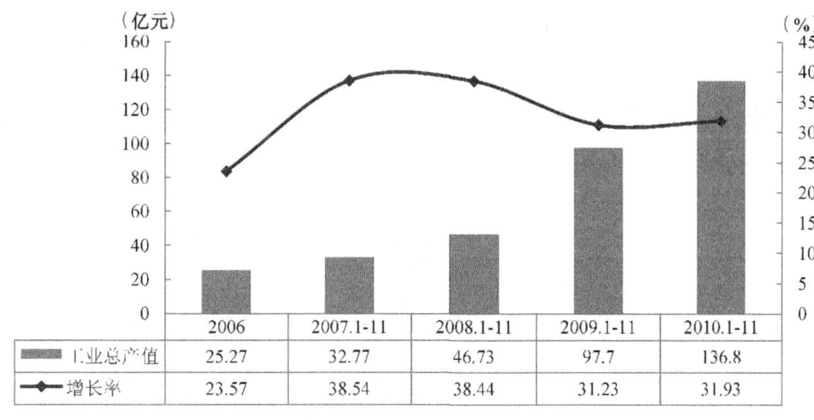

	2006	2007.1-11	2008.1-11	2009.1-11	2010.1-11
工业总产值	25.27	32.77	46.73	97.7	136.8
增长率	23.57	38.54	38.44	31.23	31.93

数据来源：国家统计局。

图 2　2006—2010 年 11 月水处理行业工业总产值及其增长速度

在国家政策的大力推动下，水处理行业快速发展，行业规模不断扩大，企业个数、从业人员以及资产总额都保持了较高的增速。随着各地政府和企业的大量资金涌入，水处理行业快速发展，运行良好，亏损面下降，销售收入、利润总额大幅度提升。总体来看，目前我国水处理市场产能持续扩张，水日处理能力呈现逐年增加的趋势，水处理行业规模迅速扩大，资产快速增长，收入和利润均大幅度上扬，随着各地水处理项目的陆续运营，行业收入和利润将持续稳定增长，规模将进一步扩大，水处理行业经济持续快速发展，引导巴安水务的创新发展。

3. 社会文化为巴安水务赢利模式创新带来发展契机

随着社会经济的发展，环境保护备受关注。据中科院测算，目前由环境污染和生态破坏造成的损失已占到 GDP 总值的 15%，这意味着一边是 9%的经济增长，一边是 15%的损失率。其中，水资源污染尤其引人注目。近年来，我国频发水源污染问题，影响了成千上万人口的饮水问题，水资源保护和水质量监测以及污水处理问题，对水务企业的经营和管理提出了越来越高的要求。为满足经济发展和环境保护的客观需求，1995 年和 1996 年，全国人大常委会分别通过了《水污染防治法》。1997 年 3 月，修订后的《刑法》增加了有关“破坏环境资源保护罪”的规定。2002 年 10 月，《环境影响评价法》颁布。《国家环境保护“十一五”规划》提出，为实现“十一五”环境保护目标，全国环保投资约需占同期国内生产总值的 1.35%；“十一五”期间预计可征收排污费 750 亿元用于污染治理，积极支持环境保护项目；强调要重点支持环保产业和循环经济的发展，大力发展环保装备制造业、环保服务业，并培育一批优势企业。政府对环境保护的高度重视，为水务企业的发展提供了有力的支持。

与此同时，随着我国人民群众的生活水平、文化水平和消费水平快速增长，人们已经从吃饱穿暖的基本生活要求上升到追求健康、自然的生活方式。在饮水方面，越来越多的人已经不满足于饮用一般水平的安全洁净的水，而是追求饮用更高品质和更多功能的水产品，据统计，中国矿泉水市场每年都以近 20%的速度递增。按年增长 15%的比例推算，2015 年将达到 2 000 万吨/年。水产品这种向高品质多功能发展的趋势，为水务企业多元化发展提供了广泛的机会。无论是从行业发展前景还是增长趋势来看，水处理其价值含量都可与风电等概念比肩。“环保＋高科技”的旗号似乎让人们更愿意相信，水处理产业的发展配得上拥有较高的市盈率。

4. 科技发展是巴安水务赢利模式创新的驱动力

对中国来说，21 世纪的水处理科技任务极为艰巨。中国水资源水质恶化主要源于废水处理的旧债和新债。中国七大水系中，63.1%的河段水质为Ⅳ类、Ⅴ类或劣Ⅴ类，失去作为饮用水水源的功能。21 世纪可能会出现由于水资源水质继续恶化，对国家的经济持续增长产生严重的瓶颈效应，甚至须警惕可能出现的、与大面积洪水造成的水资源水量灾害同样严重的水资源水质灾害。由此，中国水质科学与工程学科的时代性挑战与任务是，通过水处理的技术途径防止这一严峻形势的出现。积极创新是中国水处理科技履行时代任务的必经之路。通过创新才能较大幅度地降低水处理设施的建造和运行费用以及疑难性水处理问题的解决，必须充分利用、发挥高新技术时代的科技特点和优势。水处理行业不像那些劳动密集型的行业，它在欧洲被归类为高科技行业，其核心员工以技术工程师为主。因此，在公司业务大幅增长的同时，人才储备是否能跟得上，决定了公司的发展前景。万一人才出现断层，那么在手的众多项目便将如鲠在喉难以下咽。显然，完成上市融资后，较为宽松的现金流为公司扩充人才储备提供了良好的基础。至于如何用好这一部分资金，则成为考验公司高层管理水准的问题。

5. 宏观环境分析总结

水务产业是一种有良好发展前景的绿色资源产业，随着经济发展和人民生活水平的提高，水电、水运等产业的需求将日益旺盛，存在巨大的潜在市场。从污水处理量的角度来看，据估计"十二五"期间的污水年处理量将达 500 亿立方米，假设运行负荷率为 75%，则对应的总处理能力应接近 1.9 亿立方米/日。在现有基础上之外，新增污水处理能力接近 3 000 万立方米/日。新型水处理前景广阔，煤化工、石油化工等行业属于关系国家能源战略及国计民生的重要行业，国家推动其有序发展，同样行业前景良好。

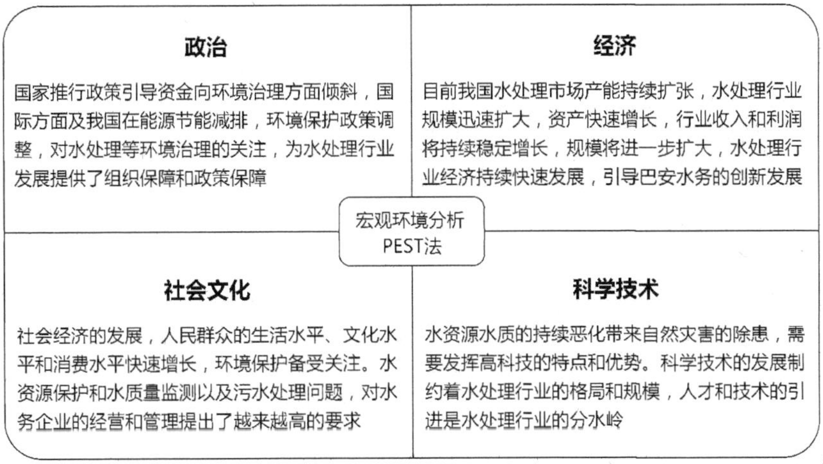

政治

国家推行政策引导资金向环境治理方面倾斜，国际方面及我国在能源节能减排，环境保护政策调整，对水处理等环境治理的关注，为水处理行业发展提供了组织保障和政策保障

经济

目前我国水处理市场产能持续扩张，水处理行业规模迅速扩大，资产快速增长，行业收入和利润将持续稳定增长，规模将进一步扩大，水处理行业经济持续快速发展，引导巴安水务的创新发展

宏观环境分析
PEST法

社会文化

社会经济的发展，人民群众的生活水平、文化水平和消费水平快速增长，环境保护备受关注。水资源保护和水质量监测以及污水处理问题，对水务企业的经营和管理提出了越来越高的要求

科学技术

水资源水质的持续恶化带来自然灾害的除患，需要发挥高科技的特点和优势。科学技术的发展制约着水处理行业的格局和规模，人才和技术的引进是水处理行业的分水岭

图 3　宏观环境分析总结

目前，我国的水务发展已经从大城市项目转向中小城市项目的争夺，从国内公司和国内公司的竞争转向国内公司与国内公司、国内公司与国外公司、国外公

司与国外公司的竞争。特别是近年来，国际水务巨头的加入，行业竞争热度升级。

综上所述，总之，水资源日益短缺，水处理是创业环保的立业之本，围绕水资源节约和循环利用的产业必然具有长远的发展潜力。无论是从行业发展前景还是增长趋势来看，水处理的价值含量都可与风电等概念比肩。“环保＋高科技”的旗号让水处理概念深入人心。在城市供水增长逐渐稳定和水价上调的乐观预期下，水务公司经营和赢利能力持续性和稳定性不会有太大的起伏波动。巴安水务的经验说明，通过对水处理行业的分析，结合自身资源和能力，找到未来发展的定位，有所为有所不为，是进行赢利模式创新的起点。

（二）行业竞争结构分析

环保行业是国家重点支持的战略新兴产业，在“十五”期间，中国环保产业预计在“十一五”将保持年均 15%～17%的增长速度，实践证明达到了上述预期。在 2010 年环保产业的年收入总值达 8 800 亿～10 000 亿元，其中：资源综合利用产值 6 600 亿元，环保装备产值 1 200 亿元，环境服务产值 1 000 亿元。在“十二五”规划中，50 000 亿元投资计划聚焦于新能源、新材料、节能环保等新兴能源产业，发展空间巨大。截至 2010 年，我国环保产品生存企业已有 1 万多家，但大多规模小，呈低水平的状态，落后发达国家技术标准 20 余年，特别是在高浓度有机废水和城市污水处理等领域的成套设备上相差较大。环保类上市公司按照主营业务大致分为三种：一是供水及污水处理行业；二是 SO_2、NOX 处理工程行业；三是废气固废处理工程行业。

到目前为止，在我国 A 股上市的环保公司已有 43 家。在节能减排目标下，环保行业快速发展，但是环保行业上市公司近年来净利润增长呈不稳定趋势，环保上市公司作为环保业公司的领头军，其经营绩效的好坏关乎着我国可持续发展的进度。

1. 水处理行业环境分析

我国废水排放总量持续呈现增长趋势，2009 年达 589 亿吨，其中：生活水排放总量占比重较高，达 60%，其余为工业废水排放。工业废水排放达标率为 94.2%，城市水处理率为 72.3%。按照废水排放总量和达标率计算，即使不考虑未来废水排放总量的增长，我国每年尚有 200 亿吨废水没有经过处理即进行排放，整个水处理市场容量至少尚有 35%的发展空间，水处理市场增长空间较大。同时，从排放总量和达标率的情况来看，未来生活水处理市场将成为水处理市场的主要增长点，而随着国家对工业废水排放标准不断提高，工业废水处理市场也有较大的增长空间。

国家统计局披露的工业废水治理投资总额由 2002 年的 71.5 亿元逐渐增长

至2009年的149.5亿元，年复合增长率为11.11%。预计未来国家将继续加大基础设施建设力度，城市化进程也将继续推进，这使得电力、石化、煤化工等重工业领域的投资仍将保持增长，带动工业废水处理市场需求持续增长。另外，工业水处理不仅包括工业废水处理，还包括给水处理及各种循环水处理，因此整体工业水处理市场的增长空间更大。

1）市政水处理行业发展概况和市场容量

截至2009年末，我国已建成城市水处理厂约1 100座左右，日处理能力达8 664万吨/天，城市水处理率达72.3%。1991—2009年，我国水处理厂数量从200座增加到1 100座。水处理能力达到9 000万立方米/天。

国家环保总局环境规划院、国家信息中心《2008～2020年中国环境经济形势分析与预测》指出，在处理水平正常提高的情况下，我国“十二五”和“十三五”时期的废水治理投入（含治理投资和运行费用）将分别达到10 583亿元和13 922亿元，其中用于工业和城镇生活水的治理投资将分别达到4 355亿元和4 590亿元；而在采取更有力措施情况下，“十二五”和“十三五”时期我国废水治理投入将分别达到12 781亿元和15 603亿元，其中用于工业和城镇生活水的治理投资将分别达到5 753亿元和5 578亿元。

“十一五”规划明确提出2010年我国城市水处理率将不低于70%，比“十五”末再提高18个百分点，年均提高3.6个百分点；全国新增城市水日处理能力达4 500万吨、再生水日利用能力680万吨，城市水日处理能力将在“十五”末较高基数的基础上新提高78.6%。假定“十二五”期间，新增水处理能力和再生水日利用能力保持“十一五”期间要求，则需新增日处理10万吨的中型再生水项目至少70个，按照再生水处理系统造价3 000万元/个，市场容量在21亿元以上；需新增日处理10万吨的中型水处理厂450个，按照符合水排放标准的水处理系统造价1 500万元/个，市场容量在60亿元以上。

2）市政自来水市场

我国将在2012年强制执行此标准新颁布的《生活饮用水卫生标准》，该标准需要水质中106项指标达标，预计我国将有1 000座中型自来水厂（日处理能力15万吨以上）进行改造后方能满足新标准的要求，保守估计每个水厂需增加投资3 000万元以上，如果2012年前国家强制达成饮用水要求，预计市场容量将达到300亿元，市场空间巨大。

3）工业水处理的细分行业情况

由于水处理技术众多，适用的水环境差别也较大，涉及原水处理、补给水处理、再生水（中水）回用、凝结水精处理、废水处理等多种水处理系统和水处理集成设备，大多数企业受限于自身实力，只是掌握某一环节技术或某一设备集成工艺，这使得环保水处理行业企业众多，并且细分为多个子行业。

(1) 火电行业。2009 年我国火电装机总容量约 6.5 亿千瓦，同比增长了 2.2%，我国火电装机容量占全国总装机容量的 74.6%，以煤为主的能源消费结构在相当长的一段时间内无法得到根本性改变。“十二五”期间将新增 2.83 亿千瓦装机容量，平均每年新增 5 660 万千瓦。按照火电系统中水处理系统投资占整个火电投资的 3%～5%的经验数据测算，市场容量在 100 亿元以上。

(2) 核电行业。水处理系统投资占整个核电投资的 3%～5%，核电市场容量在 15 亿～27 亿元。

(3) 石化行业。“十一五”期内石化行业新上炼油和乙烯项目总投资高达 7 000 多亿元，水处理投资一般占总投资的 3%～5%，仅新增炼油和乙烯项目的水处理市场就达 200 亿元以上。

(4)钢铁行业。全年粗钢产量将新增 1 亿吨，按照吨钢耗用新水量 5 吨计算，钢铁行业新增用水量高达 5 亿吨，按照水处理投资占工业投资总额的 3%～5%测算，每年要新增加水处理投资约 50 亿元以上。

(5) 煤化工。目前，煤化工行业还处于试点建设阶段。国家发改委原则上不再安排新的煤化工试点项目，提出重点抓好现有煤制油、煤制烯烃、煤制二甲醚、煤制甲烷气、煤制乙二醇五类示范工程。考虑到仅示范工程就将投入上千亿元的投资，以及传统煤化工如焦炭、电石等产品淘汰落后产能带来的改建机会，每年新增投资 1 000 亿元，按照水处理投资占总投资 5%的经验数据测算，市场容量约为 50 亿元。

(6) 海外电力市场。目前，海外电力市场主要集中在南亚、东南亚和中东国家，假定海外市场年装机容量为 3 000 万千瓦，水处理市场容量将超过 50 亿元。

4) 行业特有的经营模式

(1) 设备系统集成模式(EP 模式)。在技术调查的基础上，采购或自制各种设备，并集成为整套水处理系统，即水处理设备系统集成模式。

(2) 工程承包模式(EPC 模式)。对于电力、石化、煤化工等大型工业的整体配套水处理项目和市政水处理项目，通常采取工程承包模式，即承包方受客户委托，承担水处理系统的规划设计、土建施工、设备采购、设备安装、系统调试、试运行等工作，并对建设工程的质量、安全、工期、造价全面负责，最后将系统整体移交客户运行。

(3) BOT 模式。BOT 模式是由客户与服务商签订特许权协议，特许服务商承担水处理系统的投资、建设、经营与维护；在协议规定的期限内，服务商向客户定期收取费用，以此来回收系统的投资、融资、建造、经营和维护成本并获取合理回报；特许期结束，服务商将水处理系统整套固定资产无偿移交给客户。

在上述经营模式中,EPC 模式是 EP 模式的延伸,在后者的基础上增加了土建安装过程,而 BOT 模式则在 EPC 模式的基础上再增加了项目的投资及项目运营期的运营管理过程。

2. 水处理行业产业链

产业链理论认为,产业链的形成和优化是社会分工的结果,也是产业发展的必经之路。企业能否成功的关键很大程度上取决于其能否在新的产业链发展中正确定位,以发挥自身独特优势,与链条上其他环节的企业形成良性的合作机制。所以,深化认识产业链有助于我们对水处理行业未来的把握。

整个水务产业链包括供水、水设备生产制造,原水收集与制造、存储、输送,水的生产和销售,水的供应网管、中水回用,水排放,水收集与处理、污泥处理等环节。

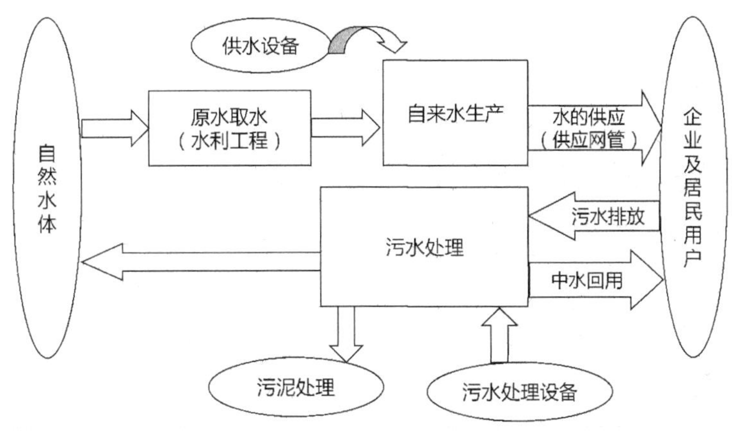

资料来源:世经未来整理。

图 4　水务行业产业链

在整个水务行业产业链中,水处理行业偏向下游产业,行业的上游产业主要包括排出水的工业行业、水设备制造业等,其中工业企业的发展状况对于水处理行业影响较大,工业水和居民水通过水处理后再排入自然水体或通过中水回用返回企业和居民用户。

工业水排放在我国水排放上占有较大的比重。工业行业中,电力、造纸、石化行业,冶金业、纺织、化工等行业水排放量较大,是我国水处理行业主要的上游产业。

对我国 2010 年各行业的水排放量进行分析,结果显示,我国工业水排放的前五个领域依次为电力行业、纺织业、石化行业、冶金业和造纸业,其中:电力行业水排放最多，达到全国工业水总量的 27%；其次是纺织业和石化行业，均占 15%左右；冶金业和造纸业比重也较大，分别占到总量的 12%和 11%，这五大领域水排放占据全国工业水总量的 80%。其中，纺织业中的印染业是水资源的深度污染行业，对水污染危害极其严重。

3. 水处理行业生命周期分析

从生命周期的角度来看（见图 5），2010 年我国污水处理行业正处在快速发展阶段，仍处于成长期，主要表现如表 4 所示。

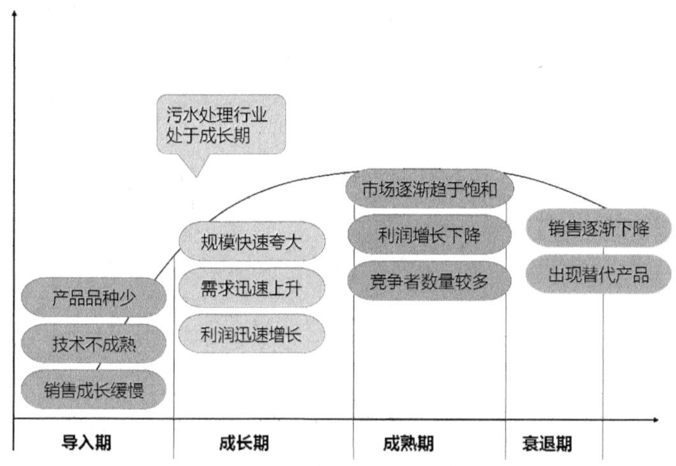

图 5　水处理行业的生命周期

表 4　污水处理行业生命周期特征

特　征	现　状
行业规模快速扩张	我国污水处理行业发展迅速，资产规模迅速扩张，近 5 年由 262.96 亿元增长到 687.8 亿元，复合增长率达到 27.17%，污水处理厂数量、污水处理能力以及污水处理率均大幅增加。预计“十二五”期间，我国污水处理行业投资规模将达到 7 000 亿元，行业规模快速增长
需求高速上升	国家政策对污水处理的支持，工业增长加速，人口的增加，城市化水平的增长均促使我国污水排放量快速增长，2006—2010 年行业收入年增长率接近 40%，污水处理需求高速增加

（续表）

特　征	现　状
行业收入利润快速增长	近 5 年来，我国污水处理行业利润由 2006 年的 0.96 亿元增加到 2009 年的 7.25 亿元，年复合增长率达到了 65.77%，我国污水处理行业利润快速增长
竞争者增加	我国污水处理行业内企业数量快速增加，2005—2010 年的短短 5 年间，企业数量就从 97 个迅速增加到了 302 个，年复合增长率达到了 25.5%。从企业类型来看，我国污水处理行业几乎涵盖了我国现存的全部企业类型，包括国有企业、集体企业、股份合作企业、股份制企业、私营企业、外商和港澳台投资企业等，行业内竞争者仍呈现快速增加的趋势

资料来源：世经未来。

4. 波特五力模型

“这是最好的时代，这是最坏的时代。”按照波特的观点：一个行业的激烈竞争，其根据在于其内在的竞争结构（见图 6）。在一个行业中存在五种基本的竞争力量，即：①行业中现有企业间的竞争；②新进入者的威胁；③供应者讨价还价的能力；④用户讨价还价的能力；⑤替代品或服务的威胁。这五种竞争力量的现状，消长趋势及其综合作用强度，决定了行业竞争的激烈程度和行业获利能力。

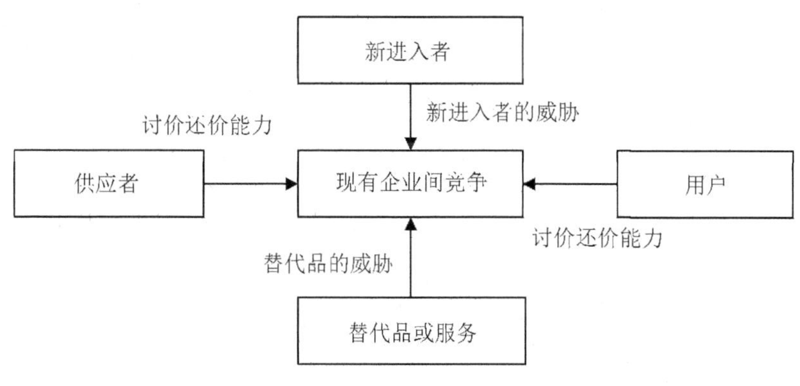

图 6　行业竞争结构

1）上游供应商讨价还价能力

水处理行业的上游供应商主要是水处理设备的制造商和水处理药剂供应

商，都属于发展较快、需求状况良好的行业。

从水处理设备来看，由于国内水处理设备技术含量较低，水处理的高端设备主要依靠进口，而这些进口设备主要由国外大型水务企业生产，此类企业规模较大，产品从品牌和技术上都具竞争力，有较高的议价能力，而水处理行业在与水处理设备制造商议价时议价能力较弱。水处理药剂供应商规模大小不等，由于药剂是水处理过程中必备关键环节，行业对水处理药剂的需求较大，因此水药剂行业在与水处理行业议价中有较强的议价能力。

近来钢铁价格的上涨使水处理设备成本增加，促使水处理设备提价，在整个水处理设备行业需求增长的环境下，我国水处理设备市场和药剂市场具有较强的议价能力，而我国水处理行业的供应商讨价能力相对较弱。

2）行业现有企业间的竞争

根据我国污水处理行业的资产分布情况分析，我国污水处理行业的资产主要集中于北京、浙江、四川、广东、江苏、山东、河北、上海、福建、湖南等地；资产前5名省份的资产总额占到了我国污水处理行业总资产的70.55%；前10个省份的资产合计占到了我国污水处理行业总资产的86.54%，污水处理行业资产集中度仍较高。北京市在我国污水处理行业资产规模区域排名第一，占全国总资产的30.48%；第二、第三位分别为浙江省和四川省，资产规模分别占全国总资产的18.47%和10.11%，其余各省份仍均在6%以下。

我国水处理行业主要竞争者是具有水处理业务的大型国有水务集团、外资水务集团等。其中，国有水务集团以首创股份、北控水务、创业环保为代表，外资水务集团以法国威立雅、苏伊士公司为代表。而单从水处理行业来看，单纯做水处理的企业规模均较小，行业内没有大型企业，以中小型企业为主。

目前我国水处理行业竞争格局已经基本形成，国内水务企业已进入资本竞争和品牌竞争时代，具有资本、技术和品牌优势的领先企业将通过兼并重组迅速发展壮大。资本实力小、融资能力差、技术管理水平低、市场拓展能力差的小型企业将较难生存。中小型企业竞争者主要立足于本地，随着政策指引，发挥本区域内的优势，进一步挖掘潜力，创造出更大的经济效应；大型水务集团主要通过兼并重组本地和外地的企业提高自身竞争力。

3）下游用户讨价还价能力

从水务产业链来看，水处理行业后的水通过中水回用，继续供应给企业和居民使用，因此水处理的下游客户仍是使用中水的企业和居民。水处理价格主要由地方政府制定，而由于该价格涉及企业生产和居民生活，因此政府一般会进行较严格的控制，价格上涨幅度将考虑到企业和居民的实际，可理解为客户有一定的议价能力，企业还价能力较差。

4）新进入者的威胁

2010年，我国水处理企业由249家增长到302家，行业新进入者较多，进入速度很快，企业通过新建水厂或并购的方式进入水处理市场，而由于水处理行业竞争格局已经形成，加上行业特有的地域性特征，新进入的企业有自己固定的服务区域，为所在城市提供水处理服务，对既有企业产生的竞争较小，这些企业的进入并不会促使行业内出现激烈竞争，新进入者对原有企业威胁较小。

5）替代品的威胁

替代品是指那些与客户产品具有相同功能的或类似功能的产品。从产品上看，水处理过程产生的产品是水，我国水资源人均占有极少，水资源严重缺乏，替代产品基本没有；从功能上看，水处理行业是将工业和居民排放的水过滤、净化为无污染的水，重点功能在于水的净化处理，没有其他行业有相似的职能，即能够替代水处理厂净化水，基本不存在替代品威胁。但是饮用水市场由于产品形式比较多，存在着多种替代品。例如，自来水厂供应给居民的生活用水，与加装净水器后过滤的水，以及桶装水、矿泉水、饮料等，在饮用水市场上可以相互替代。

5. 行业内企业竞争情况分析

1）行业竞争格局

（1）竞争主体数量较多，市场集中度不高。总体而言，参与环保水处理行业的企业数量众多，但普遍规模偏小，市场集中度不高，行业内缺乏绝对的领导者。造成该现象的主要原因是由于国内环保水处理行业处于快速发展阶段，且子行业众多、覆盖面非常广泛，从而吸引了诸多企业的进入，但大多数企业受资金和技术实力的制约，只能从事技术含量较低的水处理业务，并且通过价格战参与竞争，使得多数企业市场份额和毛利率较低，难以发展壮大。

（2）少数企业在细分市场具有一定竞争优势，市场份额呈扩大趋势。水处理系统对企业生产经营影响重大，水处理系统出现质量问题或运行不稳定将给企业造成巨额损失，因此，客户对水处理系统的可靠性和稳定性要求较高。水处理企业竞争的关键因素体现为技术水平、工程质量和服务水平。

在竞争中，少数企业逐渐在技术水平、工程质量和服务水平方面积累了一定优势，在若干细分市场上处于领先地位，其市场份额也有扩大趋势。比如，巴安水务在火电水处理市场的凝结水精处理领域已经处于领先地位。

从今后的发展趋势来看，随着国家环境保护执法力度的加强，市场竞争必然以技术、质量和服务为主，那些在技术、质量和服务方面具有核心竞争力的企业将在未来的竞争中强化其优势，成为市场的主导力量。

（3）新兴水处理市场的快速发展。随着水资源短缺日益加重，工业行业将向着更加节水减排的方向发展，这使得原先没有水处理需求或者水处理需求较小的行业开始有了水处理需求或加大了水处理需求。同时，随着水处理技术的发展，以前经济成本较高的水处理领域也变得有利可图，这也扩大了水处理市场领域。未来规模较大的新型水处理领域有以下几个：

① 市政水处理领域。我国颁布的《生活饮用水卫生标准》有106项指标，对照旧标准的46项指标，国家对饮用水的要求大大提高，国家将在2012年强制执行此标准。中国将有1 000座中型自来水厂实现改造，市场容量达到300亿元以上。

② 电厂中水回用市场。中水回用是将废水经处理后再回用。我国目前用于中水回用的比例较低，国家目前大力推进节能减排，在北方缺水地区，火电项目在发改委报批时，如果配套中水回用装置将会大大增加其项目获批可能。在节能减排的政策推动和我国较长一段时期仍将以火电为主的能源结构下，未来电厂中水回用将大有市场。

③ 核电领域。核能作为我国新能源战略的重要组成部分，随着《核电中长期发展规划》的出台，核电将迎来快速发展期，也将带动水处理市场的需求。

④ 海水淡化。海水淡化的成本较高，但是随着水资源紧张以及水处理技术的进步，海水淡化市场有着较大的成长空间。发改委《海水利用专项规划》指出，“十一五”期间，沿海地区在建的电力、石化、钢铁等重点行业，必须配套建设海水淡化水作为工业冷却水；已有的电力、石化、钢铁等重点行业必须对现有的供水设备进行改造，以海水淡化水代替工业用水；在沿海城市及其海岛建设一批生活用的大型海水淡化项目。2010年，我国海水淡化能力将达到80万～100万m^3/日，海水直接利用能力达到550亿m^3/年；积极发展海水化学资源的综合利用，海水利用对解决沿海地区缺水问题的贡献率达到16%～24%。到2020年，我国海水淡化能力将达到250万～300万m^3/日，海水直接利用能力将达到1 000亿m^3/年，由此大幅度扩大和提高海水化学资源的综合利用规模和水平，海水利用对解决沿海地区缺水问题的贡献率将达到26%～37%。

2）企业规模特征分析

（1）小型企业数量最多。2010年，我国水处理行业共有规模以上企业302家，行业内目前没有只做水处理业务的大型企业，全部是中、小型企业。其中，小型企业最多，为293家，占企业总数的97.02%。中型企业仅有9家，占总体的2.98%。

（2）中、小型企业资产规模快速增长，小型企业仍占据主导。从水处理行业内不同规模企业的资产总计来看，2010年水处理行业的资产总额为687.80亿元，比2009年增长了17.42%，其中：中型企业资产总额为289.92亿元，同比增长14.94%，占水处理行业资产总额 42.15%；小型企业资产总额为 397.88 亿元，同比增长 19.30%，占水处理行业资产总额 57.85%。中、小型企业资产规模均呈现快速增长，小型企业在水处理行业中仍占据主导地位。

单个企业平均资产方面，中型企业平均资产为 32.21 亿元，比 2009 年减少了 5.86%，主要是由于 2010 年新增的 3 个中型企业的资产规模，在行业全部 9 个中型企业中相对靠后，拉低了中型企业整体平均资产水平。

表 5　2010 年水处理行业内不同规模企业资产结构

企业类型	资产总计(亿元)	同比增长(%)	比重(%)	平均资产(亿元)
全部	687.80	17.42	100.00	2.28
中型	289.92	14.94	42.15	32.21
小型	397.88	19.30	57.85	1.36

数据来源：国家统计局。

3）企业所有制特征分析

(1) 私营企业和国有企业占比超一半。2010 年我国水处理行业内企业的所有制形式中，集体企业、股份合作企业、股份制企业比重有小幅下降；国有企业、私营企业、外商和港澳台投资企业比重呈现增长态势。

从数量上来看，在我国 302 家水处理企业中，私营企业数量达到 80 家，比 2009 年增加 14 家，占比达到 26.49%；国有企业数量达到 55 家，比 2009 年增加 16 家，占比达到 23.51%，企业数量和比重均呈现增加趋势。私营企业和国有企业数量占据水处理行业一半以上，是我国水出来行业的主要所有制形式。

(2) 私营企业利润增长最快，外资企业赢利最多。2010 年，在我国水处理行业内各种所有制企业销售收入中，除了股份合作企业有小幅下降外，其他各所有制企业销售收入均呈现井喷式增长，其中：国有企业收入最多且增长最快，销售收入达到 42.14 亿元，增速为 51.02%；私营企业和外商和港澳台投资企业居二、三位，收入分别为 25.29 亿元和 24.30 亿元，增长率分别为 30.59% 和 39.96%。从利润总额来看，除股份制企业有所下降外，其他所有制企业均有不同程度的上涨，其中：外商和港澳台投资企业利润总额仍居第一位，利润总额达 4.98 亿元，同比增长 46.57%；私营企业增长最快，增速高达 236.49%。国有企业市场化程度较低，虽然销售收入高居第一位，利润却仍然为负值，水处理行业赢利最好的仍为外资企业和私营企业。

表6　2010年水处理行业不同规模企业赢利状况

企业类型	销售收入（亿元）	同比增长(%)	利润总额（亿元）	同比增长(%)	销售利润率(%)
全部	129.75	32.88	7.25	139.38	5.59
国有企业	42.14	51.02	−1.04	−51.40	−2.47
集体企业	2.78	30.36	−0.20	−41.80	−7.36
股份合作企业	0.15	−1.86	−0.03	−8.80	−21.03
股份制企业	3.52	2.66	0.26	−26.73	7.29
私营企业	25.29	30.59	1.34	236.49	5.29
外商和港澳台投资企业	24.30	39.96	4.98	46.57	20.49
其他	31.57	15.64	1.95	38.67	6.19

数据来源：国家统计局。

4）企业集中度分析

我国水处理行业以中小企业为主，分散经营，企业遍布于各地，主要满足当地的水处理需求，企业规模普遍很小，行业整体集中度不强。

目前，我国水处理行业的集中度较低，前10名企业市场份额为31.1%，水产能最大的水务集团公司北控水务的市场占有率也仅为7.2%。

从行业内企业规模来看，截至2010年11月，水处理行业全国总共302个企业中没有大型企业，中型企业仅9个，占总企业数的2.98%，9个中型企业的销售额也仅占19.08%，我国水处理行业集中度较低（见表7）。2010年，水处理行业新增中型企业3家，随着行业市场的逐渐向好，将会有更多的大型企业投资进入水处理行业，预计未来中型企业数量仍会增加，行业集中度会逐渐提高。

表7　2010年水处理行业不同规模企业数量及主营业务收入

企业规模	企业数	比重(%)	主营业务收入（万元）	比重(%)
中型	9	2.98	24.76	19.08
小型	293	97.02	104.99	80.92
全部	302	100	129.75	100

数据来源：国家统计局。

5）行业内上市公司综合排名

2010年，水处理行业上市公司总资产排名中排名前三的依次是城投控股、首创股份、重庆水务（见表8）。

表8　2010年水处理行业上市公司总资产排名

企业简称	总资产	相对标准分	排名
城投控股	260.84	100.00	1
首创股份	168.41	64.56	2
重庆水务	164.12	62.92	3
创业环保	84.26	32.30	4
洪城水业	39.47	15.13	5
武汉控股	32.85	12.59	6
南海发展	31.92	12.24	7
桑德环境	29.74	11.40	8
兴蓉投资	25.88	9.92	9
阳晨B股	21.75	8.34	10
中原环保	9.97	3.82	11
国中水务	8.8	3.37	12

数据来源：上市公司资讯网，世经未来。

6）巴安水务主要竞争企业

水处理企业大致可以分为三类，即大型企业集团下属的水处理企业，设计院背景的水处理企业，民营或外资控股的水处理企业。

巴安公司的目标客户为：大型火力发电厂、核电厂以及生物能源发电厂；石化、油田、冶金和市政水处理厂；新兴的煤化工企业，如神华制油企业和大唐煤制烯烃企业等。公司设立初始从事火电水处理行业，并且一直将其作为公司发展的重点市场领域，至今已经成为火电行业内能提供全部水处理设备集成系统的服务商，下面主要列举火电水处理行业领域的主要企业：

（1）中国华电工程（集团）有限公司。截至2009年底，华电工程资产总额已达99亿元，2009年实现销售收入90亿元，年平均增幅超过20%

（2）海盐力源电力设备有限公司。海盐力源电力设备有限公司（简称力源电力）成立于1998年，为中美合资企业。专业生产、组装和销售电力系统继电保护设备，电厂凝结水精处理系统以及电力系统测试仪器等，力源电力水处理系统主要是凝结水精处理系统，在电厂凝结水精处理市场上占有一定份额。其中，大中型发电厂的发变组保护已建项目达130多个、凝结水精处理系统项目达100多个。力源电力注册了国家发明和实用新型专利及软件著作权8项。

(3) 武汉凯迪水务有限公司。武汉凯迪水务有限公司是武汉凯迪电力股份有限公司与 Asia Water Technology Ltd.共同投资设立的中外合资企业。公司营业业务包括市政自来水、城市水处理、工业纯水制备、工业废水处理、中水回用、海水淡化及自动控制系统等。在市政水处理、工业水处理、电厂凝结水精处理市场都有一定市场份额。

(4) 西安热工研究院有限公司。西安热工研究院有限公司(简称西安热工院)，是中国华能集团控股公司，主要业务领域为火电和核电，从事火电机组和电站重要部件生产，具有电厂化学水油处理技术和节水技术，承接了部分电厂水处理系统设备集成业务，产品系列包括凝结水处理系统、锅炉补给水处理系统、工业废水集中处理系统、中水回用处理系统。

(5) 北京中电加美环境工程技术有限责任公司。北京中电加美环境工程技术有限责任公司(简称中电加美)，是注册于北京中关村的高新技术企业，主要从事水处理、废水处理相关技术服务和设备销售、工程承包业务，承接了部分电厂水处理系统业务，产品系列包括中水/水深度处理系统、凝结水精处理系统、污泥脱水系统、膜法水处理系统等。

(6) 南京中电联环保股份有限公司。南京中电联环保股份有限公司(简称中电环保)，是注册于南京的企业，主要从事工业给水处理、冷凝水回收处理、废水处理及水网自动化的环保设备总成套及工程总承包。中电环保主要从事电力行业水处理系统设备集成业务。中电环保已经在创业板上市，股票代码：300172，2010年营业收入为28 137万元，净利润为4 535万元。

三、内部资源和能力分析

(一) SWOT 分析

巴安水务主要从事环保水处理业务，涉及工业水和市政水，包括循环水处理、除盐水处理、再生水(中水)回用、城市水处理、工业废水处理、自来水处理等，上游行业主要为火电、市政水务、石化、冶金、钢铁、煤化工行业，属于国家战略性基础行业，与国家宏观经济政策及产业政策导向关联性较高，后者的调整将对公司的经营产生影响。上述政策的推动，给公司的持续发展带来了广阔空间。

巴安水务有一支专业的建设队伍，有良好的产品供应链，有成熟的研发技术，在竞争中已有一定优势，每年销售收入增长也很快，但在日趋激烈的市场竞争中也有短板存在。在面对不断出现的市场机会的同时，也经受着来自国内外大型企业的竞争威胁。巴安SWOT分析见表9。

表9　巴安的SWOT分析

优势(S)	劣势(W)
具有较强而稳定的赢利能力；整体实力强劲；较强的产业整合能力；水处理系统设计优势；多技术、多产品、多行业的优势，品牌和经验优势，管理团队和人才储备优势；广泛的社会资源和强大的战略联盟	融资模式单一；资金实力和融资能力较弱，限制了公司承揽更多、更大项目；公司水处理规模与同类企业相比较小
机会(O)	**威胁(T)**
国家政策对于环保产业的支持为公司发展增加动力；水处理行业的快速发展、水处理费有大幅提高趋势给公司带来较大发展机会	国家出台多项政策抑制房价上涨，对于公司的房地产业务造成很大威胁；水处理水质标准的不断提升使得企业面临着成本增加的压力；国家对垃圾处理设施排放标准的提高，使得单个设施投资规模上升，公司环境板块运营成本提高，给公司带来威胁

（二）巴安水务竞争优势分析

目前，水处理的常规技术已经比较成熟、通用，水处理设备系统集成服务商主要是合理地运用各种技术，然后根据整体设计方案，选择适用的水处理设备，再将各设备集成为成套的水处理系统，以满足各种水处理需求。提供水处理设备系统集成服务的关键竞争要素在于：①技术方案的设计；②水处理设备的供应链管理；③水处理设备系统集成的工艺技术和工艺流程选择。这三点结合，决定着全套水处理系统的成本、性能和稳定性，从而进一步决定了各水处理企业的竞争力。整体而言，公司目前主要竞争优势表现为：

1. 水处理系统设计优势

巴安水务处理系统设计优势可以分为两个层面。

1）自主研发和技术创新能力

公司作为创业型企业，以技术立司、以技术强司。公司重视自主研发和技术创新，目前已拥有38项专利。公司提供的主要水处理系统如凝结水精处理系统、中水回用系统、市政给水系统、市政水系统等，其核心技术均为公司自主研发所得，这使得公司在整体系统的设计和理解上具有不断创新的优势。例如，公司2009年成功研制出基于硅藻土处理的微滤成膜技术，已经通过了建设部给排水设备产品质量监督检验中心测试，并经过天津威立雅新开河自来水厂和上海市青浦区第二自来水厂进行中试试验。微滤成膜技术结合国家经济情况，以较低成本达到国家水质标准，在自来水处理领域具有重要的社会意义。公司的研发和创新能力被广泛认可。2008年，上海市科学技术委员会、上海市经济委员会共同认定公司为"上海市小巨人培育企业"；上海市高新技术成果转化项目认定办公室认定公司产品凝结水精处理系统为"上海市高新技术成果转化项目"；2009年，上海市科学技术委员会、上海市财政局、上海市国家税务局、上海市地方税务局共同认定公司为"高新技术企业"。2010年，公司经人力资源和社会保障部全国博士后管理委员会确认为博士后工作站单位，并经上海市科学技术协会批准，确认为上海市院士专家企业工作站单位。

2）强大的水处理系统设计资料库

公司成立10多年来，已经完成了近200个水处理项目，积累起极其丰富的技术资料和水处理工程实例资料。公司已成功掌握和应用了粉末树脂覆盖过滤器、混床、生物悬挂链、微滤成膜、超滤（UF）、电除盐（EDI）、反渗透（RO）、全膜法（UF＋EDI＋RO）、生物滤池、HDPE防渗膜、凝结水精处理体外再生高塔分离、离子交换除盐等多种水处理技术或工艺，具有独立设计并提供整套水处理系统的能力，业务涵盖工业和市政水处理行业。技术资料和工程实例资料构成公司水处理系统设计资料库，极大地提升了公司系统设计能力和系统改进、创新能力。

2. 系统集成优势

系统集成优势可以分为两个层面。

1）不同工艺、技术、设备组合的能力

水处理系统是一个综合的作业系统，需要各部件顺利衔接、高度配合，才能确保整个系统的稳定、高效运行。在水处理设备系统集成中，设备的选择、工艺的安排对于整套系统的稳定性具有极大的影响。经过多年发展，公司已经形成了设计、配套、调试、管理、技术服务等全方位的能力，各个流程顺利衔接整合，使得公司提供的水处理系统具有行业领先的性能。公司形成了较强的系统集成能力，并在持续的项目实践中不断得到加强，成为公司最强的竞争能力之一。

公司开发的水处理系统，在占地面积、自动化程度、系统稳定性、投资成本、运行费用等方面，具有较强的竞争优势。

2）系统设备供应链的管理能力

一套中型规模的水处理系统设备，比如30万千瓦机组的发电厂，需要数百种不同类型的设备组合、调试，最终集成为整套水处理系统。在此过程中，选择不同的设备供应商，直接关系着整套系统的造价、质量等关键问题。此外，由于水处理系统所面对的水环境各不相同，水处理系统具有较强的个性化、定制化特点，因此，整套系统需要采用一定量的非标准件设备。公司通过自己加工生产一部分、向供应商定制化生产采购一部分的方式来解决非标件设备的供应问题。非标件设备的生产管理也直接关系整套系统的造价、质量等问题。公司经过10多年的发展，通过近200个水处理项目的实例经验积累，已经具有一整套的供应链管理方案，可以快速有效地选择数百家供应商，并且已经形成了向供应商定制生产采购非标件的管理办法，同时公司对核心的电控设备的自制亦可有效防止核心工艺技术外漏。

公司优秀的系统设备供应链管理能力是公司水处理系统质量优势和成本优势战略的有力保证。

3. 品牌和经验优势

水处理系统大多为大型工程项目的重点配套系统，如电厂项目、煤化工项目、市政水务项目，此类项目对于安全运营的要求极其严格，客户一般选择在相应行业具有丰富项目经验和深厚技术积累的公司提供水处理系统，成功的项目经验和良好的业界口碑是该行业的生存立足之本。公司自设立至今，已先后完成近200个水处理项目，客户遍及全国，海外业务也在快速增长，在公司已有项目中提供的水处理系统均良好地满足了客户需求。公司的项目质量和服务能力得到了海内外客户的广泛认可，已形成良好的市场美誉度和“巴安”品牌认知度。这将形成有利的良性循环，更好地推动公司未来市场的拓展。

1）品牌优势

基于公司10多年的技术和市场不懈努力，公司目前已在多项技术领域处于行业领先水平。公司在火电厂水处理领域处于行业领先地位，“巴安”品牌在电力行业具有较高的知名度和较好的品牌形象；同时，公司在石化、钢铁、市政行业也有多个大型水处理项目，并已具有一定的知名度。品牌优势有利于公司保持电力行业优势地位，并有利于对外扩展。其中，2009年，公司向韩国斗山集团公司CONDENSATE POLISHING SYSTEM FOR CIREBON POWERPLANT（1×69.5万千瓦）项目出口成套凝结水精处理系统，标志公司具有直接向国外电厂客户出口成套凝结水处理系统的能力，也更好地提升了公司品牌形象。

2）工程经验优势

公司目前已经完成近200个水处理项目，积累了丰富的工程经验。公司擅长将技术优势转化为市场成果，在多项工程领域通过创新性技术的运用，创造了多个典型案例。

（1）将市政水处理为高指标工业用水。2007年，公司在国电电力大同第二发电厂三期扩建（2×66万千瓦）超临界空冷机组锅炉补给水项目上，使用城市水的合格排放水作为水源，以全膜法进行处理，并达到补给水所需的高标准水质。2008年，公司在中电投平顶山鲁阳发电有限责任公司平顶山第二发电厂一期（2×100万千瓦）中水深度处理系统上使用城市水的合格排放水作为给水源，经过水处理后直接供给电厂锅炉用水，是极少数超超临界水冷机组上采用城市水作为水源的大型工业项目。

（2）自主研发技术成功应用在大型机组。2007年，公司在山西兆光发电有限责任公司二期（2×60万千瓦）超临界空冷机组凝结水精处理系统项目上，率先使用粉末覆盖加混床技术，并达到运行要求。这标志着公司自主研发的凝结水精处理技术可以胜任高标准水质机组。

（3）自主创新中水回用深度处理石灰工艺成功应用大型工业项目，大幅降低成本。2004年，公司在河南华润电力首阳山有限公司（2×60万千瓦）中水深度处理工程上首次采用石灰工艺进行中水回用深度处理，标志着该技术在大型电厂中水处理工程中具有可行性。由于公司自主研发的中水回用深度处理石灰工艺比较其他技术路线成本大幅降低，该技术得到快速推广。

4. 多技术、多产品、多行业的优势

公司自设立以来，努力钻研水处理系统所需的核心基础技术，整合成了几个主要的技术路线，然后在此基础上通过工程实践，搭配组合各种水处理技术，打造出丰富的产品线，产品系统涵盖了凝结水精处理系统、锅炉补给水系统、原水预处理系统、工业废排水系统、市政自来水系统、市政水系统、再生水（中水）回用系统、油水分离系统等多种水处理系统，行业应用方面包括火电、石化、钢铁等工业行业和市政行业。公司目前已经初步树立了多技术路线、多产品类型、多行业应用的品牌形象。

“多技术、多产品、多行业”有利于公司承揽业务时采取多个水处理系统打包定价策略，也有利于公司深挖核心客户的多项业务，提供全套“交钥匙”服务；同时，“多技术、多产品、多行业”有助于公司开拓新市场，也更有实力把握环保水处理行业发展带来的巨大机遇。

5. 管理团队和人才储备优势

在多年的项目实践中，公司已经培养了一支具备丰富行业经验，既善于解决项目技术难题又能够进行自主创新的技术团队。公司大专以上学历的员工占员工总数比例达60%，大多来自环境工程、自动化控制、电厂化学等领域。公司重视人才培养，已形成老中青技术人员可持续发展的人才阶梯。

公司董事长、总经理张春霖先生具有近30年的水处理经验，一直专注水处理行业，具有丰富的实践和管理经验，是公司稳健并快速发展的领头人。目前，公司已形成以张春霖为核心的创业管理团队，管理团队成员行业经验丰富、团结、战斗力强，是公司不断取得技术创新和业务发展的坚实基础。

（三）巴安水务竞争劣势分析

目前，EP模式是公司最常用的业务模式。公司在此类水处理系统工程业务承做时，需要占用较大的资金；并且，随着竞争的加剧，客户对工程企业的垫资和融资能力的要求日益提高。

公司在承做业务过程中需要占用大量的营运资金，而公司资产结构以流动资产为主，筹措银行贷款的资金规模较为有限。随着未来公司业务向大型EP、EPC项目拓展，有限和单一的融资渠道将成为制约公司发展的主要因素。公司目前较弱的资金实力和融资能力限制了公司承揽更多、更大的项目。

随着企业的迅速发展，公司战略的落实和企业文化建设都是必需的过程。

四、巴安水务赢利模式创新

本部分以历史的视角对巴安水务赢利模式的创新演化进行剖析。

（一）巴安水务赢利模式创新的阶段划分

根据业务数量和性质，可将巴安水务十几年的发展历史划分为三个阶段。

(1) 1999—2002年为初创期。巴安公司是一家以火电厂水处理项目为主的企业。以代理销售国外阀门、水泵以及分析仪表和水处理设备为主，这业务为其积累了宝贵的客户资源、资本以及品牌声誉，为此后的快速成长期奠定了坚实基础。

(2) 2003—2010年为快速成长期。巴安水务于2008年开始，自主技术研发，将自己的技术转化为市场成果，在市场需求的带动下，分别向下游品牌推广和销售，大力推广新技术、新工艺，通过多业务协同，赢得了水处理领域的快速发展和业内外专家、同行的认可。

(3) 2011 年至今为战略转型期。以 2011 年成功上市为转折点，巴安水务坚持以技术创新为核心发展战略，并致力于新技术和升级替代型技术的产业化推广和应用，凭借技术创新优势，公司目前在多项技术领域处于行业领先水平。巴安水务也成长为一家专业从事环保水处理业务，为电力、石化等大型工业项目和市政水务项目提供持续创新的智能化、全方位水处理技术解决方案及服务的公司。可以说，巴安水务的战略转型期体现了巴安水务在赢利模式创新上的成果。

（二）战略定位是赢利模式创新的依据

公司战略定位是赢利模式创新的起点和依据。根据前文对外部宏观环境和产业环境的分析，中国在持续高速发展中，水资源短缺和水污染加剧是一个引起政府高度重视并亟待解决的问题，提高水资源的利用率和废水再生正在促使水处理行业蓬勃兴起，仅中国的市场容量就超过千亿元，且每年的增长速度均在两位数。巴安水务切入的是一个有巨大发展空间的行业。巴安水务清楚地认识到，水处理行业最有价值的还是提供持续创新的智能化、全方位水处理技术解决方案及服务，在经历了技术代理经营商到技术解决方案服务提供商的转型之后，现阶段正在逐渐成长为专业的解决方案供应商，经过十几年的发展，巴安水务已经完成了近 200 个水处理项目，积累了丰富的技术资料和水处理工程实例资料。

当下，巴安水务是一家以水处理设备集成系统销售、水处理设备集成系统土建安装为主营业务的上市公司，公司从自身资源能力的实际情况出发，果断选择了有取舍的价值链定位，利用自主研发的创新性技术为核心，不断挖掘市场潜力，以创新优势降低了水处理系统的投资成本和运营成本，实现了企业效益和社会效益的双赢。

自 2011 年起，巴安水务抓住公司上市和国家“十二五”规划的契机，积极进行战略转型，最终形成了业务模式从单一的 EPC 模式转向多种模式发展，从单一的技术代理经营向智能化、全方位水处理技术解决方案供应商转型的公司战略，并从公司高度确立了以自主研发创新性技术为核心战略定位。公司已经形成了市政水处理、工业水处理、固体废弃物处理、天然气调压站及分布式能源四大板块综合发展的战略布局，成为国内具有核心竞争能力的环保企业。

（三）巴安水务赢利模式创新

1. 以政策为发展导向的赢利模式创新

与普通竞争性行业不同，节能环保产业属于典型的政策法规驱动型产业，既要突出市场导向，充分发挥市场配置资源的基础性作用，又要加强政府引导，驱动潜在需求转化为现实市场。为减少对能源资源的过度消耗，实现经济、社会、生态全面协调可持续发展，中国不断加大节能减排力度，努力提高能源利用效率，为此国家陆续出台了诸多新政策。

巴安水务以国家政策为指引、以市场需求为导向，进行赢利模式的创新，积极进入新的节能环保领域，形成了市政水处理、工业水处理、固体废弃物处理、天然气调压站及分布式能源四大板块综合发展的全新赢利模式。

当前已经到了一个无法以牺牲环境为代价而增长的时代，一个需要向改革要增长的时代，在这样一个时代，环保政策红利无疑将给行业带来巨大机会。2014 年的《政府工作报告》提出了解决好饮用水“最后一公里”问题，而巴安水务承接的国内首例城市直饮水分质供水项目——东营市中心城区直饮水分质供水一期工程，无疑成为典范，巴安分质供水理念及直饮水系统成为其在国内市政市场上的一把利器；巴安水务的“污泥干化协同发电”模式，也为有效控制 PM2.5 提供了切实可行的路径。顺势而为，顺势而上，为社会贡献力量。

巴安水务以“深耕水务事业，改善我们的环境”为使命。在水务行业的发展中，秉持“在发展中聚焦，在守成中创新”的公司原则，坚持“静水流深，厚德载物”的公司哲学，以产品技术优势和人才优势，巴安将致力于做到最好，达到水务行业的顶端，致力于改善我们的生活环境，为建设美好家园贡献力量。

2. 以人才为赢利模式创新

公司有一个乐于奉献的团队，他们通过不断改善设计能力和制造能力，持续提高产品质量，增加产品种类，加强售后服务，快速响应，向客户提供最佳技术、经济解决方案，提高客户满意度。公司以人才建设、企业文化建设为亮点。

（1）不断加强科技人才培养，形成完善的人才培养体系。公司已建立一套有效的培训机制，定期对技术人员进行培训，提高其科研技术水平，也为公司的后续发展储备力量。通过各种有效手段鼓励和支持员工继续教育，提高素质和知识层次，如：攻读工程硕士、博士，企业管理培训班针对项目经理的外部研修安排等。每年委派定量科技人员出国学习考察，充分吸收国外的先进科技成果；掌握最新行业技术发展趋势。

（2）注重研发激励机制。重视对技术开发人员精神和物质两方面的激励，一方面为研发技术人员提供良好的工作和学习氛围，另一方面对研发创新有贡献的员工予以嘉奖。

（3）建立有效的学习机制。公司研发部门编制技术手册，部门新员工可以通过学习技术手册，较快地掌握基础技能；同时，通过定期组织学习会议，形成老、中、青技术人员互相学习、良好互动的氛围。

此外，依托博士后科研工作站与院士企业工作站两大科研平台，与业内专家和高校合作，在吸纳高级科研人才的同时培养了一批年轻的技术人才。

3. 以技术研发为核心的赢利模式创新

技术是巴安水务在市场中的立足之本。巴安的10多年，也恰恰证明了技术为本的理念。巴安水务一直坚持以技术创新为核心发展战略，并致力于新技术和升级替代型技术的产业化推广和应用。

(1) 巴安水务注重科技创新投入，构建完善的科技投入机制。公司根据业务发展和市场需求进行规划，每年安排一批技术开发项目，并在年度资金预算中安排本年度的科技经费，专款专用。通过不断开发满足市场需求的新产品，公司的赢利能力得到增强，核心竞争力也得到提升。公司通过独立自主研发已经形成了饮用水深度处理技术、污泥焚烧干化技术、污水深度处理技术、高浓度难降解有机废水处理技术、天然气调压站技术、分布式能源、油水分离技术、粉末树脂技术、污水深度处理及回用的石灰配制技术、微滤成膜技术等创新性水处理技术。每一次新技术的推广都带动了公司业务的快速增长，凭借技术创新优势，公司目前在多项技术领域处于行业领先水平。

(2) 注重成果开发，提高研发成果转化效率。公司从立项时即对研发项目进行把关，确保科研项目的质量，突出成果转化能力和市场前景分析的评价。加强对科研成果的后续开发和孵化投入，将成果转化的量化指标列入公司责任考核体系。2004年，国内第一个电力行业中水回用成功案例——华润首阳山电厂中水回用深度处理工程完成建设；2007年，全国首例采用超滤、反渗透和EDI等膜技术处理工艺，为超临界发电厂锅炉提供超纯水的国电大同二电厂三期工程完成建设；2012年，全国首例城市直饮水项目山东东营中心城区直饮水工程进入开发建设、石家庄市桥东扩规10万吨/日污水处理厂项目……"多技术路线、多产品类型、多行业应用"，用技术改善我们的环境，用技术改善我们的生活。

(3) 建立产学研相结合的长效机制。公司积极与国内科研机构、专业院校联合，拓展外围研发合作，建立了博士后科研工作站和上海市院士企业工作站，承担公司的研发任务和解决纵向技术课题。报告期内公司主持编制了《石灰乳液自动配制成套装置》的国家标准，由国家相关部门共同推广实施，标志着公司在该领域内有着丰富的经验和话语权。以环保水处理新技术开发应用和市场推广为核心，推进成果转化，目前已形成系统的具有自主知识产权的核心技术，合理提升了公司的竞争能力和市场知名度。公司研发多项国内先进技术，并申请了多项专利。

4. 以资本市场为依托的赢利模式创新

上市能成就环保企业的发展,实现规模效应。上市使巴安水务实现了资本集聚,将金融资本和产业资本有效结合,走出了过去因资本束缚只能做总承包项目的困境。股份制改革也使公司建立起了现代企业制度,同时也为公司带来了人才集聚效应,吸引更多的行业精英加盟,增强了企业研发实力。解决了融资平台的跳板问题后,长期耕耘在电力领域的巴安水务再次拓展自己的业务范围:市政水处理、污泥处理和垃圾焚烧发电技术、天然气新能源。巴安水务目前的赢利模式,已经引起资本市场的广泛关注,这也为巴安水务开拓新的赢利模式奠定了良好的资本基础,有助于新赢利模式的落地。

(四)巴安水务赢利模式创新绩效

巴安水务自2010年将公司业务调整为工业水处理、市政水处理、固废处理、天然气调压站及分布式能源四大板块,经过近几年的辛苦努力,四大板块都已凸显各自的特色及运作方式。公司抓住产业发展的大好时机,秉持"深耕水务事业,改善我们的环境"的理念,以技术创新为基础,以市场需求为先导,立足四大业务,在保持传统优势的同时,深入拓展城市直饮水市场,城市污水处理和工业园区污水处理及自来水和污泥干化处置、危废处理市场,使公司的业务规模和综合实力在报告期得到快速提升。

公司积极与各级政府及大型国企合作,大力拓展市场,塑造良好的品牌形象,截至2013年,实现营业收入45 094.55万元,较上年同期增长24.73%;实现利润总额8 589.62万元,较上年同期增长51.39%;实现归属于上市公司股东的净利润6 393.84万元,较上年同期增长42.51%。

表10 巴安水务2010—2013年度绩效

	2013年	2012年	2011年	2010年
营业总收入(元)	450 945 544.59	361 531 603.42	159 656 088.64	206 525 047.95
营业利润(元)	81 976 078.87	55 988 134.50	19 863 994.99	35 264 938.86
利润总额(元)	85 896 157.52	56 740 048.91	25 660 450.33	35 941 801.22
归属于上市公司股东的净利润(元)	63 938 415.95	44 865 870.04	22 860 333.98	31 135 196.58
归属于上市公司股东的扣除非经常性损益的净利润(元)	61 074 296.76	44 301 934.23	17 147 594.94	30 447 038.67

（续表）

经营活动产生的现金流量净额（元）	－265 680 528.20	－190 470 393.42	－32 653 630.60	20 342 950.85
	2012年末	2012年末	2011年末	2010年末
资产总额（元）	1 134 672 157.80	721 554 781.23	498 172 092.65	235 253 283.20
负债总额（元）	602 977 829.98	250 766 850.31	73 948 930.32	101 311 665.85
归属于上市公司股东的所有者权益（元）	530 696 297.31	470 787 930.92	424 223 162.33	133 941 617.35
期末总股本（股）	266 800 000.00	133 400 000.00	66 700 000.00	50 000 000.00
资产负债率（%）	53.14%	34.75%	14.84%	43.06%

1. 市场开拓方面

巴安水务坚持“在发展中聚集，在守成中创新”的发展原则，贯彻实施“多技术路线、多产品类型、多行业应用”的经营模式，全面发展市政水处理、工业水处理、固体废弃物处理、天然气调压站及分布式能源四大板块。巴安水务的市场战略布局发生明显变化，从总承包向投资建设转变。公司业务模式从以前单一的EPC模式转向多种模式发展，公司通过发展EPC、BT、BOT模式，可以实现业务模式多样化，特别是BOT模式，为公司提供稳定的现金流收入。

2012年公司承接了东营直饮水项目工程、石家庄桥东污水项目工程，项目总投资达到7.1亿元，标志着公司进入大型市政环保领域，使得巴安水务进入快速发展期。这是战略转型取得较大成绩的证明。2013年，公司签订了广西象州县工业园区石龙片区自来水厂及污水处理厂项目、永年县工业园区自来水厂BOT项目及永年县自来水厂BOT项目框架协议、贵州省六盘水市水城经济开发区生活污水处理工程BOT项目及贵州省六盘水市水城经济开发区一期30 000m^3/d工业污水处理厂工程BOT项目框架协议、上海青浦区城镇污水处理厂污泥干化工程项目特许经营协议、山东蓬莱化学危固废焚烧项目合作框架协议，深入拓展市政和固废市场。同时，公司中标江苏国信宜兴2×400MW级燃机热电联产工程第一批辅机设备天然气调压站项目，实现了天然气调压站及分布式能源业务领域的拓展。

巴安水务不断地研究不同地区的市场信息、政府政策、行业导向，充分发挥公司的各项优势，在经营自己公司产品的同时，根据市场需求，开展多种经营，扩大业务经营范围，不断提高公司产品的市场占有率。

2. 募投项目建设方面

2013年，公司顺利完成了两个募投项目即"研发中心建设项目"和"水处理系统设备集成中心建设项目"的实施工作。在项目建设过程中，公司从实际出发，坚持谨慎、节约的原则，进一步加强项目费用控制、监督和管理，合理地降低了项目总开支，同时公司将节余募集资金用来补充流动资金，提高了募集资金的使用效率，降低了财务费用，实现了公司及股东利益的最大化。随着募投项目的建成及投入使用，公司拥有了自主研发和设备集成的平台，为公司发展打下了良好的基础，进一步增强了公司的综合实力。

3. 项目实施方面

2013年，公司顺利开展了内蒙古大唐国际克什克腾煤质天然气化工区凝结水精处理装置项目、蚌埠污水处理厂成套设备供货安装及服务项目、Doosan Heavy Industries & Construction Co., Ltd.的孟东项目等。在市政环保行业方面除继续开展东营市中心城生活水质提升项目外，还同时进行石家庄市桥东扩规10万吨/日污水处理厂项目及象州县工业园区石龙片区自来水厂及污水处理厂项目。在项目实施过程中，施工人员严格按照公司制订的《施工现场综合管理制度》，对项目进行精细管理，控制好关键节点，保质保量按期完成工程任务。

4. 技术研发及科研项目申报方面

科技创新是公司发展的主要驱动力。巴安水务一直坚持以技术创新为核心的发展战略，同时致力于新技术和升级替代型技术的产业化推广和应用。通过加大技术研发投入，提升现有产品的品质与技术服务水平，进一步增强产品和服务的竞争力。巴安水务的凝结水精处理系统通过上海市高新技术成果转化项目认定，并荣获2013年度上海名牌产品。2013年公司被评定为上海青浦区企业技术中心。2013年，巴安水务共获得新授权专利10项，其中发明专利2项。

巴安水务还专门设立研发中心，配备专业人才进行科学化管理与科研。公司自主研发了天然气调压站系统研发项目、污泥薄层干化系统研发项目、中石化胜利油田废水资源化利用项目、中石油木薯制乙醇废水资源化利用项目，与上海城市水资源开发利用国家工程中心有限公司合作研发粉末硅藻土微滤工艺应用研究(微滤成膜)项目，与同济大学环境科学与工程学院签订了产学研合作协议，从而提升了公司技术研发的综合实力，提高了公司的影响力。

5. 人才建设及企业文化建设方面

巴安水务以人为本，重视人才的引进和培养，为员工提供良好的工作环境，同时，公司大力进行企业文化建设，形成了敬畏客户、拥抱变化、勇于负责、团队精神和品质生活的核心价值观。公司以外部招聘和内部培养相结合的方式来打造具有巴安特色的核心团队。一方面，通过全国范围内的校园招聘，招募有热情、有理想、专业知识过硬的研究生和本科生，建立完善巴安的人才库；另一方面，通过招募青浦区当地有丰富工作经验的员工，向人才属地化发展。公司积极建设老中青传、帮、带的人才梯队，建立部门之间的相互合作，发挥团队精神，培养出一批技术骨干和管理人才，为巴安注入了新的活力，夯实了巴安的阶梯化人才管理模式，为公司的发展提供了人才保证。

五、巴安水务赢利模式创新经验及启示

企业战略决定着一个企业未来的发展方向，在制定企业战略时，必须对企业所面对的各种内外部环境因素进行详细地比较、分析，并适时地利用多种战略分析方法对各种影响因素进行定性和定量分析、评价，这样才能科学地、客观地制定出合适的发展战略。

我国经济发展已经进入工业化中后期，传统高能耗、高污染的生产模式已经不能适应可持续发展的要求，节能减排是我国经济发展的必然选择，也是环保行业发展的原始驱动力。国家“十二五”战略新兴产业的发展规划，指明了战略性新兴产业发展的重点方向、主要任务和扶持政策，确立了在“十二五”期间将重点推进节能环保、新一代信息技术、生物、端装备制造、新能源、新材料和新能源汽车 7 个产业的发展。

水务企业尽管由于其产品的特殊性，具备公益性特征，但在市场经济条件下，其非居民类的自来水和污水处理相应地也具有商品属性即营利性特征，两者不可片面地分割开来，而是应该有机地结合起来。因此，需制定公益性与商业营利性相结合的两线互动的发展战略模式。如果要取得进一步的发展，环保水务企业需要在政府政策、技术水平和思想观念上改进，这也为公共事业改革提供了一个参考。

总结巴安水务赢利模式创新的规律，可以帮助一般的环保企业，尤其是中小民营企业，在资本、技术、人才等资源不能与等竞争对手相匹敌的情况下，尽快顺利实现转型。巴安水务赢利模式创新的十几年，是通过审视内外部环境变化，明确自身定位，通过科技研发能力为核心，秉承“敬畏客户、拥抱变化、勇于负责、团队精神、品质生活”的价值观，而“清晰定位、政策为导、服务制胜、合作共赢、灵活思变”可以看作是对巴安水务赢利模式创新精髓的概括。巴安水务

的赢利模式创新有自己的特色，其清晰的产品定位，使巴安水务在激烈的市场竞争中处于相对优势，一直保持着较快的逆势增长。

正是坚持这些理念，巴安水务才能够在非线性市场的打击下不至于迷失方向，才能够在新的竞争环境下杠杆优势资源和能力，弥补自身不足，保持在市场战略、赢利模式、融资模式、工作流程等方面的创新。从产品市场走向资本市场，形成产品市场和资本市场双轮驱动的模式，再进一步加强技术研究的力量，最终形成产品市场赢利、资本市场赢利、技术服务赢利的复合赢利模式，从而打造出新型的水务企业。

休闲食品的创新发展之路
——上海来伊份股份有限公司赢利模式

一、案例背景及赢利模式研究思路

（一）企业介绍

来伊份是上海来伊份股份有限公司旗下品牌，它的前身是1999年施永雷和他的妻子郁瑞芬在徐汇区开的一家休闲食品零售门店，主营饮料和炒货。创业伊始，施永雷便将休闲食品作为门店的主营范围，同时高瞻远瞩地将“直营连锁专卖店”作为门店发展的目标，立志做全国休闲食品第一品牌。2002年，为了进一步经营和管理来伊份品牌，为企业发展打好基础，施永雷设立了上海爱屋食品有限公司(简称爱屋食品)。爱屋食品成立后，始终致力于来伊份品牌的推广。在施永雷的正确带领下，来伊份美食迅速风靡上海，牢牢树立了自己的品牌形象。

来伊份品牌在社会各界的关注中发展至今，已超过2 300家连锁门店的规模。同时，“来伊份”已走出上海，门店遍及江苏、安徽、浙江、山东、北京、天津、湖北、广东、新疆等地。从1999年第一家门店开业至今，来伊份陆续推出过炒货、肉制品、鱼制品、蜜饯等9大类700多种产品。2013年，来伊份销售额突破30亿元，全国员工人数近万名。

公司自成立之日起，坚持打造和构建“乡村作物城市落户”的新型产业链，坚持打造和构建“良心工程、道德产业”，成就了20余省份的供应商、10万多农民的安居乐业。

来伊份的商品得到了广大消费者和社会的一致认可，其中来伊份的香榧子被评为“上海十大最值得品尝的甜食及休闲食品新品”，而小核桃仁则被评为

"上海经典休闲食品"和"上海名优产品"。2010年,公司抓住世博机遇,成为世博特许零售商和特许生产商。除此之外,来伊份品牌获得了"中国休闲食品知名品牌"、"上海市著名商标"、"最具影响力特许品牌"、"上海市名牌产品"、"中国驰名商标"等荣誉。

(二)案例典型性

近年来,休闲食品连锁专卖店在江、浙、沪、粤迅速崛起,这一新兴的终端业态的繁荣已经引起了各行业的众多关注。目前,该行业主要的几家公司有:上海的来伊份、香港的零食工坊、安徽的三只松鼠、湖北的良品铺子等。而在这其中,来伊份已成为休闲食品连锁领导品牌。公司确立了"创新于上海,着手于全国,放眼于世界"的发展战略梯度,采用了世界先进的"直营连锁专卖店"的发展模式进行市场开拓,有效保证了来伊份的服务质量,有效维护了品牌的统一性。不仅如此,来伊份还通过特许加盟、电销、团购、电商、移动APP等渠道开拓业务,形成了线上线下相互补充、融合发展的营销模式。营销学告诉我们,日渐成熟的自由品牌是企业竞争中最强而有力的进入壁垒。来伊份作为休闲食品行业的领跑者,其经验就是世界最新的经验,对中国休闲食品行业的发展具有很强的借鉴和启发意义。

(三)赢利模式研究思路

本文将首先分别利用PEST分析工具、产业链分析方法和竞争五力模型、产业生命周期和行业关键要素等理论和分析工具对来伊份所处宏观环境、行业环境进行介绍,识别出来伊份所面临的外部机遇和挑战。

二、外部环境分析

(一)宏观环境分析

近几年,随着我国国民经济发展和居民消费水平的提高,人们的消费方式日益多元化、休闲化,休闲食品俨然成为国人日常食品消费中的新宠。2012年中国食品工业协会《我国休闲食品连锁行业的现状与发展》报告指出,2008年我国休闲食品行业销售产值超过500亿元,2012年产值将超过1 110亿元,2008—2012年年复合增长率为22.06%,同时报告还指出未来5年我国休闲食品行业规模将保持年增长率 15%左右。报告称，2014 我国休闲食品市场容量将达1 590亿元，同比增长 19.55%，未来仍将保持 10%左右的增长，我国休闲食品行业将迎来快速发展期。我国休闲食品企业尽管发展速度快、数量多，但整个行业的历史积淀薄，整体实力依然较弱。虽然中国休闲食品的市场规模近几年一直以几何级的速度在增长，但面对经济的全球化，我国的休闲食品却略显底气不足。各休闲食品生产企业要想以最快速度缩短与国际品牌之间的差距，需要在产品研发创新和营销思路拓展上下功夫，这对于处于发展起步阶段的中国休闲食品企业而言，无疑是一个巨大的挑战。本文将运用战略管理中的 PEST 分析工具对来伊份宏观环境进行分析，由此阐明来伊份进行赢利模式创新的背景和必然性，也为休闲食品行业的发展提供一定的参考价值。

1. 科学技术发展是来伊份赢利模式创新的驱动力

随着食品工业技术的发展，休闲食品的加工工艺不断改进。我国从 20 世纪 80 年代末起先后从美国、瑞典、荷兰、芬兰等国引进了 30 余条油炸马铃薯生产线，油炸膨化薯片成为最流行的休闲食品。但由于薯片采用高温油炸加工后，含油量 高，同时油炸食品易产生致癌物质，而被消费者定义为垃圾食品。伴随世界科学技术的发展和新工艺、新材料不断出现，薯片加工工艺已多样化，低温真空油炸技术、烘烤技术、微波膨化技术等现代工艺越来越受到食品企业的青睐。低温真空油炸薯片不仅保留了薯片原有风味和营养，更具有低油脂、低热量的特点。好丽友推出好有趣烘焙型复合薯片深受消费者的喜爱，烘焙工艺不仅降低了薯片 本身的含油量，更减少了由于油炸所产生三四苯并芘等致癌物质。洽洽喀吱脆、乐吧饼干、泡吧 小脆、美好时光烤馍片皆是采用烘烤工艺取代油炸工艺，在迎合消费者健康理念的同时，为企业获得巨大效益。馒头、包子、饺子等传统主食采用的蒸煮工艺，也逐渐被应用于食品工业中。蒸煮食品以水汽为传热介质，可以使食品中淀粉类多糖充分裂解，利于人体吸收，同时最大限度地保留了食物的营养成分，避免烧烤炸条件下生成的苯并芘等强致癌物质。目前蒸煮食品已不再局限于家庭作坊式加工，市场上流行的麻薯、卤鸭脖、凤爪、卤蛋皆采用现代蒸煮工艺，在保证食品风味、营养的同时，为消费者提供快捷的服务，具有巨大的市场和广阔的开发前景。

休闲食品企业越来越注重从源头抓起、从田间抓起，从种子的供应到种植，再到产品的收购、运输、贮藏等环节都建立起一套完整的质量监控标准，从而确保原料的质量。在保证休闲食品原料健康安全的同时，也要保证其加工工艺的健康安全。近几年食品加工技术不断更新换代，一些不安全、效率低下的旧技术将逐步淘汰出局，取而代之的是那些安全且高效率的工业技术。如前面提到的薯片加工技术就有低温真空油炸技术、烘烤技术、微波膨化技术等现代工艺，这些工艺不仅能避免加工过程中致癌物质等不安全因素的出现，还能最大限度地保留食品的营养和风味。

2. 政策环境为来伊份赢利模式创新提供了有力支撑

休闲食品零售行业按照其行业特点主要涉及连锁零售企业信息化发展、物流业发展及技术创新研发、优化农业区域布局等方面，中国产业经济研究网调查发现，我国在这些方面都有相关的政策支持休闲食品零售行业的发展。

中共中央办公厅、国务院办公厅发布的《2006—2020年国家信息化发展战略》再一次强调，推进国民经济和社会信息化，加快转变经济增长方式；广泛应用信息技术，改造和提升传统产业，发展信息服务业，推动经济结构战略性调整。国家连续出台一系列扩大消费和支持流通业发展的政策措施，颁布了《关于促进流通业发展的若干意见》《关于搞活流通扩大消费的意见》等一系列政策，提出要促进流通企业发展，降低消费成本；加快发展连锁经营、电子商务、物流配送中心等现代流通方式；同时，为扩大居民的消费力度，促使国内零售连锁业提高效率，提升应对外资零售企业的竞争力，支持流通企业做大做强，打造沃尔玛式的大型流通企业。

优化农业区域布局，继续推进优势农产品产业带建设，促进农业生产区域化。在优势农产品区域布局规划确定的产业带内，选建一批生产规模大、市场相对稳定的优势农产品生产基地。培育种植、养殖和农机大户，鼓励农业产业化龙头企业建设专用原料基地，改善生产、加工、信息、市场等基础设施条件，发展多种形式的适度规模经营。在条件适宜区域，积极发展特色农业、绿色农业、有机农业和生态农业，加大生产基地建设力度，扶持农产品加工出口基地建设，保护农产品知名品牌，培育壮大主导产业。休闲食品行业以连锁经营的模式发展对于IT和物流的现代化要求较高，同时为保障产品有稳定的供应渠道，行业内的主要公司都重视农产品的集中和规模化供应。这一系列政策都为休闲食品零售行业提供了强有力的政策支持。

3. 社会文化环境为来伊份赢利模式创新提供持续市场需求

1）居民消费结构的转变

根据消费经济学的分类，人们消费大致可以分成三类，即生存型消费、享受型消费和发展型消费，休闲食品应该属于享受型消费。随着经济的不断发展，人们生活水平的提高，在消费支出的比例方面，生存型消费的占比将逐步减少，更多地转化为享受型消费和发展型消费。由此说明，整个消费市场呈现了一种消费升级的趋势。人们的消费支出中，发展型消费和享受型消费的占比在不断增长。

2）地域特色休闲食品发展迅速

中国地域辽阔，饮食文化源远流长。经历几千年来的历史沉淀，东西南北都形成了极有特色的饮食文化和风味小吃。各种地域特色食品，都有很多的爱好者。随着近十年来社会进步、人口流动性的加强，东西南北中人员的相互交融，来自不同区域的人们饮食习惯也相互融合，相互接纳。这就为各地的休闲食品走向全国创造了先天条件。在未来的几年，代表地方风味的休闲食品将是食品领域里的一个新的亮点。

4. 休闲食品行业经济发展趋势是来伊份赢利模式创新的催化剂

随着我国经济水平的提高及旅游业的兴盛，我国休闲食品市场需求量呈持续增长势头，食品品种逐渐多样化。近几年，我国休闲食品市场每年需求额超过千亿元，市场规模正在以几何级的速度增长，消费市场也在快速增长，年增幅在25%左右。数据显示，2009年，我国休闲食品市场容量虽然已高达400亿元以上，但人均消费量仅为23.6克，远低于发达国家每年人均消费3.2千克的水平。2012年，我国休闲食品市场容量已高达1 110亿元以上，人均消费量达到28.6克。随着我国经济水平的提高及人们消费水平、购买能力的不断提高，休闲食品市场仍将会以20%以上的速度增长，仅仅休闲食品企业注册一项就已高达十多万家。这些数据说明我国休闲食品企业在未来具有巨大的发展潜力和生存空间。

我国休闲食品市场已呈现由低端到高端的发展态势，国民消费能力的提升对高端需求的拉动效果十分明显，使高端休闲食品市场发展旺盛，中国本土高端消费群体也已开始浮出水面，也由此促成一批高端休闲食品品牌的诞生。消费高端化时代的到来，对各方面发展尚不成熟的休闲食品企业而言，不仅是一个巨大挑战，更是前所未有的发展机遇。从20世纪90年代开始，历经十多年，中国休闲食品市场发生了翻天覆地的变化。2011年，随着中国市场经济体制的不断深化，越来越多的国际休闲食品品牌进入中国市场，各类进口食品在中国一线城市蔚然成风，来自世界各国的品牌开始与中国休闲食品展开了竞争，这就促使中国休闲食品企业必须适应国际化的品牌竞争环境，改变目前这种小、散、乱的行业特点，培养一批具有国际竞争能力的企业，参与国际化的休闲食品竞争。这种国际化的竞争趋势，迫使中国休闲食品企业必须适应国际化的生产标准和市场竞争，一方面要想方设法提高自身的生产标准和质量，另一方面要全力以赴地做好品牌经营。只有品牌化的经营才能让中国休闲食品在未来的市场竞争中，具有更好的发展空间和市场潜力。健康是休闲食品的发展趋势，新品开发将贴近生活习惯的休闲食品，差异化是企业发展的方向，品牌成为竞争关键，休闲食品行业的市场前景广阔的和发展潜力巨大。

5. 宏观环境分析总结(见图 1)

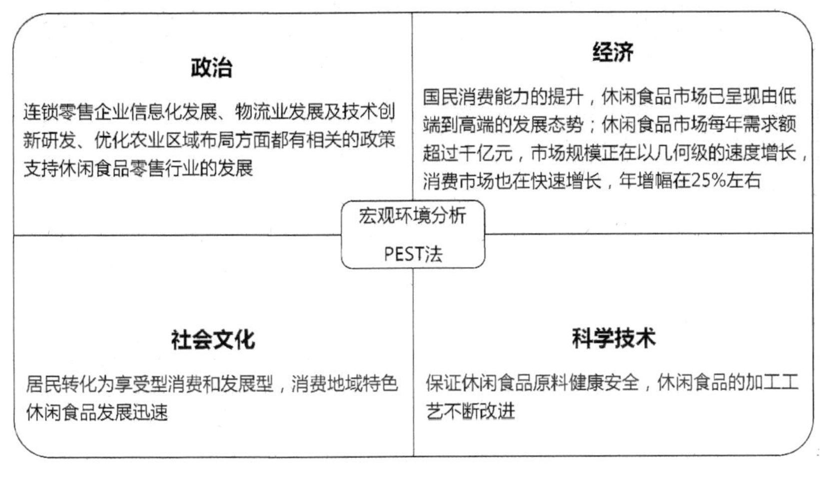

图 1 宏观环境分析总结

(二) 产业环境分析

1. 休闲食品产业链

产业链理论认为,产业链的形成和优化是社会分工的结果,也是产业发展的必经之路。企业能否成功的关键很大程度上取决于其能否在新的产业链发展中正确定位,以发挥自身独特优势,与链条上其他环节的企业形成良性的合作机制。所以,深化认识产业链的有助于我们对休闲食品行业未来的把握。

产业链实质是一种最终产品在其加工过程中,从最初原材料一直到最终产品到达消费者手中所包含的各个环节构成的整个纵向的链条。一个完整的产业链涵盖了从最初级的原材料到将它们加工转换为中间产品和最终产品,然后销售到最终用户手中的一系列环环相扣的纵向阶段,大体由供应商、制造商、分销商和消费者相互连接而成。

休闲食品行业上游行业包括休闲食品的原材料种植、养殖行业和休闲食品生产加工行业。坚果、水果、肉类、水产品、五谷等农产品为休闲食品主要原材料,其价格波动对公司生产成本产生直接影响。农产品价格的波动不但受供求关系影响,也受国家宏观调控、气候、国际粮价等因素影响。目前,我国正在逐步完善粮食价格支持政策,并采取粮食最低收购价政策保证农民增收,这在一定程度上保证了农产品的供应量及价格,也使得休闲食品生产企业不会因农产品价格波动起伏而面临较大的风险。

休闲食品行业下游直接面向广大终端消费者，消费者的购买力和消费喜好对休闲食品零售行业的经营具有直接影响。休闲食品属于典型的快速消费品，消费者购买这类消费品希望方便快捷，同时口味上消费者需要可口。休闲食品零售企业经营要及时了解这些消费需求，并快速提供与之相合适的商品和服务，这是促进企业经营效率提高及保持优势竞争地位的关键要素。近年来，我国政府不断出台鼓励拉动内需的政策，支持商品物流市场的发展，促进居民提升消费水平。现代化物流配送体系的发展以及居民可支配收入和消费水平的提升也将有利于休闲食品行业的发展。

2. 波特五力模型

以下分别从竞争者数量、行业增长率、退出壁垒、竞争层次来分析现有企业的竞争情况（见表 1）。分析可得，休闲食品行业处于成熟阶段，行业整体素质参差不齐，多数企业集中于低端产品，现有企业竞争激烈。

表 1　休闲食品行业的波特五力模型分析

指　标	表　现	结　论
竞争者数量	休闲食品行业企业数量众多，2012 年行业规模以上企业数量就达到 1 290 家，截至 2012 年底，行业上市企业就有 13 家	竞争者数量众多
行业增长率	2012 年休闲食品行业销售收入同比增长 19.21%以上，随着塑化剂风波以及政府加强对公务用酒消费的控制，2013 年行业增速已经放缓，新进入者需要从其他企业争取市场份额	行业增长率较高，但增速呈下降趋势，竞争强度增加
退出壁垒	休闲食品行业制造设备相对简单，而且技术含量较低，比较容易出售，同时休闲食品行业的人员遣散成本也较低	退出壁垒较低
同质化程度	中低档休闲食品市场同质化程度较高；高端休闲食品市场的同质化程度相对较低	低端产品同质化程度高
竞争层次	低端产品市场竞争以价格战为主；中高端产品市场竞争以品牌为主	若要实现市场扩张，必须走品牌化道路

1）休闲食品行业上游议价能力分析

从表 2 分析来看，我国休闲食品企业对供应商的议价能力较弱。

表 2　休闲食品行业上游议价能力分析

指　标	分　析	议价能力强弱
供应商数量	我国休闲食品行业原材料供应企业数量众多，且以中小型企业为主，同时还包括农户供给，供应充足	休闲食品行业对供应商的议价能力较强
国内原料、人力成本	原料、人力成本在休闲食品企业的成本中占据绝大部分，原料质量的高低对休闲食品产品的质量影响较大，同时行业内企业对原材料需求较大，而供给相对有限；行业属于劳动密集型行业，人力成本相对较低	休闲食品企业对供应商的议价能力较弱

2）休闲食品行业下游议价能力分析

总体而言，在休闲食品市场，由于休闲食品企业众多，且消费者能找到相对较多的替代品，因此休闲食品对下游议价能力较弱。而在中高档休闲食品市场由于行业内企业大多掌握了特定的品牌优势，而且中高档休闲食品消费人群对价格的敏感度较低，因此中高档休闲食品企业议价能力较强。整体来看，休闲食品行业对下游议价能力较弱(见表 3)。

表 3　休闲食品行业下游议价能力分析

供应产品类型	分　析	议价能力强弱
低档休闲食品	由于产品替代品较多，且消费者的产品消费变化空间较大，企业在价格方面并没有较多的主动权	对消费者的议价能力较弱
中、高档休闲食品	品牌资源优势以及消费人群的消费心理决定了中高端休闲食品企业对价格具有较大的控制力	对消费者的议价能力较强

3）休闲食品行业替代者威胁分析

休闲食品作为消费品，在中低端休闲食品市场相关产品的替代性较强。而高端休闲食品市场追求的是一种消费心理和消费层次，且高端休闲食品掌控了品牌资源优势，高端休闲食品的消费者对休闲食品的依赖度较高，因此对中高档休闲食品行业的替代性相对较弱。

4）休闲食品行业潜在进入者威胁分析

表 4 从进入壁垒和行业吸引力两方面对潜在进入威胁进行了分析，即认为

一方面随着我国食品安全标准的提升，以及休闲食品行业整合的加剧，我国休闲食品行业的进入壁垒相应提高；但另一方面受休闲食品行业近几年超高利润所带来的诱惑，也使得许多企业跃跃欲试，行业吸引力仍然较强。

表 4　休闲食品行业潜在进入者威胁分析

指　标	表　现	结　论
吸引力评价	2002—2012 年，我国休闲食品行业的年均毛利率保持在 10%以上，并呈现上升趋势	吸引力较强
进入壁垒	休闲食品制造环节进入壁垒并不高，目前中国的休闲食品行业已进入品牌竞争、产业链竞争和商业模式竞争阶段，休闲食品企业的竞争不仅体现在价格的竞争或产品的竞争，更多地体现为品牌的竞争和商业模式的竞争	进入壁垒提高
企业反击程度	现阶段，现有休闲食品企业尤其是全国性的休闲食品品牌，迅速扩大营销网络，已经完全全国布局，对新进入者的反击程度较大	企业反击程度较大

三、内部资源和能力分析

（一）来伊份的精明定价与精确选址

来伊份第一个重要突破是，将零食市场的定位和产品精细化到极致。年轻女性、40～50 元的消费额，就是来伊份的主力顾客群和购买力。江、浙、沪人喜欢吃零食，来伊份抓准了这样的地域特点，抓住了上海人的口味。市场的缝隙就是来伊份的突破口。来伊份将零食用小袋分装，绝对价格剧减，让顾客能够在众多品种中挑选搭配。而产品的相对价格却没有降低，甚至大幅提高。

在定价策略上，来伊份充分抓住女性消费者的组合消费倾向来提高毛利。比如，《理财周报》记者发现，小核桃仁和话梅是最受欢迎的产品，但是两者的价格却有天壤之别。此外，来伊份的选址策略也非常讲究。来伊份的选址多是在人流密集，但是路面干净，年轻人多的地方，上述标准的极致体现就是在上海轻轨站台上开出店面。不过，来伊份在这几年因迅速扩张，经常在郊区的人流密集地也见缝插针般地开设门店。

（二）来伊份的整合能力

来伊份最核心的竞争力就是整合能力，而且是建立在“消费者、员工、合作伙伴、社会”四方共赢价值观下的全面整合能力。

来伊份打造的是休闲食品的新平台经济，将源头的种养殖、中间的深加工以及最后的流通环节，利用来伊份的模式和强大的信息化技术支持加以整合，改变中国休闲食品传统“散而小”的经营方式。

来伊份的合作伙伴稳定，许多供应商自来伊份创立以来一直合作至今，成为所在地区的龙头企业、标杆企业、明星企业。

来伊份建立了严格的质量管控体系，形成了“原料产地抽检、生产过程监控与驻厂检验、出厂检验、入库检验（封仓 48 小时）、第三方官方送检、出库抽检与终端巡检”的商品全生命周期端到端品控闭环。

拥有先进的信息化管理体系，以 SAP-ERP 为核心的业务财务一体化平台，足以支撑来伊份未来 5 000～10 000 家店的全国运作。依托自内而外的优势挖掘与资源整合，来伊份在休闲食品领域迅速崛起自然水到渠成。

（三）来伊份的 SWOT 分析

来伊份作为一家休闲食品连锁零售企业，其发展受外因和内因的作用，充满了机遇，也面临着危险；既具备优势，又不乏劣势。

1. 机遇

（1）消费潜力大。随着人们生活水平的不断提高，休闲食品的年市场容量保持着高度的增长。中国是个人口大国，可以说休闲食品正在酝酿着更多的市场机会和巨大的消费潜力。目前在市场竞争愈来愈激烈的环境下，休闲食品的时尚化、标准化趋势对企业而言意味着机遇也意味着挑战。国内许多食品企业缺乏品牌意识，因此品牌空间非常大，来伊份在成立之初就积极传播休闲文化，通过直营连锁专卖店的形式，致力于打造“休闲食品第一品牌”，在不断的努力中也获得了“中国休闲食品名牌”的称号，在消费者心中留下了深刻的品质保证与时尚食品的印象。这对来伊份来说，是走向全中国、甚至走向世界非常好的一个发展契机。

（2）产品品质高。随着生活水平的提高，消费者开始喜欢追求一种消费购物时的体验感受，对于产品品质的要求也逐渐提升。从来伊份的主销产品来看，种类繁多，包装设计也具备一定的水准，品质具有保证，并且适合不同阶层的消费者。对来伊份来说，具有非常大的市场发展空间。目前来伊份的门店还主要集中于沿海大城市，呈现了星罗棋布的网点布局，但在这些地方对市场继续拓展的空间不是很大，所以近年来，其已走出长三角，向周边地方继续拓展。这也是来伊份值得尝试的机遇。

(3) 网络营销。网络营销已经成为现代营销的一种十分有力的方式，消费群体的改变也为来伊带来了不一样的市场契机，如果结合时下非常流行的微博、微信，在全国乃至全世界打响自己的品牌，相信可以为来伊份带来更多地惊喜和机遇。

2. 威胁

(1) 区域口味存在差异。机遇与威胁是并存的。休闲食品品牌非常多，市场集中程度也不高，可以说在中国没有一个有足够垄断能力的领导品牌。作为休闲食品品牌的来伊份，在长三角地区可以说家喻户晓，但一旦走出这些地方，可以说是一种发展机遇，但也伴随着强大的威胁。不同地区不用口味，那就得不断开发新的产品，开发新的供应商，而供应商提供的产品指标情况能否得到保证，就直接关系到来伊份产品质量。显然，饮食文化的差异带来了新的挑战。

(2) 市场竞争格局混乱。休闲食品的进入门槛很低，导致市场竞争格局非常混乱。对来伊份来说，百味林、天喔一佳等这些相对而言比较强势的竞争对手，与其产品的同质化非常严重，产品本身差异化非常小，技术含量低，很难获得产品本身的独特卖点，这样，顾客就会把眼光集中在价格上，但来伊份的价格在同行业中属于偏上水平，这又带来了威胁。

(3) 食品安全。食品安全已经成为现代消费者非常担心的一个话题，在提倡纯天然、有机产品的当下，在健康饮食的观念引导下，像膨化、油炸等休闲食品与当下提倡的健康饮食的观点存在一定的冲突。

3. 优势

(1) 市场潜力大。休闲食品已成为大众日常生活中必不可少的消费品，中国休闲食品市场潜力巨大。来伊份在一定程度上抓住了一部分市场机遇，先人一步，占得先机。来伊份的出现，在一定程度上填补了市场的空白。

(2) 连锁经营。来伊份的成果与其富有特色的连锁经营是分不开的，这种经营模式带来的规模效应十分巨大。

(3) 重创新和质量。虽然消费者对于休闲食品的需求越来越大，但是要求也越来越苛刻，因此休闲食品生产经销商都必须不断推陈出新。来伊份对于产品口味、包装的创新非常重视，还不断引进特色的海外产品、果干制品等。不仅如此，来伊份在产品质量上把关非常严格，不仅通过质量认证，还拥有自己的仓库和配送，保证了从进货到配送销售整个流程的质量。

4. 劣势

(1) 与健康饮食观念有冲突。主流是健康饮食，提倡纯天然和有机产品。

(2) 地域限制、文化差异。长三角地区十分可观,走出长三角存在难度,且存在文化差异。

(3) 直营。直营的缺点也显而易见,制约了来伊份的快速发展。虽然门店数达到了 2 000 多家,但是管理上带来了巨大的难题。公司的人才、资金有限,仅仅依靠目前的物力和财力难以管理,在全国市场上也难以得到发挥,很难形成全国范围的布局。

四、来伊份赢利模式的经营定位

来伊份的商业模式主要出售休闲食品,通过连锁的直营门店实现。销售模式包括直营店直接面对消费者,也有团购、网上订购以及电话订购等方式进行补充和配合。

(一) 客户定位

主要客户定位为白领和较高家庭消费能力的人群。来伊份休闲食品的客户范围非常广,从 15～60 岁的市民都是来伊份的客户;男性消费者是来伊份未来的重点开发客户。现在的产品主要是四大类,即炒货、蜜饯、鱼制类和肉制品。

(二) 商业理念

与卖场等零售企业不同,“来伊份”与供应商之间是共赢的理念,与供应商共同成长,不依靠收取进场费、广告费赢利,完全依靠产品的销售和服务获利。

五、来伊份赢利模式创新

(一) 来伊份信息化发展阶段

第一阶段:单个系统实施(2006 年以前)。

第二阶段:集中信息平台建设(2006—2008 年)。2006 年开始与 IBM 进行战略合作,开始一些大的集中的信息平台建设。

第三阶段：基于SAP一体化平台的信息化再造阶段（2009年至今）。来伊份正在推动的基于SAP一体化平台的信息化再造分为三个阶段，约用两到三年的时间完成：首先，基础搭建阶段，重点关注内部管控，建立统一的基础数据、技术和应用平台，涉及财务、业务模块；其次，优化提升阶段，重点关注业务优化与创新，加速企业的市场反应能力和完善公司的品质战略，涉及商务智能模块和人力资源管理模块；再次，战略创新阶段，重点关注战略发展应用和协同，涉及客户关系管理和供应链管理模块。

（二）来伊份信息化创新

1. "轻资产"的商业模式

来伊份的"轻资产"模式，摈弃了这个行业之前长期存在的"先有产品，再找渠道"的商业模式，同时又能够根据消费需求的变化，及时转换自己的产品方向。在来伊份成立之前，国内市场上已不乏知名的休闲食品品牌，它们的渠道多数是依靠大卖场，通过租借铺面销售商品，没有自己独立的店铺，且包装简陋。而来伊份虽然也是休闲食品的定位，但它却几乎没有自己的加工工厂，商品基本靠贴牌生产。从一开始，它就将自己定位为一个渠道商。直营容易控制品质，贴牌生产模式容易掌握供应环节，而专注渠道又让其掌握了价值链的核心环节。正是这种商业模式的创新，让来伊份得以从众多休闲食品的品牌中脱颖而出。来伊份这种"轻资产"的模式，既摈弃了这个行业长期存在的"先有产品，再找渠道"的商业模式，又能够根据消费需求的变化，及时转换自己的产品方向。

专卖店模式俨然已经成为目前高端休闲食品市场的主流模式。来伊份问世之后，行业里各个区域性的连锁品牌先后崛起，一些传统的休闲食品生产商也开始转型渠道。来伊份的"轻资产"模式，使得其在别的企业还在用有限的资金投资固定资产的时候，就已经将多余的资金用于公司的日常运营、商品的促销方案以及寻找更好的供应商等方面了，这也让来伊份品牌在最初的竞争中，能够比别人跑得更快。创新是其公司保持长期活力的动力源。当别人在大卖场租摊位时，来伊份选择了更贴近社区的专卖店；在别家还在卖散装炒货的时候，他们用小包装使商品品牌化及高端化。

2. 信息化建设整合供应链创新

1）信息化建设使管理更科学

来伊份始终关注信息化建设，从2007年始斥巨资先后引进IBM-EIP管理系统（实现公司无纸化办公）和先进的SAP-ERP系统（实现公司财务业务一体化管理），"信息高速公路"的建立，实现了内部资源共享和网络化管理，让公司真正实现了高效、科学的决策和精细、标准的管理。

来伊份的信息化建设历程：自2003年就注重信息化建设的投入与实现；2007年与IBM公司合作，并于2008年上线企业门户管理系统，基本实现无纸化办公；2008年底与SAP公司合作，并于2009年实现SAP-ERP财务业务一体化系统，在此平台上，分别实现"人力资源、企业绩效、预算管理"等模块系统；2010年底与思科公司合作实现全国视频电话系统与视频会议系统，客服服务热线；2011年开始推进供应商生产视频监控系统、门店视频监控系统。

2）信息化建设助力门店扩张

2011年，来伊份正式进军全国市场。在"立足于上海，着手于全国，放眼于世界"的发展战略背景下，来伊份也面临着南北口味差异、生活习惯不同的挑战。特别是北方人对零食的喜爱似乎不及南方人那样强烈，那来伊份能否异地生根呢？目前，来伊份旗下的产品种类已将近700种，并且这个数字每年都在大幅增长，那么在单个店铺容积有限的情况下，来伊份认为产品开发是第一步。新产品会在一部分门店测试，如果消费者感觉比较好，就会铺开，2009年来伊份就上网了SAP。服务后端对门店的所有单品的销售数据都非常清楚，信息系统会显示每个产品比如枣子在这家店卖多少，明天应该主动配给多少，数据化、信息化的后台给了门店全方面的配货咨询。

3）移动引领业务模式创新

未来无论是营销还是管理，企业都必须实现移动化；否则，企业的竞争力、管理能力和企业对消费者的服务能力都会出问题。移动应用对营销而言，就是指要有全渠道的结构。未来的趋势一定是全触点的结构，必须以消费者为核心，创建360度的关联。同时，企业管理也应该打通线上线下。互联网思维是一个系统的思维，不应该仅仅局限于营销领域。

来伊份移动应用主要分为营销、会员管理和企业管理等方面。

在移动营销方面，来伊份进行了很多新的创新，比如现在消费者可以从线下订购线上的商品，就是门店没有的商品；未来，还将在门店的收银条上打印出周边商圈的团购信息和促销信息。

在会员管理方面，比如现在会员卡的制作，消费者可以通过微信将自己的照片发给门店的前台，前台打印出实际的会员卡。

在企业管理方面，管理者到达一家门店后，通过移动平台就能够看到这家店的完整信息，包括业绩、利润状况，也包括水电费等细节信息，还可以看到区域经理对店铺的巡视情况。

3. 全网营销模式

来伊份首先选择入驻几个大型的第三方电商平台，但第三方平台有很多局限性，比如：运营受到规则限制与制约，店铺功能也比较单一，同时还需要向第三方平台支付费用等。

为了向客户提供更丰富便捷的购物方式和更好的体验，来伊份选择通过商派的 ECSTORE 来搭建电商平台，通过各种营销手段，来促进客户沉淀与二次销售，同时也结合线下 2 300 余家门店，构建 O2O 模式。

线上、线下的行业解决方案，为企业提供了多种销售模式、团购、抢购等，强大的系统性能优势保障了大流量抢购也可以顺利进行。全渠道支持，各大电商平台与自营平台订单统一管理；全渠道会员运营，与企业现有系统进行融合。

食品连锁零售企业最大的特点是拥有大量的门店，如何将线上、线下资源互补，减少冲突，服务好客户，是目前大家所思考的。

在来伊份官网购物之后，可以选择门店自提，这样顾客可以不用担心送到家里没人，送到公司也不方便。由于门店受到店面大小的影响，商品可能不会很全，客户在门店购买商品发生缺货的时候，门店工作人员可以为客户提供代购业务，代替顾客在门店 PC 秤上进行线上购买，顾客同样可以选择到门店取货或者送货到家。

来伊份的官网、第三方平台、移动 APP 构建了一个全网营销的模式，线上与现下的会员资料整合，使客户可以积分互通，为客户提供便利。目前来伊份具有 700 万左右的会员信息，在未来的项目蓝图中，来伊份将更深入地挖掘 O2O 的优势，线上下单，门店配送，缩短配送时间，提高效率，让客户更方便。

（三）来伊份直营店赢利模式创新

由于来伊份主要出售休闲食品，所以实行直营形式的营销策略。直营形式营销策略即实行连锁的直营门店，通过直营店直接面对消费者，及时且更好地满足消费者的不同需求，而且直营容易控制品质。直营形式营销策略使来伊份发展速度很快，且吸引了不同年龄段的消费者和大大提高了消费者的购买率。此外，与卖场等零售企业不同，来伊份与供应商之间是共赢的理念，与供应商共同成长，不依靠收取进场费、广告费赢利，完全依靠产品的销售和服务获利。

来伊份主要销售休闲食品，并把食品的主要目标市场分为白领和较高家庭消费能力的人群。来伊份休闲食品的客户范围非常广，据调查，从 8～60 岁的市民都是来伊份的客户，其中主要消费者是学生和白领。特别是学生的购买能力很少受经济波动的影响，并且他们是新的消费潮流的倡导者和追随者，因此该消费群首先成为来伊份的目标顾客；现代白领收入水平高，有较高的消费水平和休闲时间，休闲食品是他们的一种选择，价格对他们也适合，因此现代白领是来伊份的主要消费者。

直营店赢利模式因素：

• 价值主张：打造健康、优质、便捷的休闲食品文化。

• 目标顾客：上下班的白领、学生、中老年妇女。

• 核心资源：供应链核心竞争力。

• 业务流程：直营店进货——销售。

• 重要合作：原材料供应商。

• 收入和成本结构：主要收入来自销售收入，成本来自制造生产成本。

• 产品定价方式：采用成本核算法。

（四）来伊份商城赢利模式创新

借助互联网进行销售比普通的销售价格低廉，因此来伊份网上销售比市场一般的价格要低。采用这种定价策略，向消费者表明，如在本网站直接发订单的话，可享受百分之几的优惠。

商城赢利模式因素：

• 价值主张：打造健康、优质、便捷的休闲食品文化。

• 目标顾客：网民。

• 核心资源：网络便利性、供应链核心竞争力。

• 业务流程：商城上架—销售—库存出货—配送。

• 重要合作：原材料供应商，支付宝，中国银联。

• 收入和成本结构：主要收入来自销售收入，成本来自制造生产成本，配送成本。

• 产品定价方式：采用成本核算法。

（五）来伊份悠点卡赢利模式创新

伊点卡是上海来伊点企业服务有限公司向上海来伊份股份有限公司客户发行的商业预付费磁条卡，不能获得积分和各类折扣优惠，用完后丢弃，并不具有悠点卡可以反复充值、永久有效、享有会员积分、不定时折扣优惠等功能，也不能进行实名认证。加入悠点卡会员俱乐部：

(1) 积分抵现金：每消费 10 元即可累积 1 个会员积分，每 10 个会员积分抵 1 元使用；

(2) 会员专享价：会员凭“悠点卡”在来伊份门店购物，可享受指定活动或商品的价格优惠；

(3) 会员凭“悠点卡”可以参加会员积分换礼、积分换购、积分抽奖等各项精彩的积分活动；

(4) 卡内可储值，购物好便捷；

(5) 生日双积分，会员生日当月凭“悠点卡”在来伊份门店购买商品，积分双倍累积；

(6) 来伊点公司会不定期发送最新热卖的商品和促销信息。

六、来伊份赢利模式创新绩效

来伊份自1999年成立以来，始终致力于传播休闲文化，公司确立了“立足于上海，着手于全国，放眼于世界”的发展战略梯度，采用“直营连锁专卖店”发展模式进行市场开拓，遍布上海、江苏、浙江、山东、湖北、安徽、山东、北京、天津等地区，目前已拥有连锁直营专卖店已超过2 100多家。每年为近6 000万人次提供优质食品。2011年公司销售收入为25.18亿元，2012年来伊份销售额超过30亿元，全国员工人数近1万名。2013年实现总营收27.5亿元。截至2014年6月30日，公司已发展会员835万，发行储值卡超过1 012万张；直营店和加盟店总数已达2 379家，其中直营比例超过90%，销售商品种类超过700种。

七、来伊份赢利模式创新经验及启示

企业战略决定着一个企业未来的发展方向。在制定企业战略时，必须对企业所面对的各种内外部环境因素进行详细比较、分析，并适时地利用各种战略分析方法对各种影响因素进行定性和定量分析、评价，这样才能科学地、客观地制定出合适的发展战略。

总结来伊份的创新规律，来伊份管理主要体现在品质的高效监控，通过企业信息化的强大平台，搭建了相对完善的ERP业务管理系统和EIP企业综合信息门户系统，全面整合了企业内部的人才管理、商品管理、采购管理、销售管理、物流管理和财务管理。

来伊份在生产现场的视频监控体系上也逐步实现全透明化监控体系，并有效与视频监控屏、办公电脑、手持终端对接，从而确保监控人员与生产现场实现实时监控，有效保障了生产环节全掌控、无盲点。

在生产和品控上结合市场销售实现了较精确的预测与控制，使得产品在市场竞争中能持续凸显安全、新鲜、时令、优质、丰富的品质特征；来伊份公司自身已通过 ISO9001、HACPP 认证。

在产品生产、过程检验、物流供应、产品销售等过程中形成了严密的质量及管理控制体系。来伊份成立至今一直推行“无需理由退货”制度，极大地满足了消费者的对商品的满意诉求，这一措施在国际上也是少见的。这样的品控措施实际上有效弥补了政府日常监管的不足，保障了消费者对食品安全的要求。

传统建材业的多元化转型之旅
——绿城电子商务有限公司赢利模式

一、案例背景及赢利模式研究思路

（一）企业介绍

绿城房地产集团有限公司（简称绿城集团或绿城），1995 年注册成立，国内知名开发企业，专注开发系列城市优质房产品，具有国家一级开发资质。绿城集团以 2014 年 198.83 亿元的品牌价值连续 10 年名列中国房地产公司品牌价值 TOP10，在 2014 年中国房地产公司品牌价值 TOP10 企业中排名第二。绿城同时还是中国房地产品牌效益创造力典范的获奖企业；连续 10 年名列中国房地产百强企业综合实力 TOP10。

不断改革创新是绿城集团发展壮大的内在推动力。近年来，随着集团快速发展，绿城不断改革内部机制，突破自身管理模式，寻求多产业发展，于 2011 年初成立了绿城电子商务有限公司（简称绿城电商）。绿城电商肩负绿城集团采供管理战略转型的使命，开创“网络商城＋实体体验”的商业模式，凭借绿城集团多年积累的工程施工经验，以及对工程材料的深刻了解，怀揣对促进中国建材行业发展的强烈使命感与责任感，着力构建阳光、高效的物资采供一站式服务平台，打造全国最大的专业建材服务商。

绿城电商将传统房产公司的“因需采购”转型升级为“储备式供应”的新型采供模式，推行职业的产品经理制，凭借绿城集团 18 年来与各供应商建立和积累的良好合作关系，先期择优引入产品，充分保证产品品质，铸就专业精英团队，精心打造线上线下超级建材商城，从而透明采供过程，提高采供效率，整合采供优势。绿城电商不仅为绿城集团内部各项目公司提供物资保障，推进集团采供体系改革，更积极地对外拓展房地产开发商、工程承包商等客户，凭借在材料采购品质、价格及供货效率等方面的显著优势，为其提供丰富的产品品类、优惠的产品价格、透明的采供过程，以及全程专业的房产开发用材(设备)采供服务，确保项目稳健运营。

截至2013年11月，绿城电商销售额达到了25亿元，外拓315个会员，服务的房地产项目已达600余个。绿城电商与各战略合作伙伴签署合作协议达202份，涉及49大品类，178个品牌，174家厂商(服务商)。2014年4月17日，绿城电商发展研究院正式成立，绿城电商希望能为行业启动一次全面的改革。因此，绿城电商发展研究院研究涉及的领域非常广泛，空调系统、给排水系统、电梯、弱电系统、橱柜/收纳、地板、陶瓷、厨房电器、户外家具等建材领域均有涉及，而相应的研究人员也都是在各自领域研究多年或具有数十年行业从业经验的专家。他们会参考国家标准或相关行业标准进行编撰工作。

(二) 案例典型性

中国房地产占国民经济总产值的比重在过去的10年里持续增长，成为国民经济的支柱产业。建材市场未来的增长动力主要来自房地产行业，受驱动于人口结构基础的现实及城市化率的不断推进，未来房地产市场将仍有20年左右的增长空间。

绿城商城打造的建材信息平台，以“网络商城＋实体体验”的采供管理服务模式突破了传统的房产开发用材(设备)，为房地产开发商、工程承建商、酒店连锁等工程客户提供制定采购规划、推荐用材标准、线上线下一站式选样等专业建材采供服务，从而为其精简物资采购流程，规范采供管理体系，提升建材采供效率，令建材采供全程透明、高效、公正、专业。

绿城电商是绿城集团谋求“多元化转型”的重要一步棋，而作为绿城集团最为重要的平台“绿城中国”，其开发模式、销售策略、融资渠道的转型都在有条不紊地进行。养老事业、现代农业以及电商，这是绿城战略转型的三个方向，从目前来看，电商被认为是最先接近成功的。

(三) 赢利模式研究思路

本文分别利用PEST分析工具、产业链分析方法和竞争五力模型、产业生命周期和行业关键要素等理论和分析工具对绿城电商所处宏观环境、行业环境进行介绍，识别出绿城电商在转型期所面临的外部机遇和挑战。

然后，分析得出绿城电商从传统建材行业向电商转型历史必然性，以此作为绿城电商赢利模式创新的出发点和指导思想。

最后，总结了绿城电商赢利模式创新经验，以期给传统建材行业转型提供一定的借鉴。

二、外部环境分析

（一）宏观环境分析

中国房地产占国民经济总产值的比重在过去的10年里持续增长，成为国民经济的支柱产业。房地产具有极强的经济带动性，对产业链上下游都可以起到重要的拉动效果，对其上游的钢铁、水泥、流程机械，下游的家电、装饰材料、家具等相关产业将产生重要的拉动效果；在住宅建设上每投入100元就可以创造相关产业170～220元的需求；每销售100元的 住宅可以带动130～150元的其他消费。

中国大宗建材销售规模已经达到万亿级，房地产项目对建材的采贩主要被计入建安成本之中，扣除设备及安装，材料成本约占总投资的30%左右，大宗材料包括水泥、钢 材、管材、幕墙等。

建筑装饰行业总产值由2003年的0.72万亿元提高至2012年的2.63万亿元，年平均复合增速约为17%，远远高于同期GDP增长率。

1. 科学技术发展

1）融资创新

房地产企业为了进一步加强自身企业的竞争力，在融资和销售技术上有着巨大的创新作用，房地产商家不再单纯地从银行进行贷款，而是采取了多种的融资方式和融资的手段进行融资，充分利用信托进行预付款，有时甚至会上市融资。

2）销售创新

房地产公司不仅仅是在融资的技术上进行创新，还对销售技术进行创新。为了全面加强房地产的竞争力，让消费者在选择房屋的时候进行温馨的营销方式，很多企业进行了品牌营销，追求企业的高品质，努力利用自己的品牌来吸引顾客的眼球。

3）信息技术

当今社会技术因素以及新能源技术层出不穷，技术因素已经成为房地产营销的主要因素，同时也成为企业品牌和形象的重要影响因素。信息技术不仅可以提高企业的效率，也能够为企业的流程提供依据，但是如果不能够对信息进行深入的了解，或者是引入不当，也会给企业带来巨大的困难。因此，怎样运用现代信息技术以及对新的信息技术进行利用是提高企业在营销过程中的主要问题。

2. 政策环境

面对房地产的疯涨，国家制定了诸多政策来限制它的价格上升，而这些具体的政策也给房地产业带来了很大的冲击。

1）税收政策

政府调控采取了平稳的步骤：前期——营业税优惠政策有力地促进了二手房市场在部分城市的房价和成交量超越了历史的最高纪录，楼市投机盛行，市场已经显得过热，房地产优惠政策就应适当退出。

2）限制房地产开发的贷款管理

对项目资本金(所有者权益)比例达不到 35% 或未取得土地使用权证书、建设用地规划许可证、建设工程规划许可证和施工许可证的项目，商业银行不得发放任何形式的贷款；对经国土资源部门、建设主管部门查实具有囤积土地、囤积房源行为的房地产开发企业，商业银行不得对其发放贷款；对空置 3 年以上的商品房，商业银行不得接受其作为贷款的抵押物。如此，限制了房地产商的资金来源，规范了房地产行业。

3）规范土地储备管理

商业银行不得向房地产开发企业发放专门用于缴纳土地出让金的贷款。对政府土地储备机构的贷款应以抵押贷款方式发放，且贷款额度不得超过所收购土地评估价值的 70% ，贷款期限最长不得超过 2 年。

4）加强住房消费贷款管理

银行重点支持借款人购买首套中小户自住住房的贷款需求，且只能对购买主体结构已封顶住房的个人发放住房贷款。由此增加了投资者投资房地产的成本，减少了消费者购买房屋的成本。

5）切实调整住房供应结构

重点发展中地位价、中小套商品住房、经济适用住房和廉租住房。对新建住房结构有具体的比例要求。加快城镇廉租住房的制度建设，规范发展经济适用住房。

3. 社会文化环境

各国的社会与文化对于企业的影响不尽相同。作为中国，有着很明显的区别于其他国家的社会与文化。对于房地产行业来说，社会和文化的影响是很大的。

1）人口因素

中国20世纪七八十年代生育高峰时出生的那一批人中大部分人已经在城市站稳脚跟，他们对房子的需求具有极大的刚性。再者，对于计划生育初期出生的那一代人，现在也是住房消费人群。而这些人的消费能力是巨大的：首先他们的经济条件良好；其次，从父母那里得到的赞助也会很大。这些客观原因使得外界普遍对近期房价下降不抱大的希望。短期内房地产行业仍然会相当兴盛。

2）社会城市化

中国的经济发展迅速，而众多有的农村人口将会逐渐向城市转移。据统计，每年约有1 200万人从乡村转移到城市，而这些城市人口的增加必然会带动房地产的行业的发展.

4. 经济发展

经济环境主要包括宏观、微观环境两个方面。从我国来看，房地产市场的发展和宏观经济依然保持着较为密切的相关性，国内房地产的周期与GDP增长有明显关系，波动基本一致，但波幅前者大于后者。但不管宏观环境还是微观环境，其任何改变对于经济政策敏感的房地产行业都会造成很大的影响。国家的经济环境变化通常表现在以下几方面：

1）国民生产总值持续高速增长

这是影响房地产行业的最主要的经济因素，因为只有需求的增加才能真正地促进供给的增加。中国连续多年GDP增长超过10%。连续这么多年的经济飞速发展，人民收入的增加导致了购房需求的旺盛。居民手中货币的增加，面对着资金的保值、增值，不少人选择了购买楼房。所以在过去的十年，房地产业火热，房价飞速上涨。

2）提高存款准备金

中央银行存款储备进持续提高，这一提高将会进一步收紧房地产行业的资金来源，造成“银根”紧缩。不过，这些主要是针对股市的，所以对于房地产业来说，只是一种牵连。同时，由于现在的房地产行业的筹资方式多样化，致使很多优秀的房地产企业还是可以挺过去。

3）存款加息

银行的多次加息，虽然是主要针对股市的疯涨，但依旧对房地产行业产生了影响。加息最终将加速行业内企业的两极分化，给优质公司带来更多扩张机会，赢利能力较差公司的生存环境将更为艰难。加息无疑会加大开发企业的经营成本。自从央行提高贷款门槛后，有实力的开发企业对银行的依赖越来越小，贷款比例越来越小，通过自有资金和其他渠道筹集资金的比例越来越大。

但加息对房价的影响应该不大，因为影响房价的要素主要是市场供求关系。

4）股市影响

值得大家注意的是，股市和房市是一个互动的联合体，随着这几年的中国经济的高速增长，股市的发展早已脱离了正常的轨迹。随着中国股市泡沫的破灭，从股市大量撤下的热钱迅速流入房地产行业。同时，国内调整股市的政策以及其他经济政策都会影响房地产业的发展。

5. 宏观环境总体分析

受全球经济危机和全球性宽松货币政策影响，建材企业生产经营面临较大要素价格上涨压力，国家调控房地产的宏观政策环境仍不乐观，房地产投资仍处在下行通道，反弹支持力量不足；同时建材生产企业尤其是水泥、钢材等大宗基材又深受严重的"产能过剩"困扰，传统建材产业亟待转型升级。《建材工业"十二五"发展规划》明确了把"建材服务业"作为建材工业"十二五"期间的发展重点，促进建材工业生产制造与技术研发、工业设计、现代物流、电子商务等生产性服务业融合发展，推进大宗材料物流配送网络建设，探索建立建材下乡营销配送体系，发展电子商务；积极发展面向建材行业的能效评估、资源综合利用评价、检测认证、科技成果推广等服务，扶持壮大节能服务产业。

短期形势严峻，长期发展可期。这是对建材产业发展的审慎预期。我国国民经济仍将保持平稳较快增长，虽然投资比重将有所下降，但城镇化、工业化和农业现代化将为建材产业提供持续性的增长预期。经济增长模式的转变，粗放式的增长模式正逐步被淘汰。随着经济结构调整，国内大中城市工商经济集群化、集约化水平进一步提升，由现代服务业带动先进制造业的发展趋势尤为明显，服务业尤其是生产性服务业占国内生产总值的比重逐步上升。房地产行业对成本的重视和推进住宅标准化的发展趋势，将为定位于提供材料检测、设计、整体应用解决方案的集成供应商带来更大的发展机遇。面临机遇和挑战，企业的自主创新，尤其是核心技术、商业模式的创新，是建材产业从能源资源消耗向资源节约型、环境友好型转变，从传统制造业向先进制造业和现代服务业转型，从单一材料制造向完善产业链转变的重要保障。

（二）产业环境分析

1. 建材行业产业链

产业链理论认为，产业链的形成和优化是社会分工的结果，也是产业发展的必经之路，得产业链者得天下。我国现有装饰家居电商约有三类：一是以齐家网为代表的 B2C 垂直电商；二是以天猫、京东家居建材频道为代表的平台电商；三是以美乐乐、家装 E 站为代表的 O2O 平台。前两类以家居建材销售为主。现有的家居电商均是以建材和家居饰品为切入点，对设计和工程的环节介入较少，无法给用户提供完整的家装体验，因此虽有用户、有流量，但用户消费有限，无法最大限度地挖掘用户价值，主要还是对产业链的整合有限，线上线下的体验不完整。

建材上游产业（原材料产业/技术研发产业/建材机械产业）主要包括原材料产业（如铝锭、金属材料、专用泥土等）、建材生产技术研发产业、生产建材产品的机械制造产业等。

建材产业自身，即建筑材料生产企业，根据原材料不同或用途不同，分为不同的类别。

建材下游产业主要包括房地产业、建筑业、废旧建材回收利用产业、建材营销产业、售后服务产业、建材包装产业等。

2. 波特五力模型

1）现有竞争者

一个行业中的企业相互之间的利益都是紧密联系在一起的，作为企业整体战略一部分的各企业竞争战略，其目标都在于使得自己的企业获得相对于竞争对手的优势，所以企业之间必然存在竞争，表现在价格、广告、产品介绍、售后服务等方面，其竞争强度与许多因素有关。建材行业经过十年的市场磨砺，已经逐渐形成相对稳定的竞争格局，但随着近两三年人们对建材消费的需求增加，以及互联网的普及、电子商务的发展，进入建材业的个人或相关企业越来越多。大致有以下几类：以传统建材行业经销商、中城联盟为代表的大宗建材采贩渠道；以天猫建材、齐家网为代表的个人客户建材采贩渠道。

（1）建材行业传统经销商。

建材行业传统经销商长期深耕于自身行业领域，对本领域产品拥有更深的认识和更广泛的了解。建材经销商长期与各区域项目公司保持密切联系，更清楚特定客户的相关需求，对客户的需求响应速度也更为灵活快速，同时对于部分特定客户，传统经销商灵活的商业模式更容易获得相关材料人员的青睐。通过返点、回扣等灰色渠道，直接获得项目内部部分人员的支持，操作最终采贩结果，形成垄断销售趋势。

建材行业传统经销商的销售模式，将随着整合建材销售平台的出现，遭到巨大的冲击，具体表现在：一是现阶段业务模式中，返点，回扣等销售模式将随着产品价格趋向透明而变得不可持续。对于项目而言，所有返点、回扣等隐性支出都将作为项目采贩成本实际存在，从而提高项目采贩产品单价。二是现阶段传统建材经销商代理的品牌数量较少，通常同档品牌间存在较高竞争壁垒，同一经销商不得代理其他同类品牌。这导致经销商在做产品推介时，难以客观的态度进行产品推荐，通常不能较好地呼应客户的实际需求。

(2) 中城联盟。

中国城市房地产开发商策略联盟，简称中城联盟，成立于1999年12月，旨在通过成员之间资讯共享、联合采贩、融资互劣、联合开发等合作形式，以达到统一研发、规范房地产市场的目的，从而为提高我国城市居民的生活品质，实现住宅产业的现代化作出应有的贡献。中城联盟现拥有包括"万科"、"万通"、"华远"在内的59家成员企业，开发项目分布全国100多个主要城市。中城联盟优质的联盟成员，完善的联盟机制将能很好地发挥各成员自身的优势，并通过联盟的平台达到资源共享、互利互惠的目的。现阶段，中城联盟主要为联盟内成员提供一个互利合作的平台，平台内成员开展联手拿地、联合开发、公司间资金拆解业务等。

中城联盟的会员性质与电商的会员性质有较大区别。鉴于联盟内成员均属于行业领先企业，各成员均有较强的议价能力及采贩能力，故现阶段中城联盟的合作采贩优势并不明显，联盟合作优势中的"联合采贩"并未产生显著影响。中城联盟现阶段更多致力于搭建一个资源互通、资讯交流的平台。联盟本身并无特定的职能功能，更多地致力于成员间通过中城联盟加强了解，构建合作。

(3) 天猫建材频道。

依托于淘宝系近5亿的注册用户，天猫建材频道在创立初期便拥有了完善的销售渠道和强大的客流引入能力。据报道，截至2013年，每天有超过6 000万的固定访客，同时每天的在线商品数已经超过了8亿件，平均每分钟售出4.8万件商品。2013年"双11"期间，淘宝天猫一天就完成了350亿元的销售额，支付宝单日交易笔数超过1.88亿笔。天猫建材频道主要由两类商家入驻：一类是以"汉斯格雅"、"高仪"、"立邦"、"顾家"等国内外知名家装建材企业直接入驻，厂家与天猫开展品牌合作形式，建立线上B2C商城；另一类是由全国各级经销商通过与天猫合作，将已代理品牌产品上线至天猫平台进行销售动作。

现阶段，随着天猫业务运营的不断开展，上述两种业务运营模式遇到了一定的阻力，具体表现在：厂家直营业务与经销商代销业务在一定程度上形成横向竞争。经销商代理模式对于特定产品价格、优惠方案制定、营销模式开展有较大的灵活性，可较清晰地了解客户需求，并作出优化。厂家直营模式有厂家的绝对正品保证及厂家的售后服务优势，同时一些厂家亦自主开发部分仅针对线上销售的特定产品，形成产品壁垒。鉴于厂家对经销商的线上销售模式管控能力较弱，极易形成两败俱伤的竞争态势。尽管淘宝系成立了天猫网，希望通过天猫商城的模式确保消费者能买到放心的正品，但天猫商城不到10万元的最低资费标准，依然使得部分不法商贩有利可图。天猫商城在未来加强正品保障，建立消费者信心依然有很长的路要走。

(4) 齐家网。

作为国内知名的家装建材电子商务网站，齐家网更强调机构的本土化，通过与线下商家开展合作，联合线上会员团贩报名，引导建材需求客户开展采购动作，完善 O2O 服务闭环。截至 2013 年 8 月，已经在全国 38 座城市建立了分支机构，注册会员 500 万和超过 36 000 个供应商。通过齐家网电子商务平台为国内建材、家居产品销售供应商和装修设计、装修施工管理服务供应商提供一整套的电子商务解决方案。不同于其他建材电子商务平台，齐家网注重的不仅是单向的建材销售，更强调装修前期的设计沟通和后期的安装施工，贯穿客户整体装修过程。同时，齐家较完善的 SNS 系统搭建亦能很好地增强客户黏性，形成口碑销售。

齐家网现有的业务模式存在一定的成长限制，具体表现在：齐家网主要营收来自平台广告+线下活动服务费，厂家对于齐家网的线下支持力度将很大程度上影响齐家网的未来发展。随着建材销售电子商务化的不断普及，建材产品的价格将愈来愈趋于透明化，当线下团贩缺乏足够具有吸引力的折扣时，线下团贩的号召力会大幅度下降。如何保证充足的客户群支持，将成为齐家类 O2O 模式建材销售网站的一大难题。齐家网定位为以“户”为单位的建材产品销售，客户的贩买能力仅限于一户人家装修需求，当客户装修完成后，该消费单位即立刻消失，客户忠诚度较低。如何将单户销售发展为多户销售，并导入充足的客户来源，将是齐家网另一大难题。

2) 潜在进入者的威胁

随着网络的普及以及电子商务的发展，网络已进入家居生活，建材销售市场被搬到网上，给消费者一个全新的市场氛围。所以，越来越多的建材销售网站悄然兴起，并且专业化的建材销售网站与传统媒体强强联合，极大地填补传统媒体的不足，而且能够给消费者提供更广泛、更直接、更方便快捷的服务。再者，各个建材销售网站都在努力迎合消费者的各种需求，提供各种新的建材销售体验来吸引用户，因此不排除会有建材销售网站提供优质的 3D 建材体验服务来提高其竞争力的可能。

3) 供应商议价能力

建材销售网站的材料实物供应方来自以下几个方面：建材工业制造厂家(涂料、地板、瓷砖、木材等)、家居物品品供应商(家具、床上用品等)、建材及配饰等产品的中间供应商(橱柜、五金、照明等)等。

建材销售网站的供应商在现阶段具有以下特点：第一，原材料成本上升使营销物流费用增加，价格竞争激烈；第二，采用多渠道及多环节的销售模式（专卖、代理、超市等），因此对价格的控制不足，易造成下游企业在议价上的选择失误；第三，全球范围内的建材用品供应商正在逐渐形成供应链的区域性特征来影响全国拓展与统一服务。根据以上特点可以判断，建材企业的供应商将朝着多渠道、多层次、多品牌以及统一物流的方向发展，中国的建材网站在与供应商合作方面将有更多的机会与选择，采用更多的市场手段与方式。

4）购买者议价能力

消费者对建材企业的服务需求是组成建材企业利润来源的主要部分。消费者有的根据自己的设计要求，网上选购建材和配件，通过3D家装体验感受真实的家装效果，然后让家装公司进行施工；而有的消费者在网上采取“交钥匙”工程的交易方式，从网站提供的装修模板请家装公司提供从设计到选材、施工，甚至后期配饰等一条龙服务。随着建材销售网站不断提升的服务，消费者越来越倾向于后一种消费方式，这是由目前房地产商提供的毛坯房的比例较高所决定的。

5）替代品

随着建材行业的不断发展，新的行业状态的探索与尝试已经开始，“一站式服务”越来越受到欢迎，包括厨卫改造、灯饰、地毯、地板、陶瓷等产品，提供从设计到施工、维修等一整套服务。其目标顾客主要是为进行高档装修而追求个性化的高收入阶层。与普通的建材销售网站相比，它们具备以下优势：第一，商品选择的优势；第二，购物环境的优势；第三，质量保证的优势；第四，低成本的优势。正是因为这种新颖的消费方式对消费者强烈的吸引，已有一些大型的建材销售网站和家居用品商开始建立属于自己的家装材料及商品展示中心，一方面为顾客提供良好的选购材料的场所，另一方面也显示企业具备整合相关资源的能力，更增加了企业的竞争优势。

3. 产业链定位

“十二五”时期是全面建设小康社会的关键时期，是深化改革开放、加快转变经济发展方式的攻坚时期。由于外部环境、体制改革、工业化、信息化及城镇化等因素的影响，“十二五”期间我国经济发展将会表现出诸多与“十一五”时期不同的新特征、新趋势，我国正在进入资源驱动、投资驱动和创新驱动并存的阶段。而加快转变建材产业经济发展方式，需要在两个方向上加快步伐：一是解决创新能力不强、在全球产业分工处于低端的问题，推动产业升级；二是解决可持续发展的瓶颈制约问题，建设资源节约型、环境友好型行业。而实现这两个方面的突破，建材产业的服务业态转型将成为转方式、调结构的重要突破口。

1）建材制造过程的生态化增值服务化转型

充分利用建材工业制造过程可以综合利用大量工业废弃物和余热的工艺特点，大力发展循环经济，以实现建材工业作为工业和城市废弃物有效和无害化处置核心为目标，实施建材产业制造生态增值服务化转型战略，实现我国建材制造过程在废弃资源循环利用和废物无害化处置领域的生态化增值服务化转型。

2）建材产品效能增值的服务化转型

以倡导建材产品的绿色消费、全力支撑建筑节能为目标，实施建材产品效能增值的服务化转型战略，推动绿色消费和建筑节能，引导我国建材产品集成化、系统化、个性化的产品效能增值服务化转型，推动节能减排、扩大内需、改善民生，实现城乡经济社会发展一体化。

3）建材技术服务的产业化升级

以提高行业科技创新水平、提升我国建材产业国际竞争力为目标，通过研究设计院所的工程咨询、科研设计、装备集成、安装调试、运营服务一体化的建材生产工程承包服务，以及绿色建材、节能建材、建设用配套建材产品的检测认证、能效评估、合同能源管理、资源综合利用评价、清洁生产审核评价等创新手段，增加建材产品的技术含量，提升产品附加值，提高生产效率和能源资源集约高效利用，实现我国建材技术服务化转型。

4）建材物流贸易服务的产业化升级

以降低社会物流成本、优化资源配置、实现建材贸易的服务转型为目标，建设水泥、平板玻璃、陶瓷、石材等大宗建材物流配送网络体系、“建材下乡”营销配送体系，在线交易等电子商务平台，现代化建材物流园区等现代物流模式，实现我国建材物流贸易服务化转型。

三、内部资源和能力分析

（一）绿城电商商业模式

如图1所示，绿城电商为客户精简物资采购流程，规范采供管理体系，提升建材采供效率；令建材采供全程透明、高效、公正、专业。顾问式客户服务平台＋现代电子商务应用技术＋传统建材商务交易活动。

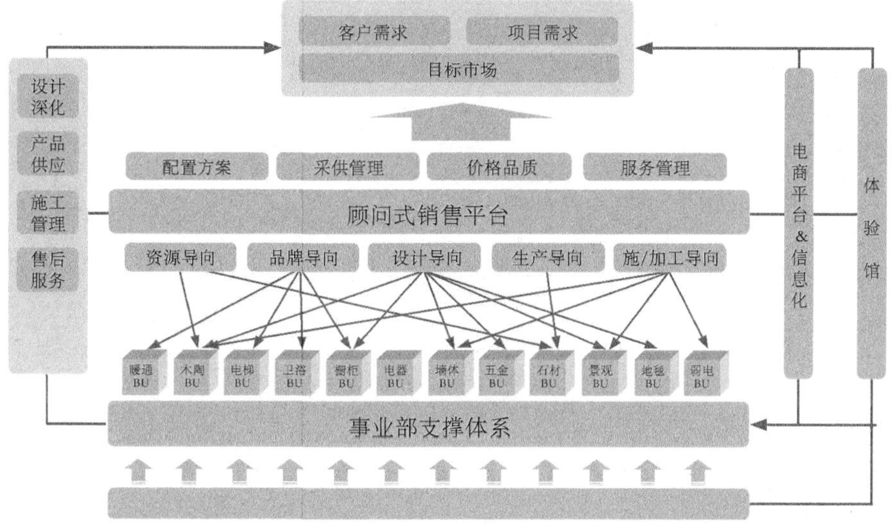

图1 绿城电商商业模式

Online＋Offline：创新的“网络商城＋实体体验”的线上线下采供新模式。

B2B & B2C：凭借强大的整合能力与服务能力，为商业客户（房地产开发商、工程承建商、政府单位、酒店银行等其他业态）及个人客户提供制定采购规划、推荐用材标准、管控采购流程等一站式专业建材采供解决方案。

（二）绿城电商渠道整合

建材原有供需结构在供应与需求中夹杂了多层渠道，同时供应方与需求方也极其分散，国内建材销售市场的渠道结构比较复杂，存在多种结构并存、渠道冗长等问题。绿城电商改变建材行业的固有体系，重铸供应链，缩短建材厂家与房产项目公司、个人客户之间的距离（见图2）。

以客户需求信息流指导供应链流程，通过销售导向缩短生产、订货周期并降低库存，实现供应链的有效性。简化供应流程，对不同细分市场的顾客进行资源的重新配置并简化相关运作流程，提高资源效率，降低物流及库存成本。通过整合客户需求引导产品研发创新、产品质量以及生产工艺，提高供应自身价值，保证整个价值链上的供需同步。整合金融、物流、营销等横向产业协同，降低供应商运营管理与资金成本。

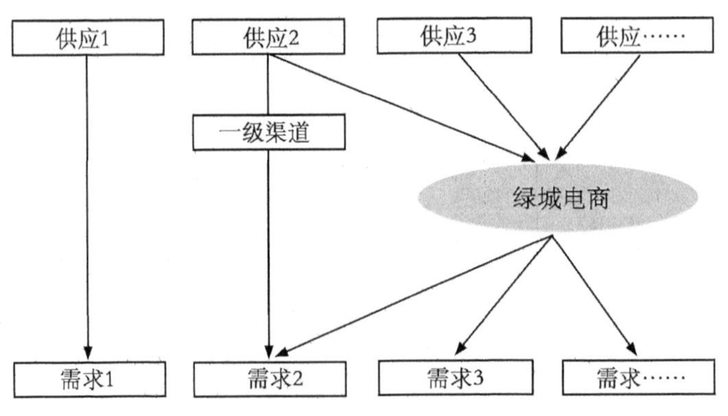

图2　绿城电商渠道整合

（三）绿城电商核心价值

价格："因需采购"转型为"储备式供应"模式，项目独立采购转型为电商集采，可为客户节省10%～15%的建材采购、人力及时间成本。

质量：承诺一线品牌厂商正品＋完善的产品引进流程＋全程把控产品供货。

服务：前置采购规划＋用材标准推荐＋配置精装新案＋金融产品服务。

管控：精简物资采购流程＋助力客户建立规范化管控体系＋采供流程更加透明、高效、公正与专业。

（四）绿城电商核心优势

1."四省"

省钱：整个装修成本进行全方位监控，不仅追求材料成本的降低，更对时间成本、人力成本等隐性成本进行优化，为客户精打细算。

省事：一站式采购服务，覆盖国内主流建材品牌，让客户摆脱繁琐的供应商考察、招投标和商务谈判流程。

省时：电商平台庞大的供应商资源库和低价保证，帮助客户快速做出采购决策。

省心：全透明采购体系杜绝贿赂腐败，消除政策风险。

2."四零"

零距离：服务零距离，电商为每一个客户都配备了由客户经理、项目经理及相关产品经理等组成的豪华服务团队，提供全方位的专业采购服务。

零假冒:所有产品都直接从厂家发货到客户现场,100%原厂保证,绝无假货,从源头上杜绝将产品调包、掺假、以次充好的可能。

零潜规则:电商的采购服务体系全部透明化运作,在采购各个环节杜绝潜规则的生存空间,创造一个完全公正、公平的服务和交易平台,同时也帮助客户树立规范运作、诚信经营的企业形象和企业文化。

零延误:电商内部高效的运营服务体系和客户、供应商三分钟实现信息的无缝对接,保证客户的采购需求、售后服务需求在第一时间得到响应和满足。

(五)绿城电商能力分析

1. 集团采购,需求稳定

绿城电商将采用集团化集中采购的方式为绿城集团在全国范围内的所有项目及中小房地产开发公司、建筑公司、设计公司等其他企业客户提供房产开发用材(设备)采供管理服务,批量大,需求稳定。2011 年绿城集团的房地产开发项目遍及全国,开发面积达 2 500 万平方米,预计交付量 300 万~500 万平方米。

2. 平台运作,高效透明

“网络商城+实体体验”的采供管理服务模式突破了传统的房产开发用材(设备)采购模式,形成了公开、公平、透明的市场环境,实现采供双方无障碍交流,简化采供合作流程,提高市场透明度。

3. 专业数据,促进标化

电商平台将形成全国品类覆盖面积最大、最实用、最真实的建材数据库,有利于国内房产开发用材(设备)市场的标准化建设,并成为建筑设计师、建筑设计机构和房产开发企业的首选数据库。

4. 倡导环保,低碳节能

绿城电商承继绿城集团“创造城市的美丽”的理想,努力将环保元素、科技元素融入现代城市建筑中,倡导低碳生活。未来电商平台与体验馆将致力于高科技材料与新型环保材料的推广和应用。

5. 经验丰富,卓越服务

绿城电商是在原有绿城物资系统的基础上建立起来的商务平台,拥有丰富的房产开发用材(设备)采供管理服务经验,在绿城集团总工程师办公室、科技部、精装部等职能部门的专业支持下,在原有物资采购系统的专业人才基础上,利用电商特有的平台与机制,延揽各类专业人才,持续为供应商和绿城集团提供专业的采供服务。

6. 减少环节，拓宽渠道

绿城电商减少房产开发用材(设备)流通环节，大力提升采购批量，降低供应商边际成本，电商平台和体验馆双项专业服务将为供应商提供更为广阔和稳定的销售渠道。

7. 平等互惠，多方共赢

绿城电商作为采供需求的第三方，改变了原有采供关系，在平等互惠的前提下与供应商形成战略合作关系，开诚布公，信息共享，采购方、电商平台、供应商三方共赢发展，达到各方面利益最大化。

四、绿城电商赢利模式创新的战略和组织前提

(一) 战略定位

绿城电商致力于打造中国最大的专业建材服务商，让建材行业变得简单和高效。

1. 绿城电商经营战略

经营战略包括以下五个方面。

1) 事业部模式深化

通过绿城电商产品事业部的不断建立，各事业部将努力完成产品的延伸服务，介入建材设计、生产环节，打通上下游产业链，帮助战略供应商在生产过程中提高效率，从源头上把控建材产品质量。

2) 体验馆全国布局

未来体验馆将进一步拓展，预计至 2016 年底前，覆盖项目相对集中的京津、川渝、珠三角地区，满足全国范围内各类客户的实体体验需求。

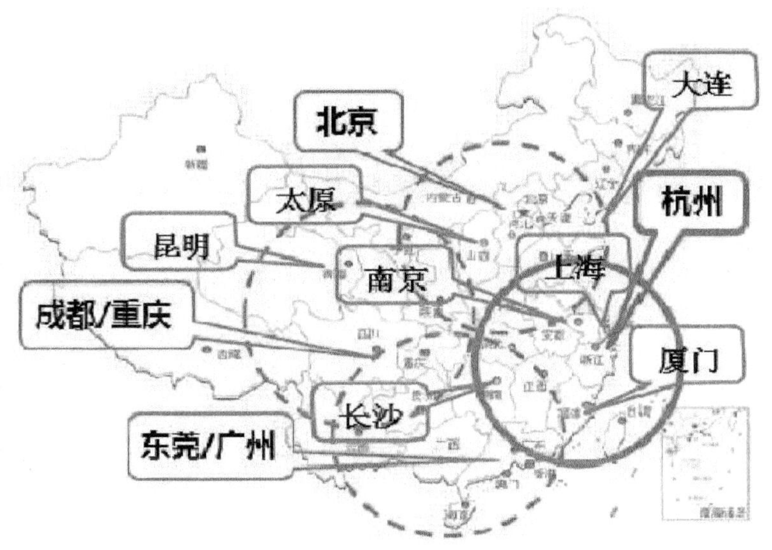

图 3　绿城电商体验馆公布

3）信息化建设快速推进

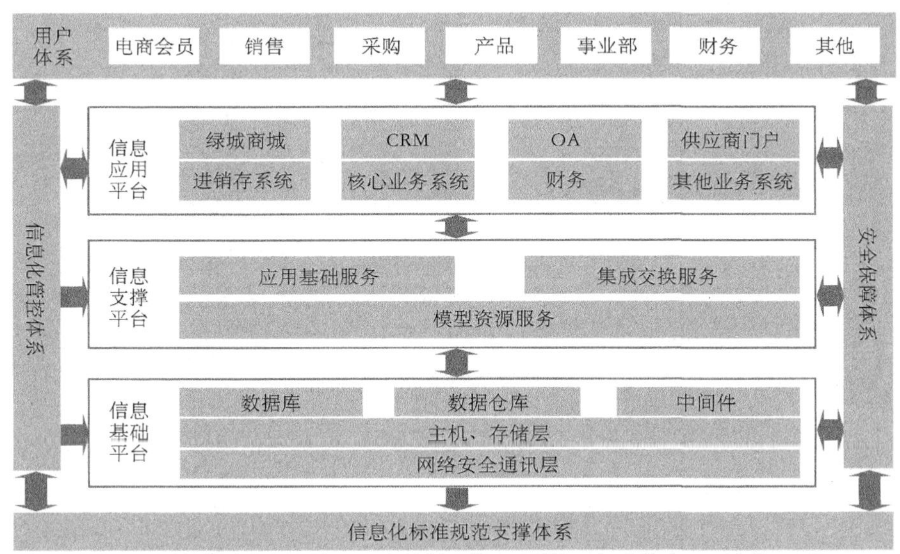

图 4　绿城电商建设推进

4）销售服务团队提升

业务团队、客户会员与行业研究三位一体、相互支撑。

业务团队：矩阵式管理模式，加强销售管理、市场推广及事业部对各销售分部的支持。

客户会员：实现顾问式销售模式，提供整体解决方案并管理客户及需求信息流。

行业研究：进行行业前沿研究，学习国外先进理念；建立专家库并进行项目调研，建立项目用材对标分析数据库。

5）服务类型扩展

B2B客户（工程类客户）＋B2C客户（个人类客户）。

B2B客户：包括中小型房地产商、施工工程单位、政府类客户以及其他业态客户。围绕客户的核心需求，建立标准的产品体系，提供整体产品应用解决方案以及提供系统的产品应用规划及咨询服务。

B2C客户：指个人家居建材消费者。提供一站式的家庭装修解决方案以及风格、类型齐全的样板房案例，为客户节省采购时间，并保持绝对的价格竞争优势。

2. 绿城电商业务模式

1）目标市场

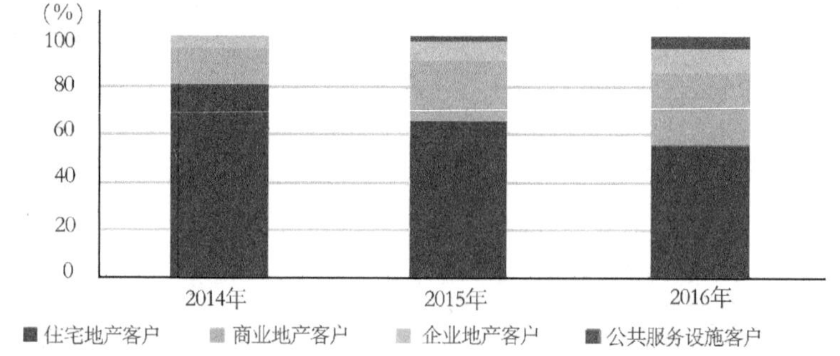

图5　绿城电商重点目标客户

重点目标客户	
住宅地产客户	中小民企、外资房产开发商
商业地产客户	中小民企、品牌授权商、外资银行
企业地产客户	中小民企、外资投行
公共服务设施客户	政店

2）产品服务

见图6。

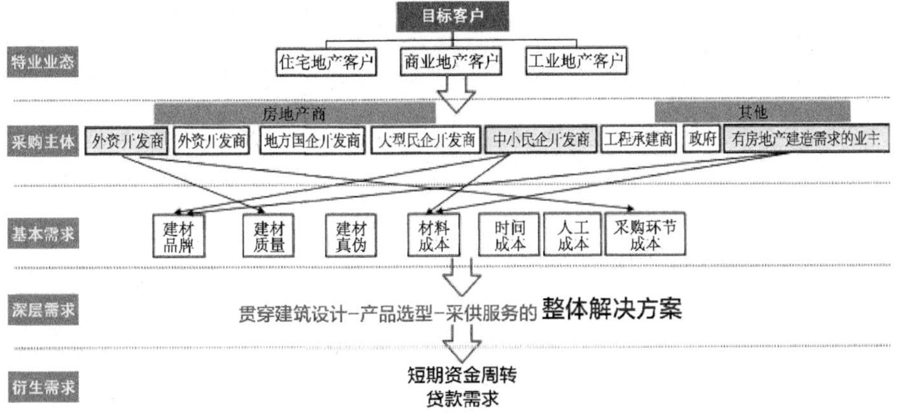

图6　绿城电商产品服务

3）业务流程

见图7。

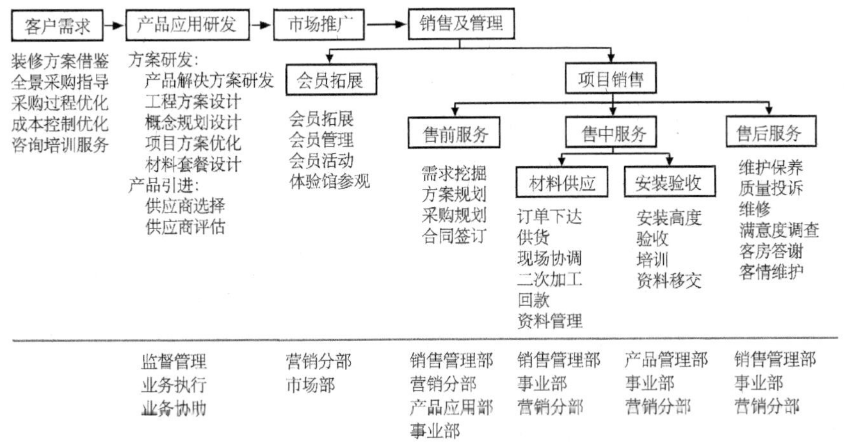

图7　绿城电商业务流程

4）市场推广

见图 8。

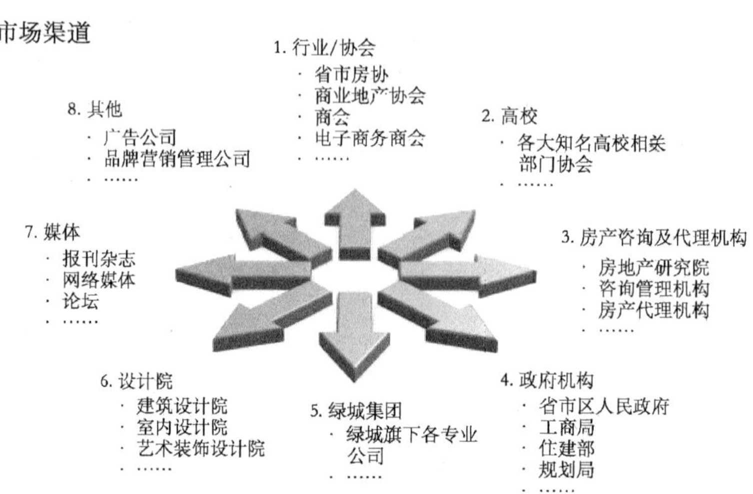

图 8　绿城电商市场推广

（二）组织结构

见图 9。

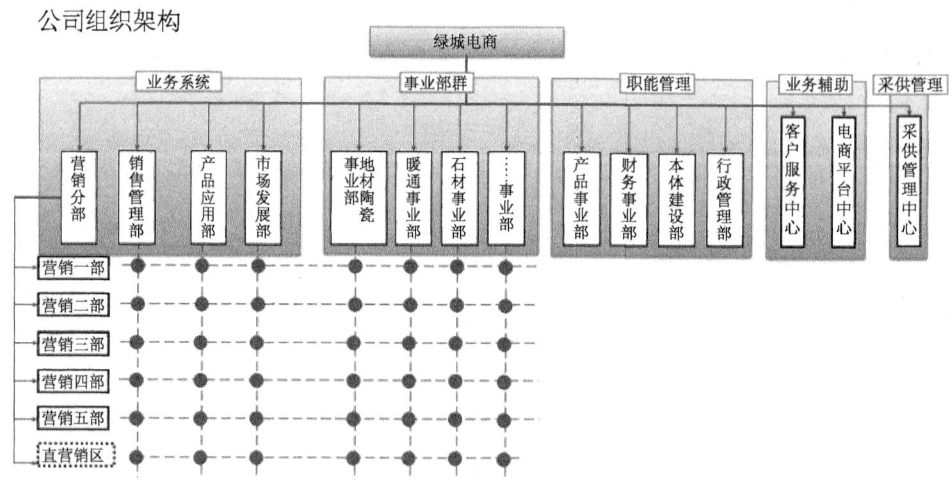

图 9　绿城电商组织结构

五、绿城电商赢利模式创新

（一）绿城电商赢利模式创新阶段

绿城电商成立于2011年3月，前身是绿城的采供管理部门。在公众眼中，绿城就是“不差钱”。在形势好的时候，绿城为了追求高品质也没有特别重视成本管控。但是当资金非常紧张的时候，采供“省钱”就显得非常重要了。可以说绿城电商的成立最初的动机就是来自绿城集团建材需求的内在驱动，就是为了实现绿城集团“省钱”的目的。绿城一年的建材采购费用约在70亿元。绿城电商有关负责人也表示，通过绿城电商，绿城每年光这一块的成本就将省下至少5亿～6亿元。在这个成本管控的过程中，绿城通过梳理发现，整合上游的供应商资源和下游的客户资源可以产生巨大的效益。

第一阶段：建立绿城电商网上商城＋线下体验馆（B2B）。在电子商务时代及精装修时代的大背景下，绿城作为国内首家跨界“触电”的房产企业，在建材B2B市场上第一个尝鲜电子商务。绿城电商的商业模式简言之可概括为“一个模式与两个支撑”。“一个模式”即通过整合资源并利用电子商务技术，提升物资应用价值，简化物资采购过程，降低人为因素影响，使采购变得透明、高效、公平、专业。“两个支撑”，即绿城商城和体验馆是支撑起该模式不可或缺的两翼。绿城商城提供建材信息查询、产品下单及供应链管理等服务，为客户提供一个充分比较和选样平台，这是重要的网络支撑；体验馆提供各品牌产品集中展示、工艺工法解析、工程选样、实体及3D虚拟的精装样板间体验等服务，是重要的实体支撑。

第二阶段：成立事业部。2013年1月绿城电商成立了第一个事业部，年底已有电梯、厨具、卫浴等18个事业部门，从安装到产品质量都有专门把控。成立事业部带来的最大好处就是服务集成。事业部可以最大限度地发挥专业优势，为客户提供更为专业、系统、高效的优质服务，同时也为生产厂商拓宽工程渠道起到积极作用，使绿城电商的市场竞争优势更为凸显。

第三阶段：成立绿城电商发展研究院。2014年4月17日，在杭州市滨江区秋溢路289号的绿城电商体验馆，绿城电商携手百余名建材行业专家，联合成立了绿城电商发展研究院。当初绿城试水建材行业的电商，只是出于团购的考量，希望通过这种集中采购的方式，帮与其合作的开发商降低采购成本。绿城具有探索意义的行为，却换来良好的市场反馈，2013 年绿城电商的年度销售额已逾 25 亿元。然而，在发展过程中，绿城电商却发现，合作伙伴除了对“价格”的需求外，还涉及另一个重要的需求，那就是如何保障采购的品质。绿城电商此前一直有完善的标准体系，但相对零散，现在希望将其系统化。这次成立绿城电商发展研究院，就是解决这个问题。发展研究院成立后，绿城电商产品引进全程将由行业专家更系统、更权威地把关，为会员客户提供全方位产品保障服务。对供应商而言，绿城电商严格的产品引入门槛以及不断整合提升的客户需求，必将促使其不断开发新技术、新产品、新工艺，提升产品质量，确保建材市场持续向好发展。

第四阶段：绿城电商于 2014 年度正式开展针对 B2C 的建材销售业务。绿城电商服务对象不再只限于工程客户，而是面向更为亲民的零售市场，为广大个人用户提供一整套优质专业的精装修服务解决方案。

第五阶段：拟 2016 年上市。

（二）绿城电商赢利模式创新内容

1. 绿城电商线上商城业务

绿城电商将传统采供转入高效、阳光的电子商务平台，不仅使得物资采供变得系统、简单、高效，更为客户提供了一个充分比较和选样的平台。绿城商城不仅全面支持品牌产品的展示、选型，以及会员销售价格透明展示，同时支持采购计划制定管理与运营流程协同推进。目前，绿城商城已上架展示 200 余个品牌，4 万余种产品信息。

该业务的赢利模式要素如下：

- 价值主张：透明、高效、公正、专业。
- 目标顾客：住宅地产、商业地产、工业地产、公共服务设施。
- 核心资源：大量品牌供应商。
- 业务流程：客户商城下单—平台生成订单—线下提供产品及服务。
- 重要合作：建材供应商。
- 收入和成本结构：主要收入来自建材销售。
- 产品定价方式：绿城定的价格。

2. 绿城电商线下体验馆业务

体验馆是绿城电商客户的实体选样中心，坐落于杭州市滨江区春波路 1289 号，建筑面积达 35 000 平方米，汇集了室内精装、土建大宗、设备设施、石材等品类品牌产品。体验馆为客户提供一站式选样服务，包括引导全程选样、解析工艺工法、提供评审场所、感受实体精装、体验 3D 虚拟间等。绿城电商体验馆具备产品体验、设计、咨询、新品发布、业界交流等综合服务功能，竭诚为广大客商提供优质高效的服务。

该业务的赢利模式要素如下：

• 目标顾客：体验馆签约厂家。

• 核心资源：体验馆 3D 展示产品。

• 业务流程：签约厂家缴纳租金。

• 重要合作：建材供应商。

• 收入和成本结构：主要收入来自租金。

• 产品定价方式：绿城定的租金。

3. 绿城电商融资业务

绿城电商在平台上代入融资工具，提高物流和资金流的循环速度。作为供应商的角色，绿城电商同样也要面对以下问题：不赊账，业务就做不开，影响电商平台的发展；赊账，就可能面临坏账，更拖累电商平台。绿城电商以自己的担保公司作保，委托银行向电商平台的房产商会员发放半年或一年期短期贷款。如此，资金短缺的会员可在绿城电商支付部分货款，获得全额商品。不足的货款由绿城补齐，并转变为贷款，房产商会员只需分期付息，到期还本即可。绿城电商既理所当然地获取贷款利息，同时又保证平台业务不因资金问题受阻，大大提高了业务周转的效率

该业务的赢利模式要素如下：

• 价值主张：提高物流和资金流的循环速度。

• 目标顾客：银行以及电商平台的房产商会员。

• 核心资源：自身公司信誉。

• 业务流程：绿城电商以自己的担保公司作保，委托银行向电商平台的房产商会员发放半年或一年期短期贷款—会员支付全额或部分贷款—不足货款绿城补齐—会员分期付息给绿城。

• 重要合作单位：银行。

• 收入和成本结构：主要收入来自贷款利息。

• 产品定价方式：绿城定的利率。

4. 绿城电商平台会员业务

绿城商城的采购商采用会员制。会员必须是有确认项目的工程采购方，需缴纳一年会费。在这个期限内，若采购商达到一定金额的交易量，则可免除次年会费。这部分滞留在平台里的资金与交易资金，则会通过与银行合作设计相应的金融产品，以循环利用。比如，给会员企业一定比例的授信额度，节约彼此的资金流转成本。另外，部分回流资金还可组建基金，扩大资本效率。绿城电

商会员独享全程专业采供服务：从精装方案设计优化、成本把控，到材料采购规划、品质把关，到项目现场服务指导等。

该业务的赢利模式要素如下：

- 价值主张：提高资金流的循环速度。
- 目标顾客：电商平台的采购商会员。
- 核心资源：低价格多品牌的建材产品。
- 业务流程：绿城电商采购商缴纳会员费。
- 重要合作：银行。
- 收入和成本结构：主要收入来自会员费。
- 产品定价方式：一年 3 万元的会员费。会员只需第一年在绿城电商消费满 200 万元或以上，第二年开始就免掉 3 万元的会员费。

六、绿城电商赢利模式创新绩效

组建各产品线的事业部是绿城电商的工作重点，也是公司深化服务类型、扩充服务内容、提升服务能力的一大亮点举措。通过与业内相关品类资深服务商深入合作，公司于 2013 年年底基本实现各产品品类的事业部制建设，为公司不断提升和输出服务构建了坚实保障。成立事业部带来的最大好处就是服务集成。事业部最大限度地发挥专业优势，为客户提供更为专业、系统、高效的优质服务，同时也为生产厂商拓宽工程渠道起到积极作用，这必将使绿城电商的市场竞争优势更为凸显。通过完善的服务体系建设和服务人才引进，使公司各品类产品服务更专业化，大幅度提升毛利率和净利率。

提升公信力是绿城电商工作主线之一。在产品引进方面，公司制定了一整套完善的流程制度标准，严守产品的准入门槛，更是将整个引进过程公开、公正、透明化，接受全社会的监督。截至 2013 年 11 月，绿城电商与各战略合作伙伴签署合作协议达 202 份，涉及 49 大品类，178 个品牌，174 家厂商（服务商）。2014 年 4 月，绿城集团与绿城电商联合组建成了一个由百位行业专家组成的绿城电商发展研究院，共同指导绿城电商建立更具权威的产品标准体系，进一步提升绿城电商产品的公信力。

此外，绿城电商于 2014 年年初与海尔财务公司达成战略合作关系，通过海尔财务公司强大的资金管理能力，对绿城电商的上游供应商及下游战略合作客户进行财务支持，充分解决了上下游融资难问题，有利于公司日后销售额的大幅度增加。

表 1　绿城电商 B2B 业务赢利状况及预测分析

单位:万元

项　目	2012	2013	2014F	2015F	2016F
合同销售额	93 228	147 482	431 417	699 650	1 056 240
营业总收入	32 478	110 644	249 475	490 756	798 584
营业总成本	30 922	109 419	222 680	423 152	667 967
净利润	−1 085	1 254	9 714	34 298	76 426
毛利率	4.79%	7.00%	10.74%	13.78%	16.36%
净利率	——	1.13%	2.92%	3.68%	7.18%

七、绿城电商赢利模式创新经验及启示

绿城电商的出现,是对传统的建材及服务业的一场革命。绿城将多年房地产经营获得的资金、渠道、建材供应商、电子商物流及运营经验等资源相融合,打造线上商城、线下实体体验馆相结合的中国建材信息中心模式,通过会员服务方式,为房地产行业提供品类齐全、价格透明、服务保金融支持的个性化综合服务。

(一) 价格优势

绿城电商的超低价格实际直接来自绿城集团的集团采购价。这提高了与厂家的议价权,规模采购的工程价大都会低于一级零售的市场价。绿城集团是建材市场的最大买家,所以取得的价格都是市场最低价。这不是一蹴而就的过程。和其他房地产企业一样,过去绿城集团内部也实行项目制,每个项目按进度分别主导采购招标程序。但这不仅会让内部腐败滋生,而且针对同一产品的重复招标询价还会影响工程进度。集团统一采购可以大大弱化这些问题,目前位于一线的大房企,像万科、恒大等公司都开发了自己的集采系统。

(二) 供应链管理

绿城电商的定位是专业建材服务商,即一种具备供应链管理模式的贸易电商。这是一个重大变化。绿城集团最擅长的领域之一是品牌和管理输出。绿城电商之前运行的供应链管理很简单，生产出来然后使用到工地上，没有太多技术含量；后来绿城电商董事长宓建栋提出要延长这条供应链，包括原材料定制、前端设计、生产、物流、加工和施工等环节。在供应链管理模式上，绿城电商对标企业是香港利丰集团。这是一家以香港为基地的大型跨国商贸集团，从1906年成立至今，经历了几代人的思索与演变，最后从一家传统贸易商转型为以供应链管理运作的跨国贸易集团。通常情况下，绿城电商的项目经理会根据客户的风格喜好和预算提出配置和采购建议。这一模式的关键就是将供应链进行最优化处理。简单说，就是服务大多不需经历全部环节，只关注重点环节。

绿城电商正在打造一个包括上游、下游、平台和第三方机构的金融闭环。从会员采购角度出发，这需要付款给供应商，但由于一般中小公司通过银行借贷的资金成本高，而电商平台可以通过财务公司等资金机构以较低的利率借贷给会员。从供应商角度运作，平台可以先找资金机构付给供应商货款，然后再以低利率返还资金，最终实现物流、信息流和现金流更加灵活，各取所需。

（三）管控能力

为更好地加强供应链管理，强化资源配置，绿城电商对战略合作品牌的甄选、引进、考察等都作出严格的规定。通过对前期战略合作工厂品牌考察等一系列措施，严控品牌引入门槛，确保品牌前期质量优秀可靠。同时，公司不定期开展工厂考察工作，通过质量监察、工厂巡查等手段，明确战略合作品牌日常管理能力，强化对品牌的管控能力。此外，绿城电商根据各产品品类细分，与行业内顶尖企业合并，创立了绿城电商下属各品类专业事业部。通过事业部化的运营方式，绿城电商得以迅速深入各大产品品类，以事业部的模式，参与到品牌产品的日常销售管理中，以市场作为业务标杆，通过业务发展带动产品管控，强化供应链管理。

（四）人力资源整合和配置

绿城电商整合总部的专业采购团队、各项目的材料资料员、专业销售队伍、阿里巴巴的技术团队等，一起打造绿城电商的实体和网上商城。绿城电商公司主要通过“内部培训提升＋外部人才培养”的双轨制机制，完善人才梯队建设工作。对内，公司通过合理的培训学习课程、完善的晋升机制，确保人才在公司得到培养和提升；对外，公司开展“候鸟计划”，与各大高校合作开展“绿城电商管培生培养选拔工作”，确保优秀学生在校期间，通过在校实习、定点培养、定向锻炼等，强化个人素质，完善公司人才梯队建设。

传统钢铁企业的多元化转型之路
——天津荣程联合钢铁集团有限公司赢利模式

一、案例背景及赢利模式研究思路

（一）企业介绍

天津荣程联合钢铁集团有限公司（简称天津荣程或荣钢）是一个跨区域经营的民营钢铁企业。企业起源于1994年创建的唐山丰南顺达冶金原料厂，现在的唐山贝氏体钢铁（集团）荣程特种钢材有限公司。1999年10月，成立了唐山市荣程钢铁有限公司。2001年出资收购了坐落在天津市津南区葛沽镇的天津渤海冶金工业有限公司，成立了现在的天津荣程联合钢铁集团有限公司。2004年12月天津荣程通过了BSI英标管理体系认证（北京）有限公司的ISO9001质量管理体系认证；2005年11月通过了中环联合（北京）认证中心的OHSAS18001安全管理体系、ISO14001环境管理体系认证。天津荣程制订打造"百年绿色荣钢"的环保经营企业宗旨，积极实施了多种环保治理措施，围绕着建设环境友好型、能源节约型，符合循环经济生态工厂这一理念，针对高炉、烧结、焦化、炼钢、轧钢等工艺，100%配套了环保设施。配套建设循环水设施43套，废气处理设施49套。

经过几年的努力，天津荣程已成为一家以钢铁为主业，涉足国际贸易、园林绿化、矿业投拓、煤化工、综合利用等多领域的集团经营的民营企业。集团总部坐落在天津市经济技术开发区，注册资金102 766万元，占地近5 000亩。集团拥有员工8 000余名，总资产138亿元，已形成年生产烧结矿800万吨、铁500万吨、钢500万吨、材450万吨的综合生产能力。2013年实现销售收入503亿元，利税5.21亿元，中国企业500强中荣列第224位，制造业500强第107位，中国民营企业500强第34位，中国民营制造业500强第23位，天津市百强私营企业第1名，已经成为天津市经济发展中的一支生力军。2014年天津荣程钢铁预计实现销售额520亿元。

天津荣程自创建至今始终坚持“自强不息、奋斗不止、永不言败”的精神，把能源与自然和谐，创建可持续发展和提高企业科技水平，增强产品技术含量作为第一要务，坚持“贤亲并举，量才录用”的用人理念，不惜重金引进高级专业技术人才和管理人才，以科技进步为动力，注重环保投入的发展理念。在技术改造过程中，始终强调随着技术装备水平的大幅度提高，必须有科学高效的管理运行机制和严密的制度体系做保证，并建立了与现代企业相适应的管理体制和运行机制，建立健全了科学高效的核心管理、专业管理运行机制和严密的制度体系，全面构建母子公司体制，使其各司其职、相互协作、规范运作，实行一切靠制度管理。树立“数字钢铁”理念，以企业资源计划(ERP)系统为突破口，全面推进信息化建设，构建起信息技术为手段的现代化钢铁企业管理体系和以信息技术为依托的产品创新体系及工艺创新体系，实现产品成本和质量的精细控制。深化“三项制度”改革，建立适应市场经济的分配制度和激励机制，充分发挥各个岗位最佳功能和最大效能。

天津荣程努力打造具有时代特色和荣钢特色的企业文化，丰富发展“自强不息、奋斗不止、永不言败”企业精神，弘扬“钢铁强国”和“建设精品基地，创世界品牌”价值理念，争创世界一流的钢铁企业。

（二）案例典型性

身居产能过剩的钢铁行业，转型升级堪称天津荣程钢铁业绩飘红的必杀技。天津荣程钢铁在市场经济的大潮面前勇立潮头，以其超前的市场观念、全新的发展理念、独特的管理思想、强烈的竞争意识，创新发展，从一个名不见经传的小厂发展成为拥有职工8 000名、总资产138亿元、销售收入503亿元的联合企业，跻身于中国500强企业，实现了跨越式发展。

天津大力扶持生产性服务业发展，加速传统制造业淘汰落后产能，从产业价值链的低端走向高端，推进工业和信息化深度融合，鼓励“硬件＋软件＋平台＋服务”的生产性服务业发展。在此背景下，从2008年开始就已经筹谋转型，至今已基本形成了“围绕工业实体、结合现代物流业、打造电子商务平台、实现互联网金融新业态”的四位一体战略规划。集团通过布局互联网金融，打造了相应的交易平台，特别是融宝第三方支付平台的建立，更是开启了钢铁产业的“互联网金融时代”。荣程钢铁下一步就是要从工业产业链延伸做起，通过创新发展互联网金融服务，由微利经营进入厚利经营，由传统钢铁产业进入多元化发展的时代。天津荣程钢铁主动进行战略性的数字化科技化转型和服务转型，在赋予传统钢铁产业新的活力的同时规避了单一业务的风险，也为公司赢得发展主动权的赢利模式创新，案例具有鲜明的典型性。天津荣程钢铁作为传统钢铁行业的领先者率先探路，其经验对中国传统钢铁业的转型具有很强的借鉴和启发意义。

（三）赢利模式研究思路

本文首先利用 PEST 分析工具、产业链分析方法和波特五力竞争模型等理论和分析工具对天津荣程钢铁所处宏观环境、行业竞争环境进行介绍，解读天津荣程钢铁在现阶段所面临的外部机遇和挑战。

荣程钢铁下一步就是要从工业产业链延伸做起，通过创新发展互联网金融服务，由微利经营进入厚利经营，由传统钢铁产业进入多元化发展的时代。

然后，分析得出天津荣程钢铁从工业产业链延伸做起，由传统钢铁产业进入多元化发展转型的战略定位转变的历史必然性，以此作为天津荣程钢铁赢利模式创新的出发点和指导思想。

接下来，对天津荣程钢铁的发展阶段进行划分，分析赢利模式的要素组成，基本按照企业演化的轨迹，从目标顾客、价值主张、业务流程、核心资源、重要合作等要素对天津荣程钢铁主要业务赢利模式创新的具体实践进行还原和提炼。

最后，总结了天津荣程钢铁赢利模式创新的规律，以期给传统钢铁行业的发展提供一定的借鉴。

二、外部环境分析

（一）宏观环境分析

在中国成立钢铁行业是世界上最重要的制造业之一，是我国国民经济的基础性支柱产业。新中国成立以来，钢铁工业经过 60 多年的建设与发展，取得了巨大成就。目前，我国已经是世界上最大的钢铁生产国、消费国和进出口贸易国。根据中国钢铁工业协会统计，2012 年，受国际经济下滑、我国经济增速下降、部分行业用钢量负增长、市场需求萎缩、钢价大降等不利因素的影响，钢铁行业出现了严重困难的局面，2012 年上半年中钢协会会员企业利润合计亏损达 13 亿元。同时，我国钢铁企业研发投入相对薄弱，缺乏自主创新技术，在规模快速发展过程中，缺乏专业人才、工艺技术及装备。面临如此严峻的经济形势和行业发展现状，钢铁行业如何走出困境，提高企业创新能力已成为钢铁企业的当务之急。

1. 政策环境为天津荣程钢铁赢利模式创新提供催化剂

纵观中国钢铁发展的历史背景，可以发现我国钢铁工业在经历国民经济恢复、“经济八字方针”、改革开放、市场经济体制建立过程中得到突飞猛进的发展。伴随中国加入WTO，钢铁工业面临调整；特别是进入21世纪，钢铁企业呈现爆炸性发展，钢铁企业面临产能过剩，资源矛盾突出，结构迫切需要调整。由此可见，钢铁工业发展是与国家社会、经济政策息息相关、不可分离的。从实证研究的数据中发现，当前钢铁企业中已经有将近半数开展了多元化经营。这与目前国内钢铁业的低迷现状和国家宏观调控方向相吻合。2011年初，中国钢铁工业协会第四次会员大会发布的《钢铁工业“十二五”发展战略建议》指出，钢铁行业的赢利水平在工业领域中一直处于垫底状态，年利润率一直低于工业领域平均水平。面对钢铁主业微利时代的来临，钢铁企业通过多元化经营寻求新的效益增长点、拓展发展空间无疑是一种最优的战略选择。国家对钢铁行业宏观调控的重点就是调整钢铁产业结构、淘汰落后、节能减排。2011年国家出台《钢铁产业调整和振兴规划》《关于进一步加大节能减排力度加快钢铁工业结构调整的若干意见》等产业政策已经表明，钢铁企业需要调整产业布局和产品结构。钢铁业作为重要的基础原材料产业，产业链上下游较长，因此通过多元化经营实现企业的可持续发展是钢铁企业的最佳选择之一。

在钢铁企业创新的过程中，国家政策和政府的导向作用不可忽略：政府运用经济和法律的手段，对现有钢铁企业进行资源重组，鼓励生产高质量、高附加值产品，限制高污染、高消耗的长线产品。政府通过引导钢铁企业信息的实时发布，影响地方政府和企业投资方向。根据中国环境法律的有关规定，国家加强对现有钢铁生产企业执行环保标准情况的监督检查。天津市政府大力扶植生产性服务业发展，加速传统制造业淘汰落后产能，从产业价值链的低端走向高端，逐渐实现经济转型。这一系列的举措催生了以天津荣程集团为典型的一大批企业开始通过互联网金融实现科技转型进入多元化发展。

2. 经济发展是天津荣程钢铁赢利模式创新的动力

钢铁工业，亦称黑色冶金工业，指生产生铁、钢、钢材、工业纯铁和铁合金的工业，是世界所有工业化国家的基础工业之一。钢铁材料是发展国民经济与国防建设的物质基础之一。钢产量或人均钢产量被作为衡量世界各国经济实力的一项重要指标。改革开放以来，中国不断加强市场资源配置的作用，协同发展各种所有制形式的钢铁企业，钢铁产品结构、钢铁企业组织结构、钢铁制造技术和装备不断优化，这有效支撑了中国国民经济平稳较快发展。

在2000—2012年，中国钢铁工业实现了持续高速发展。中国粗钢产量从2000年的1.285亿吨，到2003年的2.223亿吨，再到2005年的3.558亿吨，中国成为全球第一个粗钢产量突破3亿吨的国家，再到2006年达到4.21亿吨，占世界粗钢总产量的3.71%。《2012年中国钢产量稳居全球第一》报道：在2012年1—11月，中国钢产量6.60亿吨，日本9 865.8万吨，美国8 144.2万吨，俄罗斯6 476.3万吨，韩国6 349.7万吨。这说明钢铁材料在我国得到快速大量发展。2012年，中国国内钢材需求疲弱，市场供大于求，由此严重影响了钢铁业的健康稳定发展。然而有数据显示：2012年1—12月，中国钢材的实际产量达到9.51亿吨。在全行业产能过剩以及不正当竞争频现的局势下，中国钢铁企业逐步被拉入"微利怪圈"。2005年，钢铁行业利润率达6.25%，而据最新公布的数据，2013年的利润率仅为2.16%。

世界经济复苏与增长有利于拉动全球钢铁工业发展。随着中国在世界经济中的地位日益上升，钢铁工业的发展也从国内延伸到了全球，然而也加剧了钢铁企业的竞争。全球金融危机后，各国贸易保护也直接影响钢铁企业发展，围绕铁矿石等钢铁资源的竞争更加激烈，我国钢铁企业正面临着前所未有的困难局面，只能通过调整经济产业结构过"寒冬"①。

综上，我国钢铁行业面临较大压力。一是国外环境的低迷，降低了我国钢铁产品的出口量；二是国内城镇化的发展，在未来有望拉动钢材需求量，但是这种钢材需求量所发挥作用需要较长时间。总体来看，短期内我国钢铁业还将处于较为困难的局面。因此，钢铁企业向多元化经营模式转型，找寻新的经济增长点，已成为迫切需求。

3. 社会文化为天津荣程钢铁赢利模式创新带来发展契机

随着我国经济的发展，社会环境也越来越复杂和多变：我国人口结构明显变化，出生率降低；全球经济活动日益频繁，资源、能源危机、全球环境等问题日益突出，钢铁工业环境变化莫测。钢铁所需原材料越来越多样化，同时随着钢铁的替代品增多，用户要求越来越多样和复杂。中国的劳动力成本反映在单位吨钢的劳动力小时指标上太高。然而在中国，钢铁企业肩负着社会稳定的社会责任，因此裁员比较困难，过多的人力包袱影响钢铁企业市场化进程。

随着社会经济的发展，环境保护备受关注。作为国民经济的基础产业之一，钢铁工业一方面给国民经济的快速发展提供了重要的钢铁材料，另一方面带来了资源约束和环境污染。我国钢铁企业在提高资源利用率、节能减排、钢

① 《钢铁工业"十二五"发展规划》。

铁制造水平等方面一直在努力。特别是近十年，市场配置资源的作用得到不断加强，多种形式的钢铁企业协同发展，钢铁企业组织结构得到不断优化，产品结构和技术装备得到不断改进，这极大地提高了钢铁企业资源利用率和减少废物的排放。

但是，我国钢铁产业在长期粗放式的发展所积累的矛盾也日益突出，如：生产过多的钢铁产品，而高端钢铁产品不足，钢铁制造资源区域分布不合理以及产业集中度过低、钢铁制造资源受约束、环境保护等问题，严重影响了我国钢铁产业的健康发展，特别是当今世界对钢铁企业污染物排放和二氧化碳排放的严格要求，我国钢铁企业更要努力寻找解决这些问题的途径。随着可持续发展观的深入人心，人们认识到钢铁工业只有走绿色、低碳的发展方式，世界钢铁工业才能实现可持续发展。如果不走绿色、低碳、科学的发展道路，那么钢铁工业就会对生态环境、各种钢铁制造资源造成极大的影响，如：生态环境破坏，有些破坏甚至不可修复；钢铁制造资源消耗过多，造成制造资源短缺等。因此，钢铁企业必须结合自身特点，积极探求各种解决问题的途径，使我国的钢铁产业从传统的经营模式向多元化迈进，朝着绿色、低碳的方向发展，钢铁制造必须走可持续发展道路。

4. 科技发展是天津荣程钢铁赢利模式创新的驱动力

国有钢铁企业过去主要是引进国外先进设备，在自主技术创新方面还有待加强。现在不少国有钢铁企业把技术创新等同于专利多少，而忽视了技术的市场化和商业化。我国钢铁行业技术创新早期采取的主要措施是技术引进与技术改造。在技术引进方面，到目前为止主要是引进国外先进的成套设备，如宝钢 2007 年引进建设的 150 万吨铁水 COREX 炉投产，以及购买专利技术，再自行消化、创新。钢铁技术引进为我国钢铁发展起到了举足轻重的作用，然而从长期发展状况来看，由于技术引进未能掌握国外先进核心技术，使得技术消化吸收力度不足，自主创新滞后。

在技术改造方面，我国钢铁工业化虽花大力气进行，然而过去技术改造多围绕冶金技术装备等领域展开，造成高能耗、重污染等问题，因此当前我国技术改造应侧重于节能降耗项目。

5. 宏观环境分析总结

目前，我国钢铁企业在面临内外环境压力的同时，钢铁工业出现了产能过剩、结构失衡、国际竞争力低等突出问题。在产品结构方面，我国高技术含量、高附加值的产品供给不足，产品质量不高，高端产品比例过低，而低端产品产能过剩，企业面临行业内竞争加剧。

近年来，随着我国钢铁工业进入结构调整的新发展阶段，这些问题已不能仅仅通过技术引进、技术改造来解决,必须依靠企业自身在技术吸收、学习的基础上自主创新,从而解决制约我国钢铁发展的新问题。

（二）行业竞争状况分析

1. 钢铁行业产业链

钢铁产业作为国民经济中具有重大影响的基础原材料产业,它的特点是产业关联度高、链条长、带动能力强,钢铁企业多元化经营可以分为相关多元化经营和非相关多元化经营,为了对多元化经营进行深度分析,需要分别计量钢铁企业多元化经营中两方面的程度。对于钢铁企业相关多元化经营与非相关多元化经营的界定主要以钢铁产业链为依据。图 1 所示为一个完整的钢铁产业链。

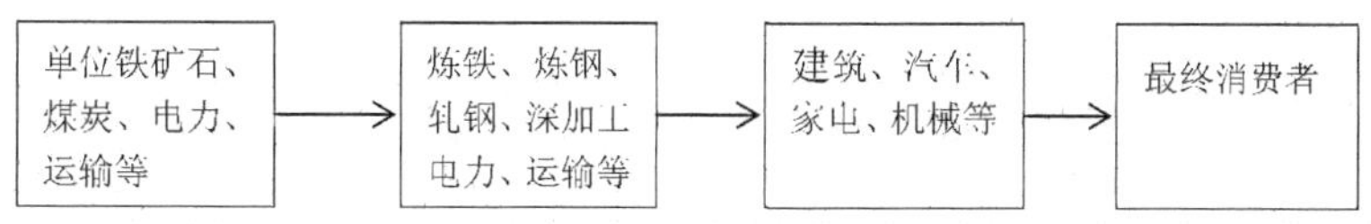

图 1　钢铁产业链

如图 1 所示,钢铁产业链可以描述为:矿山开掘企业把开采的铁矿石等原材料提供给冶炼企业,冶金企业再进行选矿、烧结、焦化、炼铁炼钢、轧钢和钢材深加工等工艺流程,生产出粗钢、精钢或者生产汽车用钢、建筑用钢、铁道用钢、集装箱用钢等产品,为下游的汽车、建筑、家电、机械等钢铁用户提供中间产品。

综上,钢铁企业相关多元化经营是指钢铁企业在产业链内的上下游范围内开展的业务。企业的业务单元与范围内的其他业务单元在某些方面相关,或是这一业务单元和范围内的其他业务单元在价值链功能之间存在共同点,其目标是获得来自转移和利用独特竞争力、共享资源和产品搭售等方面的好处。相关多元化经营会充分利用业务单元之间在技术、制造、营销和销售方面的共性,而这些共性能够显著提升企业绩效。非相关多元化经营是指钢铁企业在产业链范围外开展业务,获取多点竞争的优势,企业并没有在范围内业务单元与范围外业务单元之间转移和利用能力的目的。

2. 波特五力模型

1）供应商

由于中国国内铁矿石资源有限,国内大型钢铁企业铁矿石原料很大一部分要依赖进口,由此就形成了以澳大利亚和巴西为主要对象的供应商。由于资源的稀缺性,铁矿石价格节节攀升,导致钢铁成本上升,铁矿石谈判亦举步维艰,

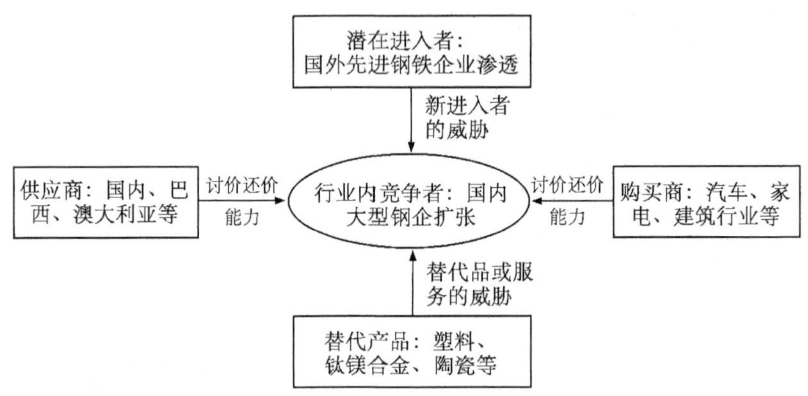

图 2　钢铁行业竞争结构

供应商讨价还价能力逐步居于主导地位。

2）购买商

随着中国工业化进程的不断发展，钢铁的需求也逐步由国家需求转为行业需求。目前，钢铁产品很大一部分用于汽车行业、家电行业及建筑行业。在汽车行业，我国钢铁产品通过不断改善性能，获得了广大汽车生产商的广泛关注和使用。在家电行业，我国钢铁企业产品已经获得较大市场份额，并形成了产业发展的战略联盟，需求长期发展。在建筑行业，毋庸置疑，钢铁产品基本占据了主导地位。

3）替代产品

钢铁材料有很多优点，然而随着钢铁成本、价格的上升，钢铁替代品也相继出现。例如，使用广泛的塑料，通过改性合金后，以其优异性能为工业防腐、绝缘、耐湿、耐磨、减重提供了不可减少的非金属材料；又如钛，由于钛及钛合金具有特殊的物理性能，包括记忆功能、超导功能、贮氢等，可以替代所有的钢铁制品，而在金属材料强度、耐高温、耐腐蚀及重量等方面要远优于钢铁，所以在航天航空、化工、医药、能源、海洋等领域均具有广泛的用途；还有铝、镁合金，随着企业工业轻量化的提出，铝、镁合金将越来越多地应用到汽车生产。

4）潜在进入者

中国钢铁企业起步较晚，缺乏核心自主技术，因此在高规格、特种钢材等方面还尚未成熟；同时，中国在工业化进程中，钢铁市场较大，国外先进的钢铁企业以高品质钢铁产品为切入点，不断渗透中国市场。

5）行业内竞争者

目前我国钢铁行业内竞争激烈，随着我国改革开发的深入，我国钢铁市场需求逐渐上升，众多钢铁企业纷纷投入产能扩张的队伍中，比如宝钢、鞍钢、首钢、武钢等大型钢铁企业争相扩建，如此产能扩张却打破了供需平衡，导致产能过剩，然而我国钢铁企业大多严重分散，结构调整亦困难重重。

通过对钢铁行业环境分析，不难发现钢铁企业正面临着来自供应商、购买商、替代品和行业内竞争者的多面竞争，以客户为中心、提高客户响应速度等已成为企业不得不接受的发展转变。因此，钢铁企业要根据现有市场环境，结合自身发展及区域特点，创新出属于自己的商业模式，进而提升企业创新能力，获得市场竞争力。

针对商业模式创新，企业经营要实现向市场主导型和服务商的转变，实现产销无缝衔接，打造与用户共赢发展的价值链。发挥国际贸易平台的资源渠道和经销网络优势，在原燃料、国际物流、国际钢材营销等领域开展贸易。整合物流资源，优化管理，建立现代物流体系，降低成本。创新全面预算管理模式，确保生产经营活动受控。提高资金管理和资本运营，拓宽融资渠道，降低筹资成本。灵活采用参股、控股、兼并等多种方式，加强对外合资合作。

三、内部资源和能力分析

天津荣程钢铁是以钢铁为主业，兼营物流贸易、资源开发等为一体的大型联合企业。集团现具备年产铁、钢材各 450 万吨的生产能力，所属生产企业主要分布在天津、唐山两地，分别是天津荣程、唐山荣程、丰南荣程。集团公司总部坐落在天津市津南区，东临天津港、天津经济技术开发区，南临万家码头、津晋高速公路，西距天津国际机场 25 公里，地理位置得天独厚，交通运输四通八达，注册资金 42 766 万元，占地 3 200 亩。目前天津荣程已具备年产铁 320 万吨，钢 282 万吨，中宽带 170 万吨，焦炭 27 万吨，烧结矿 450 万吨的综合生产能力。

钢铁工业是国民经济的基础产业，也是我国能源资源消耗和污染排放的重点行业。近年来，钢铁工业节能减排虽然不断取得进步，但仍存在着污染物排放控制水平有待提高、固体废物综合利用技术水平偏低、先进节能减排技术的推广应用力度不够等问题。

（一）企业宗旨

荣钢树立和落实以人为本，全面、协调、可持续的科学发展观，坚持走新型

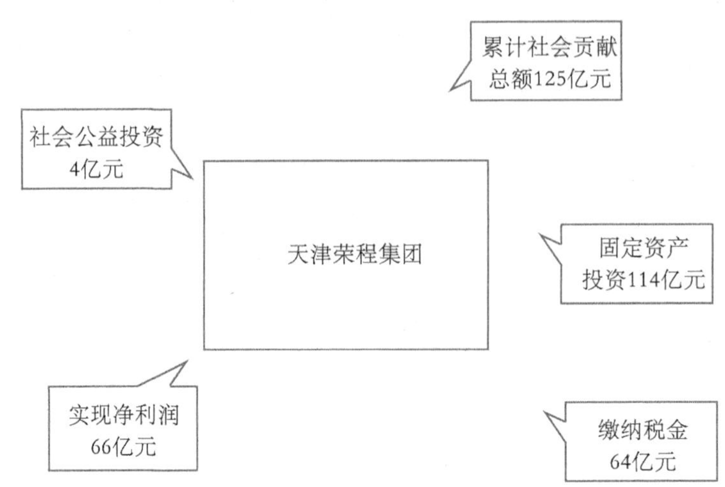

图 3　天津荣程集团现状

工业化道路，着力建设资源节约型和环境友好型企业，走“优、特、精、专”发展之路。致力于创造“卓尔不群、用户满意”的产品特色、管理特色、服务特色。围绕市场需求，按照生产专业化、销售区域化和发展优特钢的思路，大力推进产品结构调整。已经通过了 ISO9001 质量管理体系、ISO14001 环境管理体系、OHSAS18001 职业健康与安全“三位一体”综合管理体系认证。

（二）重点设备

天津荣程拥有烧结机各 3 台，在建 230 平方米大型烧结机 1 台；150 万吨链篦机回转窑氧化球团生产线 1 条；4 座炼铁高炉；100 万吨转底炉直接还原铁装置 1 座；120 吨顶底复吹转炉 3 座，配套 VOD 精炼炉两座、LF 炉 1 座、在建双工位 LF 炉 1 座，四机四流小板坯连铸机两台，六机六流异形坯连铸机 1 台，1780 大型板坯连铸机 1 台；650mm、750mm 热轧中宽带钢生产线各 1 条；第六代精品高速线材生产线两条，100 万吨合金钢棒材生产线一条。整体工艺装备均符合现行国家产业政策，部分工艺装备达到国内领先、国际先进水平。

（三）节能减排

天津荣程自成立至今，始终重视环境保护和节能减排，各类生产设施全部配套环保设施，实现污染物达标排放。公司积极推进厂区绿化美化工程，使厂容厂貌焕然一新。为实现资源综合利用，促进节能减排，2007 年投入资金 1.8 亿元，建设煤气综合利用发电工程，实现废煤气全部回收零放散。2008 年投入资金 2.6 亿元，建设日处理量 4.2 万吨（远期 7.2 万吨）的大型污水处理厂，实现了水循环再生利用废水零排放。该污水处理厂不仅处理本厂生产废水，还承担了处理津南区葛沽镇城镇生活废水的功能，是天津荣程承担社会责任的又一典范，获得了国家财政部的资金支持。

天津荣程是国家确定的千家节能减排重点监控企业之一，天津市 30 家节能减排重点考核单位之一。按照国家环保部要求，2009 年在主要污染物排放点安装了在线监测装置并已投入使用。截至目前，天津荣程对节能减排以及环境保护投资累计达到 12 亿元，每年均超额完成天津市下达的节能减排目标任务。2007 年、2008 年获得天津市节能减排先进单位称号；2009 年被国家工信部（工信部节[2009]365 号）确定为全国首批年产 300 万吨钢以上 24 家冶金企业能源中心建设示范企业之一，并获得了国家财政部资金支持。

（四）产业升级

积极落实国家产业政策要求、努力实现产业结构优化升级是社会赋予天津荣程的历史使命。天津荣程先后建设了国家产业政策鼓励的直接还原铁工程、精品钢高速线材工程、链篦机回转窑氧化球团工程等。其中，污水处理工程被列为 2008 年度天津市第一批科技创新项目之一，直接还原铁工程、精品高速线材工程被列为 2008 年度天津市第二批 20 项重点工程项目。荣钢还加大新产品研发生产力度，其中预应力钢丝和钢绞线钢丝达到国际先进水平。2007 年天津荣程技术中心通过“天津市级科技研发中心”认证。2009 年热轧带钢获得天津市名牌产品称号；同年，集团获得国家质检总局、中国质量协会颁发的“全国质量诚信单位”、“全国质量用户满意企业”等称号。

（五）社会责任

荣钢坚持“诚实守信，依法经营”的理念，积极履行社会责任，做到了不欠缴国家税金、不拖欠职工工资、不坑害客户利益。企业成立至今，累计上缴各类税金 46 亿多元，连续多年被评选为天津市、河北省纳税贡献大户。荣钢积极投身社会公益事业，先后支持当地城镇建设、修桥铺路、资助贫困大学生、资助困难家庭、捐助受灾地区等，累计投入社会公益资金达 4 亿元。在百年不遇的国际金融危机面前，公司上下团结一致，全力迎接市场的挑战，在企业最困难时刻仍实现了“不停产、不减员、不减薪”。集团公司多次被评为天津市、河北省“文明企业”、“诚信企业”、“慈善集体”、“爱心企业”，被中华慈善总会授予“中华慈善事业突出贡献奖”。2008 年汶川地震发生后，公司先后累计捐款达 1 亿元，同时张祥青董事长在当年也获得了“全国抗震救灾英雄模范人物”、“中华慈善奖”等荣誉称号。

（六）绿色低碳

厂区绿化面积达 3.5 万平方米，栽培苗木近 5 万株，正在实施 ISO14001 环境保护管理体系认证和 OHSAS18001 安全体系的认证工作。截至 2005 年年底，用于环保设备和治理的总投入资金达到近 3.6 亿元，建设项目工程的环境保护设施与生产设施配套率达到 100%，各项排放指标都达到或优于国家标准，取得了环境、经济和社会三个效益同步发展。

为了加强环境保护，综合利用各种资源，实现经济与资源、环境的协调发展，荣钢提出了打造“百年绿色荣钢”的口号，成立了园林绿化公司，并于 2005 年实施了 ISO14001 环境管理体系。坚持污染预防和持续改进，对重要环境因素实施有效控制，做到减量排放、资源化利用和无害化处理，高炉、焦炉、转炉煤气得到全产回收利用，钢铁料消耗、炼焦耗、洗精煤和吨钢综合能耗等指标均达到行业先进水平，取得了明显的环境绩效。

在一期恢复建设中，荣钢投入资金 6 524 万元，对原高炉环保设备进行修复和改造，投入资金 5 000 多万元，给现高炉增加了出铁二次除尘设备，并进行高炉循环水系统改造，使全厂废水达到“零”排放的目标；投资 1 141 万元建成 50 000m^3煤气柜，对高炉煤加以回收利用；投入资金约 950 万元，对化产处理、煤气回收设施、各类储罐、管道更新、煤焦油回收等进行修复、改造和完善，解决了设施的跑、冒、滴、漏污染；投资 4 891 万元，建成技术工艺较成熟的步进式烧结机，其中环保设施投入资金 2 500 万元配备了环境保护除尘设施，彻底解决了烧结工艺烟尘和粉尘污染问题；同时，在厂区内硬化地（路）面，购置了道路清扫车、洒水车、原料堆垛苫布等。在二期工程中，公司投入环保治理资金 6.5 亿元，彻底解决了烟尘、噪声、节能等问题。

（七）品牌树立

天津荣程钢铁大力推进品牌带动战略，培育壮大对外贸易新优势，认为民族品牌是民族产业的核心财富，是国家经济竞争力的集中体现。品牌价值正在以前所未有的力量催生着新的市场游戏规则，改变着世界贸易格局，划分着新的财富版图。从这个意义上讲，现代经济的竞争，就是品牌的比拼。天津荣程钢铁以打造世界著名品牌为着力点，选择谋求贸易结构动态性竞争比较优势，争取国际市场的主动权，使公司具有了强劲的发展动力。

（八）信息化管理

企业管理信息化是企业增强核心竞争力的客观需要，是实现管理创新的重要途径，也是解决当前企业管理中突出问题的有效措施，实践证明缺乏有效的内部控制机制是影响企业战略贯彻到位的主要因素。因此，企业战略的贯彻实施需要健全、有效的内部控制机制作保证，而有效的内控机制需要集成化的信息系统和网络化的信息技术来支撑。

基于荣钢以“资源经营”为核心战略的发展方向，其在管理、财务、物流、营销、人力资源管理等方面需要建立起自己的信息化管理平台。企业信息化平台的建设，将是保障荣程钢铁集团高速发展的核心要素之一。

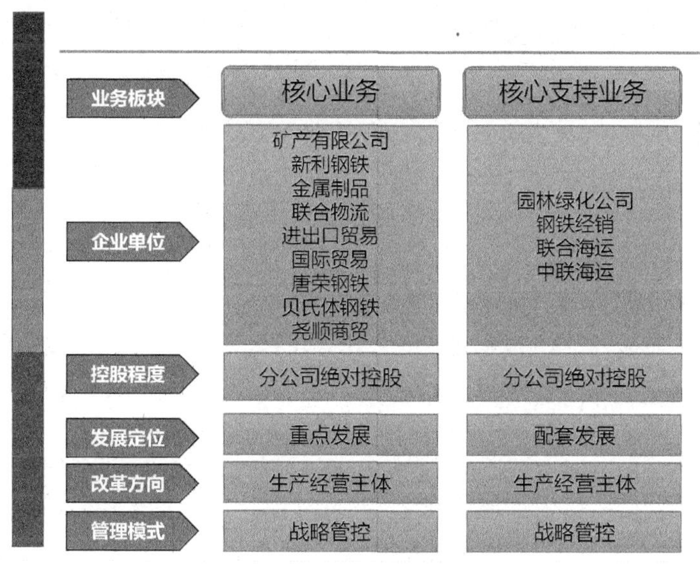

图 4　天津荣程钢铁管控图

以金蝶 EAS 系统为核心，实现对集团下属各单位的管理保障系统的管理，实现集团物流、资金流、信息流的整合，为集团管理和决策提供及时、准确、真实的信息。

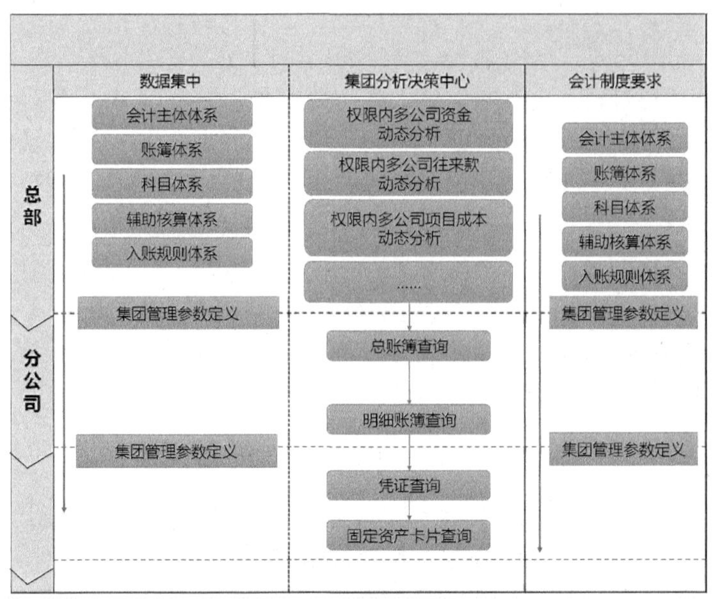

图 5　天津荣程钢铁财务核算系统

1. 财务核算实现了集团集中管控

建立了完整、健全的集团监控、统计、分析体系；实现了财务数据集中管理，管理政策集中控制；在集团财务管理中将会计科目、核算流程、核算制度实现三统一。减少财务人员对集团分子公司财务数据统计的工作量，可以在系统内实现多组织跨公司账表合并查询，避免了人工编辑因素对账表的影响。在集中数据采集与监控的财务管理模式之下，通过严格的权限分配机制，所有具备权限的人员可以查询、处理、监控任意一个公司的财务业务和数据。这种处理是实时的，任何一个层次的公司财务数据的最新变化可以一秒钟都不延迟的速度反映到荣钢集团或下属企业财务管理人员的管理桌面上。

2. 提高了企业分析、预测与决策的能力

EAS 系统灵活的数据查询和功能强大的报表模块，不仅为企业提供了普通的查询报表，还为企业提供了适合荣钢特色的报表方案，进行了报表的二次开发工作，企业可以根据自身管理的需要查询相关报表，从而为企业预测与决策提供了强有力的工具。

3. 制定供应商寄存业务管理流程（零库存业务）

天津荣程钢铁拥有很多稳定的长期合作的供应商渠道，因此存在大量供应商寄存业务。针对以往对供应商寄存的存货的入库核算问题，制定了解决方案，将供应商寄存业务与普通采购业务剥离出来，设置专门的寄存仓，并制定供应商寄存管理流程规范，从根本上杜绝库存成本虚增现象。

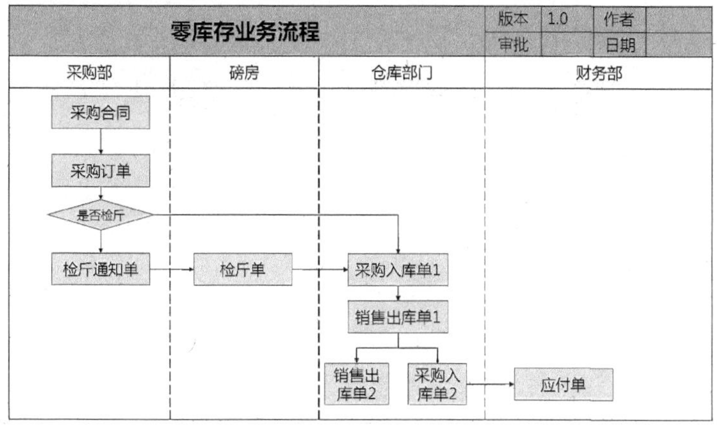

图6　天津荣程钢铁零库存业务管理流程

（九）科技金融

随着推进工业和信息化的深度融合，天津大力扶持生产性服务业发展，加速传统制造业淘汰落后产能，从产业价值链的低端走向高端。在荣钢“主业做精、多元发展”的战略规划下，集团确立了“四位一体”的联合联动发展新模式，即：围绕工业实体，结合现代物流，打造电子商务平台，实现互联网金融的新业态。融通物贸（天津）电子商务有限公司于2013年7月注册成立，其倾力打造的融通物贸大宗商品电子商务平台作为集团“四位一体”的重要组成部分，于2013年10月上线运营，并于11月正式开展线上交易。该电子商务平台主营业务涵盖了钢铁、煤炭焦炭、矿石矿粉、机械设备、备品备件等品种。通过在电子商务平台上的交易服务、物流服务、融资服务和信息服务，打造完整的服务于工业企业产业链需求的电子商务综合性服务平台，主要系统及功能包括大宗商品交易系统、在线招标竞价系统、备品备件商城采购系统、资金结算系统和信息资讯系统。

2014年4月，荣钢牵头成立了天津联合冶金商品交易中心，荣钢自家的一个钢材产品上线当天成交量就达到1.8万多吨。截至7月份，这个平台已经完成了5类产品近16万吨的交易量，交易额达5亿多元。荣钢先后启动融宝第三方支付平台、融通物贸大宗商品电商平台，以及保理、租赁等创新金融服务平台建设，从过去单纯卖产品到现在打包卖服务的转变，企业的成绩令人刮目相看，2014 年上半年，荣程多元产业交易额达到 158 亿元，电商会员总数达到 540 家。

四、天津荣程赢利模式创新

企业是否采取多元化经营模式，如何通过多元化经营模式提高企业绩效，这是企业高层管理者一直在探索的重要实践方向；关于企业多元化经营模式与企业绩效关系的研究也一直是战略管理、公司治理、产业经济、财务管理等方向的重要研究课题。为了最大限度地还原天津荣程钢铁真实的赢利模式创新实践的具体动因、过程、结果，并清晰地展示天津荣程钢铁的创新模式，给不同的企业以借鉴，这里透过天津荣程钢铁公司，以历史的视角对其赢利模式的创新演化进行洞悉。

（一）天津荣程赢利模式创新的阶段划分

根据业务数量和性质，可将天津荣程钢铁十几年的发展历史划分为三个阶段：

企业起源于 1994 年创建的唐山丰南顺达冶金原料厂，即现在的唐山贝氏体钢铁（集团）荣程特种钢材有限公司。1999 年 10 月，成立了现在的唐山市荣程钢铁有限公司。

1994—2000 年为初创期。1994 年自建唐山市丰南顺达冶金原料厂[现在的唐山贝氏体钢铁（集团）荣程特种钢材有限公司]；1998 年创建唐山丰南冀发特种钢材有限公司。这一时期以钢铁为主营业务，积累了宝贵的客户资源、资本以及品牌声誉，为此后的快速成长期奠定了坚实基础。

2001—2008 年为成长期。2001 年出资收购了天津渤海冶金工业有限公司，成立了现在的天津荣程联合钢铁集团有限公司。2004 年 12 月天津荣钢通过了 BSI 英标管理体系认证（北京）有限公司的 ISO9001 质量管理体系认证；2005 年 11 月通过了中环联合（北京）认证中心的 OHSAS18001 安全管理体系、ISO14001 环境管理体系认证。2005 年开始实施用友的 ERP－U8 系统，以企业资源计划（ERP）系统为突破口，树立“数字钢铁”理念，逐步跻身全国 500 强企业，稳居天津市百强民营企业第一。

2009 年至今为战略转型期。2009 年起，天津荣程钢铁开始大力投资建设生态企业，并且开始在多个领域进行延伸，现在的荣钢已经不单纯是一家钢铁企业，目前已拥有钢铁、科技金融、文化健康和资源四大产业。其中，在钢铁方面，荣钢具备年产铁、钢材各450万吨的生产能力，所属生产企业主要分布在天津、唐山两地，分别是天津荣程、唐山荣程、丰南荣程。

2011年2月28日，荣钢成立了天津融宝支付网络有限公司(原名天津荣程网络科技有限公司，简称融宝支付)，注册资本3亿元，目前已创建了独立知识产权的第三方支付品牌——“融宝”，现已与国内(外)多家银行达成合作伙伴关系，并已初步搭建完成了跨银行、跨地域的金融支付平台。荣钢牵头成立了天津联合冶金商品交易中心，打造互联网金融平台，先后又启动了融宝第三方支付平台、融通物贸大宗商品电商平台，以及保理、租赁等创新金融服务平台建设，开启了钢铁产业的互联网金融时代，这一现状体现了天津荣程钢铁在赢利模式创新的成果。

（二）天津荣程赢利模式创新

1. 以市场为导向的赢利模式创新

近年来，钢铁行业遭遇了极为严峻的市场形势。基础建设放缓，房地产市场转向，制造业增长停滞，外需不足，钢铁需求锐减，再加上国内钢铁行业产能严重过剩，三大矿山继续主导矿石价格，钢铁行业“高产量、高成本、低效益”的处境非常艰难。在这样一个时期，找准市场地位无疑将给企业带来巨大机会。

面对严峻的市场形势，荣钢以降本增效为主要措施，提升企业抗风险能力。通过盘活存量资产，加快积压物料销售，迅速回笼资金，提高了资产质量。生产、营销部门果断对高价原料进行处理，完成去库存化，使公司库存原料价格与市场现行价格基本持平。深挖潜力，调整原料配比，加大自返料使用，形成了成本降低的好趋势。

同时，荣钢以提升工艺装备水平，优化产品结构、谋划多元化经营、推动转型升级为目标，以“低成本竞争、低成本扩张、低成本发展”为策略，把握“钢铁产业做精，把非钢产业做强”的战略方向，注重战略匹配，提高自我发展能力，推动稳步发展。

以“十二五”规划为指导，积极推进企业转型升级。结合“调惠上”的指导方向，加快推进产业结构转型升级，提升企业竞争力和赢利水平；加快淘汰落后产能和工艺装备步伐，大力推动科技研发和自主创新，引进国际先进的工艺装备，研发生产高科技、高附加值的产品，与本地的高端装备制造业形成产业对接。同时，公司相继投资组建能源管理公司、网络科技公司、数字地产公司等新兴业态企业，加快实施公司战略转型和多元化发展战略，拓展新的发展空间。

2. 以节能减排为己任的赢利模式创新

天津荣程钢铁在发展历程中不仅注重企业的经济效益，更把环境保护放在首位。按照国家环保要求，投资6.5亿元，配套建设了多个除尘系统，使各工厂烟气排放符合环保标准要求。2009年投资550万元，对所有重点烟气污染源点安装了在线监测装置，此后又投资2亿元，增装了多台除尘器、烧结机烟气脱硫等装置，使烟气粉尘排放量低于国家标准。此外，公司在2009年将原焦化厂停产拆除，减少大气中的异味污染。

为了实现循环经济，荣程钢铁在环境治理的同时，更注重环境保护与资源利用相结合，如：投资1.2亿元建设煤气回收发电装备，每年可回收20亿立方米煤气，发电2亿度，折合每年节约10万吨标煤，减排40万吨二氧化碳；投资2.8亿元，全部采用自主创新技术建设的日处理量7.2万吨级的污水处理厂。这是目前天津市最大的污水处理厂，它不仅将企业生产用水加以处理，还将天津市葛沽镇生活污水转为再生水源循环再利用，实现废水零排放，生产地下水开采为零，大大缓解了天津地下水资源紧张的局面，每年可节约水资源2 000万吨，减少向海河排污8 300吨；另外，还投资了3亿元建设转底炉直接还原铁项目，采用日本钢铁业先进经验，回收烟气治理后收集的含铁粉尘，进行综合再利用，每年可回收各类除尘粉尘20万吨，创效2 000万元。

截至2010年，荣钢累计投入资金12亿元，建设环境治理、节能减排有关设备设施，做到了环境保护与生产建设协调可持续发展，为打造出一个生态企业做出了重大贡献。

3. 以管理信息化为基础的赢利模式创新

天津荣程钢铁在技术改造过程中，始终强调随着技术装备水平的大幅度提高，必须有科学高效的管理运行机制和严密的制度体系做保证，才能使其发挥最佳功能和最大效能，并且在这方面取得了突出业绩。荣钢建立了与现代企业相适应的管理体制和运行机制，建立健全了科学高效的核心管理、专业管理运行机制和严密的制度体系，全面构建母子公司体制，使其各司其职、相互协作、规范运作，实行一切靠制度管理。

树立“数字钢铁”理念，以企业资源计划（ERP）系统为突破口，全面推进信息化建设，构建起信息技术为手段的现代化钢铁企业管理体系和以信息技术为依托的产品创新体系、工艺创新体系，实现产品成本和质量的精细控制。深化“三项制度”改革，建立适应市场经济的分配制度和激励机制，充分发挥各个岗位最佳功能和最大效能。推行全面预算管理，从财务管理体制、制度保障、预防控制、财务预警、审计监督等环节建立起系统科学的财务风险预防和控制体系。

培育具有时代特色和荣钢特点的企业文化，丰富发展荣钢“自强不息、奋斗不止、永不言败”企业精神，弘扬“钢铁强国”和“建设精品基地，创世界品牌”的价值理念，增强企业凝聚力。

4. 以互联网金融为核心的赢利模式创新

在互联网经济大潮和钢铁主业持续不景气的双重推动下，荣钢在互联网金融领域中开拓了新的赢利模式——“四位一体”(见图 7)。所谓“四位一体”，是指交易中心结合了融宝支付平台、融通物贸大宗商品电商平台以及互联网金融服务，带动信息流、资金流和物流服务的综合发展，打造一个服务于实体经济的“四位一体的”综合服务平台，服务于工业领域上下游客户，为客户拓展新的销售渠道，降低营销成本，获取丰富的行业信息，分享综合性金融服务，围绕工业领域需求，提供专业的信息及交易服务。该平台前期主要是产业链上下游的企业，后期通过合作伙伴的带动，逐渐达到规模化效应。“四位一体”提供了一种新的交易模式，势必对传统交易方式形成一定的颠覆，也为钢铁行业开启了全新的金融视窗，实现了传统钢铁企业向生产服务业的跨越式发展。

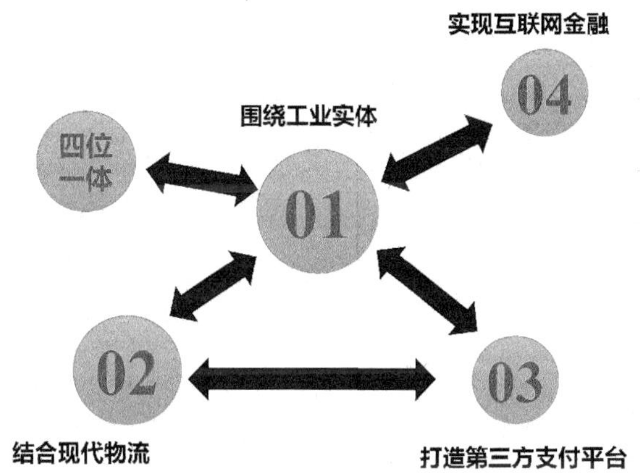

图 7 “四位一体”发展模式

(三) 天津荣程赢利模式创新绩效

目前，荣钢已拥有钢铁、科技金融、文化健康和资源四大产业。其中，在钢铁方面，荣程集团具备年产铁、钢材各 450 万吨的生产能力，所属生产企业主要分布在天津、唐山两地，分别是天津荣程、唐山荣程、丰南荣程。

2006—2010 年，天津荣程完成累计固定投资 33.07 亿元，实现集团自创总值 121.3 亿元，累计烧结矿 2 246 万吨、铁 1 631 万吨、钢 1 538 万吨、钢材 1 104 万吨，职工收入年平均增长 12%。同时，天津荣程钢铁合计上缴国家各类税金 38.42 亿元，相比“十五”增长了 3.16 倍，万元产值能耗累计降低 25.6%，超任务指标 5.06%，提前完成了任务。

“十一五”期间，天津荣程钢铁投资 33 亿元，建设了煤气综合利用发电厂、转底炉直接还原铁厂、污水处理厂、220kV 变电站、原皮连铸机、精品高线、4 号高炉、链篦机回转炉、230 烧结等多项工程，为提升产品质量、产能及品种多元奠定了坚实基础。

天津荣程在 5 年内，投入安全专项资金 8 000 万元，专用于各类隐患的整改。认真履行与政府签订的责任状，狠抓节能环保。环保专项资金投入 6 亿元，使公司环境治理水平得到大幅提高，职工工作环境大为改善。

天津荣程钢铁持续推进新产品研发，增加了品种钢生产比例，增强了应对市场挑战的竞争力，并成功开发了优质碳素结构钢硅钢、无缝管坯、77B、82B、帘线钢、弹簧钢、焊条钢、冷镦钢等一系列新产品投入市场，为向精钢的转变打下良好基础。

2007 年，公司技术中心被认定为天津市级技术中心。2008 年，公司被天津市发改委确定为天津市第二批循环经济试点企业之一。精品高线、转底炉等工程被列为 2008 年天津市重点项目。2009 年，能源中心被工信部列为全国首批 21 家冶金企业能源中心建设示范单位之一。2010 年，水循环利用及污水处理被天津市科委评审为天津市科技创新示范项目。

2011 年 2 月 28 日，荣程集团成立的融宝支付打造的第三方支付平台和电子商务平台收益颇丰。

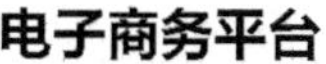

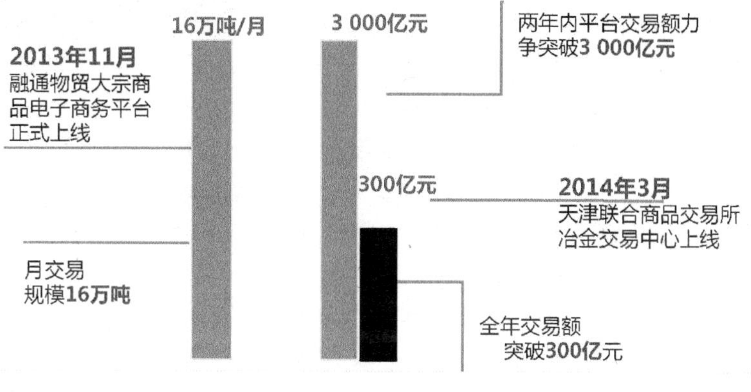

图8　科技金融绩效

五、天津荣程钢铁赢利模式创新经验及启示

企业战略决定着一个企业未来的发展方向，在制定企业战略时，必须对企业所面对的各种内外部环境因素进行详细地比较、分析，并适时地利用各种战略分析方法对各种影响因素进行定性和定量地分析、评价，这样才能科学地、客观地制定出合适的发展战略。

我国经济发展已经进入工业化中后期，传统高能耗、高污染的生产模式已经不能适应可持续发展的要求，节能减排是我国经济发展的必然选择，也是环保行业发展的原始驱动力。国家“十二五”战略新兴产业的发展规划，指明了战略性新兴产业发展的重点方向、主要任务和扶持政策，确立了在“十二五”期间将重点推进节能环保、新一代信息技术、生物、端装备制造、新能源、新材料和新能源汽车7个产业的发展。

总结天津荣程赢利模式创新经验，可以帮助一般的钢铁企业，尤其是民营企业在面对日益严峻的市场环境时，在资本、技术、人才等资源不能与竞争对手相匹敌的情况下，尽快顺利实现转型。天津荣程钢铁赢利模式创新的十几年，是通过审视内外部环境变化明确自身定位，形成自己的特色，在激烈的市场竞争中处于相对优势。在面对资源环境制约和转型升级双重压力下，以“硬件＋

软件+平台+服务”为发展的赢利模式创新，打造互联网金融平台，提出“四位一体”的发展模式，是天津荣程实现多元化、跨越式发展的新选择。正是坚持这些理念，天津荣程钢铁才能够在非线性市场的打击下不至于迷失方向，才能够在新的竞争环境下杠杆优势资源和能力，弥补自身不足，保持在市场战略、赢利模式、融资模式、工作流程等方面的创新。

钢铁企业多元化经营的行业布局需要根据外部宏观环境、竞争对手和内部资源与能力的变化进行动态调整。钢铁企业的多元化经营要循序渐进地进行，企业管理的各方面有缓冲的过程，而且小额的投入也会降低企业的退出壁垒。虽然实证研究中，主导型的钢铁企业绩效小于单一型的钢铁企业绩效，但如果把主导型作为钢铁企业多元化经营的过渡阶段也未尝不可。此外，钢铁企业在进行多元化行业布局调整时，还需坚持“同时做加减法”指导原则。企业开展多元化经营时，常犯的一类错误就是，只记得做加法，而忘记了做减法。所以钢铁企业开展多元化经营后，要定期对已开展业务取得的绩效成果、未来收益和潜在的风险进行评估。评估结果不理想的业务要尽快剥离或者暂停。

油田污水处理企业的创新之旅
——安洁士石油技术(上海)有限公司赢利模式

一、案例背景及赢利模式研究思路

(一)企业介绍

安洁士石油技术(上海)有限公司(简称安洁士)是一家专业开发油田环保产品并提供技术服务的中外合资企业。

安洁士业务涵盖油田各类型的污水处理,专注于油田废弃钻井液、井下作业废水和三次采油污水处理,拥有对各类型污水处理的专项技术和成套设备,拥有自主知识产权,形成了以方案设计、工程和设备安装调试和污水处理整体解决方案等技术服务的一站式服务能力。

公司与大庆油田、吉林油田、胜利油田、新疆油田、塔里木油田、冀东油田等国内重大油田进行了紧密合作,建立了遍布东北、华北和西北的市场营销网络,在国内主要产油区建立了现场服务基地,形成了客户需求快速响应和迅速服务的市场反应机制和售后服务能力。

安洁士拥有实力雄厚的技术研发队伍,并与国内外著名科研机构合作,取得了多项国内领先的油田污水处理专项技术;并与中国科学院、上海交通大学、天津大学、北京石油大学、大庆石油学院、吉林农业大学等科研机构和院校建立了紧密的合作关系,获得了多项技术专利及国家创新基金支持,并且通过国家环保产品质量监督检验中心的检测认定。

安洁士的迅速发展吸引了经纬中国基金、盈峰创投、德丰杰和纪源资本等享誉业内的风险投资机构的联合投资,为公司可持续发展提供了更强大的后盾。

作为石油环保领域极具竞争力的高新技术企业，安洁士正逐步成为国有油田服务的中坚力量。

（二）案例典型性

2005年以来，国家环保总局多次展开“环保风暴”，不断提高对所有企业的环保要求。2005年，山东省东营市在对胜利油田开出6 000万元的环评罚款后，对媒体表示，今后可能对胜利油田开出9亿元的天价罚单。

在安洁士董事长何文意看来，在石油系统开始市场化和对环保日益重视的双重背景下，安洁士应运而生。2005年6月，何文意、李松棠，和另一个他们的EMBA同学粟元生，跟大庆石油公司联合成立了大庆油田废水研究项目部。这其实是安洁士的前身，但它甚至不是一个公司。三人一起出钱，主要是李松棠做技术，来研究治理石油污水的难题。

2008年底，李松棠基本攻克技术难题。三人觉得这事情可以做，于2009年3月成立了安洁士。随后开始向各大油田推销安洁士研制出来的污水处理设备。几百万元的设备，不是那么好卖，到2010年不过卖了2台设备。

安洁士的创新技术最适合迅速处理油田高难度废水的技术和设备，整套工艺高度集成化，可以方便地用卡车运送到各个钻井区块处理污水。这决定了安洁士适合做油田污水处理服务，并且易于大规模扩张。安洁士的团队很互补，创业过程很能吃苦。从长远来看，他们的技术有多层次的储备，未来可在油田污水站改造等更广泛领域有所建树。

于是安洁士从卖设备，转变为卖服务。即不靠卖一台几百万元的设备赚钱，而是给油田处理污水，处理一吨污水即能获取几元钱；而安洁士在最为擅长、却是最难的压裂返排废水、钻井泥浆废水处理等领域，处理一吨污水即可获取100多元。

从卖设备到卖服务的转变，他们的考虑是，中国的油田就那么十几家，卖设备的话，卖一台就少一个客户，卖服务才是长期的、持续的赢利方式。另外一个考虑是，卖服务比卖设备，更利于技术的保密。

安洁士不再急于靠卖设备赚钱，让企业活下去，而是通过生产设备，去吉林油田、大庆油田等处理污水。

（三）赢利模式研究思路

本书分别利用PEST分析工具、产业链分析方法等理论和分析工具对安洁士所处宏观环境、行业环境进行介绍，识别出安洁士所面临的外部机遇和挑战。然后，分析得出安洁士从提供装备向提供服务转型的战略定位转变的历史必然性，以此作为安洁士赢利模式创新的出发点和指导思想。

接下来，从安洁士的经营业务出发，分析不同业务赢利模式的要素组成，从目标顾客、价值主张、业务流程、核心资源、重要合作、收入结构（含定价方式）、成本结构等对安洁士主要业务赢利模式创新的具体实践进行还原和提炼。

最后，总结安洁士赢利模式创新经验，以期给污水处理企业的发展提供一定的借鉴。

二、外部环境分析

（一）宏观环境分析

当前，人类生活环境日渐式微，群众对于环境保护的呼声越来越大，而政府也步步为营，逐步退出各项政策，这给石油企业带来很大的压力。安洁士抓住了机会，在这样的大环境下应运而生，结合行业的特点和自身的能力寻找出一条适合自己发展的路径。这里将运用战略管理中的 PEST 分析工具对安洁士宏观环境进行具体分析，由此得出安洁士进行赢利模式创新的背景和必然性。

1. 科学技术不断积累是安洁士的发展动力

油田污水主要包括原油脱出水（又名油田采出水）、钻井污水及站内其他类型的含油污水。油田污水的处理依据油田生产、环境等因素可以有多种方式。当油田需要注水时，油田污水经处理后回注地层，此时要对水中的悬浮物、油等多项指标进行严格控制，防止其对地层产生伤害。如果是作为蒸汽发生器或锅炉的给水，则要严格控制水中的钙、镁等易结垢的离子含量、总矿化度以及水中的油含量等。如果处理后排放，则根据当地环境要求，将污水处理达到排放标准。我国一些干旱地区，水资源严重缺乏，如何将采油过程中产生的污水变废为宝，处理后用于饮用或灌溉，具有十分重要的现实意义。油田污水种类多、地层差异及钻井工艺不同，加上各油田污水处理站不仅水质差异大，而且油田污水的水质变化大，这为油田污水的处理带来困难。

现时油田污水处理技术正不断成熟，目前主要分为物理法、化学法、物理化学法、生物法几大类。近几年更是发展了膜分离技术，其被认为是“21 世纪的水处理技术”，是一大类技术的总称，主要包括微滤、超滤、纳滤和反渗透等几类。这些膜分离产品均是利用特殊制造的多孔材料的拦截能力，以物理截留的方式去除水中一定颗粒大小的杂质。特别是超滤，已经在除油的相关研究中取得了一定的进展，逐渐从实验室走向实际应用阶段。

新技术和工艺的发展为安洁士的成功提供了强大的技术基础。技术的成熟使安洁士在牢牢抓住市场机会的同时，也为安洁士的发展提供了巨大的技术支撑。技术是第一生产力，也正是这强大的生产力使安洁士公司在巨大的市场机会前不慌不乱，对技术的成熟掌控，使安洁士在进行商业模式创新时游刃有余。

2. 政策环境为安洁士赢利模式创新提供了市场机会

近年来国家加强节能减排力度，分别推出《关于落实科学发展观加强环境保护的决定》《国家中长期科学和技术发展规划纲要(2006—2020 年)》《国家环境保护"十一五"科技发展规划》，随着国家节能减排推进的深入，石油开采领域污水处理年市场容量超过 500 亿元的市场将为行业提供巨大机会。

目前石油行业节能减排还不够完善，因治污不力而遭遇处罚的案例比比皆是。2007 年，国内一家油田由于钻井未进行环境评估，被当地环保部门罚款 6 000 万元。2008 年，另一家油田由于历年污水、污泥乱排放更是被环保部门开出 17 亿元的天价罚单。

过去，油田一直将主要研发力量集中在如何采出更多的石油，但如今不得不去考虑如何更有效地治理开采石油所产生的污水问题。面对国家出台大力度的节能减排政策，各大石油公司也不得不提出相应的节能减排的对应方案。技术和专业度的缺口，以及国家政策的强力推进，促使了安洁士的诞生。

3. 社会文化环境营造了安洁士发展的良好氛围

随着经济的发展，社会的进步，公众的环境意识也越来越强。相关研究发现，公众对与人们生活密切的环保知识有较高的辨识度，同时环保知识的传播渠道也多种多样，加快了公众的环保知识的传播。调查发现，公众认为环境污染问题已成为我国的严重的社会问题，环保问题是当前亟需解决的问题。

在这样的社会大环境下，安洁士应运而生，大得民心，为安洁士提供了良好的发展氛围。

4. 环保行业经济发展趋势是安洁士赢利模式创新的催化剂

北京大学环境学院副院长谢少东认为，中国正成为国际环保企业关注的焦点，一方面是国家某些领域的污染状况比较严重，另一方面政府在环保方面的投入和决心给了国际环保企业信心。政府工作报告提出，要努力建设生态文明的美好家园；必须加强生态环境保护，下决心用硬措施完成硬任务；要像对贫困宣战一样，坚决向污染宣战。

中国环保部科技标准司副巡视员胥树凡说，2004—2011 年，中国环保产品、环保服务和资源循环利用产品年营业收入的平均增长速度分别为 28.7%、

30.5%和 14.1%。环保产业发展迅速，未来将面临更大空间。

环保行业的迅速发展，是安洁士发展的催化剂，在良好的行业经济环境和投资环境下，安洁士才得以如此迅猛地前进。

5. 宏观环境分析总结

见图 1。

政治	**经济**
近年来国家加强节能减排力度，分别推出《关于落实科学发展观加强环境保护的决定》《国家中长期科学和技术发展规划纲要（2006—2020年）》《国家环境保护“十一五”科技发展规划》	2004—2011年，中国环保产品、环保服务和资源循环利用产品年营业收入的平均增长速度分别为28.7%、30.5%和14.1%。环保产业发展迅速，未来将面临更大空间
社会文化	**科学技术**
公众的环境意识也越来越强。相关研究发现，公众对与人们生活密切的环保知识有较高的辨识度，同时环保知识的传播渠道也多种多样，加快了公众的环保知识传播	油田污水处理技术正不断成熟，目前主要分为物理法、化学法、物理化学法、生物法几大类。近几年更是发展了膜分离技术，膜分离技术被认为是“21世纪的水处理技术”

宏观环境分析 PEST法

图 1　宏观环境分析总结

然而，油田污水处理设备的研发和投入需要大量的资金，而且回款周期长，不同的油田企业的污水处理需要不同的处理方案，单纯的设备投入无法满足不同的需求与统一的装备之间的矛盾。装备的一次性投入，没有技术服务那样的资金流入平稳，只有技术服务才能给企业提供源源不断的现金流，且能够针对不同企业提供不同的个性化服务，加强了服务内容的灵活性。

国家政策的大力支持，给环保行业提供了巨大的市场和机会，面对如此巨大的市场，既能第一时间研发出最前沿的油田污水处理技术，又能快速洞察出行业的特点，从卖装备转变为提供技术服务，随机应变，走在变革的风口浪尖。对于环境保护行业来说，他们越来越认识到，油田污水处理将会是重大的发展契机。如何在这样的风口浪尖上把握好机会，又能保持警醒，时刻准备着调整最适合企业发展的路径，值得每一个环保人深思。安洁士的成功经验说明，敏锐的市场洞察力是重要的，同时能够结合自身资源和能力，找到未来发展的定位，找到适合企业的发展路径，是进行赢利模式创新的起点。

（二）产业环境分析

1. 污水处理产业链

产业链理论认为，产业链的形成和优化是社会分工的结果，也是产业发展的必经之路。我国污水处理产业的发展，在很大程度上有赖于污水处理产业链的优化、升级。更重要的是，污水处理产业的成功与否也在很大程度上取决于污水处理产业是否能在产业链中正确定位，结合自身特点和行业特点，与链条上其他环节的企业形成良性的合作机制。所以，深化认识产业链的有助于我们对污水处理行业的把握。

水务企业包括供排水、水电、水源工程、管网建设，节水、污水处理以及相关设备生产等一系列产业节点形成产业链。在整个水务产业中，污水处理行业属于产业链条偏末端的位置，其上游相关行业主要为污水处理设备制造行业，下游行业模糊，经污水处理的水体一部分回用给用户，另一部分直接排放给自然水体。整个水务行业的产业链条如图 2 所示。

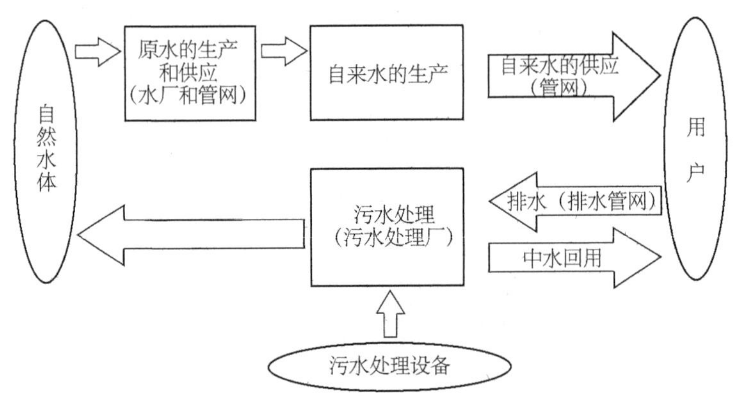

图 2　我国污水处理产业链

2. 污水处理厂建造运营

1) BOT、TOT 和 BT 模式简介

BOT 模式是国际通行的一种基础性公共设施建设的融资方式，在我国又称为“特许权融资方式”，具有民营化、全额投资、特许期和垄断经营四个基本特征。其含义是：国家或地方政府通过特许权协议，将一个公共基础设施、基础产业项目的特许权授予承包商（一般为国际财团承包商）在特许期内负责项目设计、融资、建设、运营和维护，并回收成本，偿还债务，赚取利润，特许期结束后将项目所有权无偿移交签约方的政府部门。实质上，融资方式是指私营机构含国

外资本参与国家公共基础设施项目，在互利互惠的基础上分配该项目的资源、风险和利益的融资方式，是政府与承包商合作经营基础设施项目的一种特殊运作模式。

准BOT模式是BOT的变形，其特点是项目操作依然按照BOT模式，不同的是政府投入部分资金，如国债，是项目公司的股东之一。此种方式可以提高投资者的信心，减轻投资者的资金压力，适合资金实力较弱的国内环保企业运作。BT(Build-Transfer)模式，是"建设—移交"模式，也是在BOT基础上演变出的一种方式。与BOT项目不同的是，BT项目投资建设机构缺少通过运营收费获利的环节，其利润来自项目建设。

TOT模式是BOT融资方式的新发展，是指政府部门或国有企业将建设好的项目的一定期限的产权和经营权，有偿转让给投资人，由其进行运营管理；投资人在一个约定的时间内通过经营收回全部投资和得到合理的回报，并在合约期满之后，再交回给政府部门或原单位的一种融资方式。

BOT、TOT投资模式通过使基础设施商业化和私营化，不仅可以用将来的按政策征收的污水处理费来发挥现实的环境效益，变以前的一次集中支付为分期支付，进一步减轻财政压力，使因财政原因而搁置的污水处理项目迅速地得到建设和运营，有效地加快了基础设施建设步伐，满足全社会对公共工程和基础设施的需求，而且可以从国际、国内乃至民间多渠道融资，使投资基础设施建设的资本在短时间内能够迅速放大，而且通过引入市场竞争机制，项目管理水平、技术水平都会有较明显的提高。

2）污水处理行业运营模式现状分析

截至2008年3月底，全国在已投入运营的1 321个污水处理项目中，有342个是BOT项目，占到总项目数的25.9%；有98个是托管项目，占项目总数的7%；有72个是TOT项目，占项目总数的5.5%；有35个是BOT项目，占项目总数的2.7%。

在建的771个污水处理项目中，有299个BOT项目，占到总项目数的39%。相比已建成投产的BOT项目，BOT模式所占比重，增加了13个百分点，这也与近年来BOT模式的大受欢迎有关，在建TOT模式项目所占比重有所减少，仅为1%。

3. 污水处理设备的生产制造

污水处理设备的正常运行是完成工艺路线的基础和保证，污水处理设备的质量和寿命是项目建设和运行成败的关键。水处理设备的价格对工程总造价有着重要影响，污水处理设备的创新对新型工艺的发展起着能动、补充与完善作用。所以，污水处理工程的成败关键在装备，已经成为业内的共识。

1）我国污水处理设备行业现状

我国污水处理设备生产厂家大多规模不大，并以民营企业为主，能够提供成套设备的企业很少，大多数企业以生产成熟的单机产品为主。除了本土企业，利用国外技术的合资企业是这个领域的重要组成部分，并且占据了高端设备市场，国内企业则集中在管材、水泵、风机等传统产品市场。由于我国污水处理设备主要面向中低端市场，因此常常陷入恶性价格竞争，高技术、高质量的设备难以获得应用，与发达国家相比，企业综合竞争能力较弱。国产污水处理成套设备与发达国家相比，存在很大差距。主要问题有以下几点：一是产需矛盾突出。我国污水处理设备的综合生产能力远远不能满足国内需求。二是品种结构落后、品种少、开发能力弱。在众多产品中，一般机械产品和初级产品所占比重大，具有现代化水平的机、电、仪一体化装备较少或处于起步阶段。除大型环保骨干企业外，大多数企业缺乏新产品的自我开发能力。三是产品质量差、技术水平低。35%～40%的产品相当于国际20世纪六七十年代的水平。

2009年1—5月份，水资源专用机械制造业实现销售收入22.97亿元，同比增长25.93%，增幅比上年同期下跌19.06个百分点；环境污染防治专用设备制造业实现销售收入212.23亿元，同比增长18.63%，增幅比上年同期下跌14.92个百分点；环境监测专用仪器仪表制造实现销售收入28.76亿元，同比增长23.44%，增幅比上年同期下跌12.26个百分点。

2）污水处理设备行业趋势

（1）污水处理设备的人性化、环境化、现代化。污水处理设备发展的着重点在以下几个方面：一是污泥后处置（污泥的热干化设备、污泥焚烧设备等）；二是除臭（化学除臭设备、生物脱臭设备）；三是消毒（紫外线消毒设备、臭氧消毒设备以及二氧化氯消毒设备）；四是再生利用（加药设备和膜处理设备—微滤、超滤和反渗透装置）；五是节能新工艺与配套；六是传统处理设备的改进。

（2）行业国际竞争日趋激烈。在经济全球化的背景下，污水处理设备在国际市场的竞争日趋激烈。国际知名污水处理设备制造企业为了进一步强化核心竞争力，在资源整合上，不仅进行技术融合和产品融合，还进行全球市场的重新布局，推进跨国间的并购，使企业的竞争力和市场占有率不断得到巩固，竞争优势更加明显。在这种状况下，我国污水处理设备企业面临着更加严峻的挑战。

此外，行业竞争已从量的竞争转变为质的竞争。新型污水处理设备以及关键材料、核心元器件、专用设备仪器等核心技术基础研发、制造成为竞争的焦点。今后相当长的一段时间内，我国继电器行业的核心基础产业和核心技术仍被发达国家掌控，发达国家的竞争优势将更加明显，他们千方百计削弱我国污水处理设备行业在产业链中的主导权。

(3) 污水处理设备制造本土化。污水处理设备制造本土化已成为行业内的共识。随着国内污水处理设备业的持续发展和巨大基础，我国已成为国际上众多污水处理设备企业的制造新中心。如今已经有不少国际知名的污水处理设备制造企业在我国投资建厂，如全球最大的污水处理设备制造商瑞士苏拉集团(Saurer)就在苏州设立厂房。这些国际著名纺织污水处理设备制造企业中，不少已经实现了在中国的本土化，有的已基本形成了生产能力，这对我国污水处理行业的技术设备水平的优化以及生产成本的降低有良好的促进作用。

4. 安洁士在产业链中的定位

安洁士在产业链中处于设备提供商、服务提供商，以及高级水污染处理材料提供商，不仅提供设备，而且提供服务，在产业链中跨度范围广。通过自身过硬的技术水平，在提供高质量设备的同时，给予相应的技术指导。在油田污水处理行业比设备更重要的是合适的处理药剂，安洁士通过自身多年的技术累计开发出来的絮凝剂，正是与其自身设备的良好匹配。有很好的技术、很好的设备、很好的工艺，但是没有处理药剂，油田污水处理照样不能达标；更重要的是，安洁士提供技术服务，为油田企业提供一整套的油田污水处理方案，从原有装备的改造到工艺的选择，再到安洁士自身药物试剂的使用，都包括在污水处理解决方案之中。在污水处理产业链中，安洁士牢牢抓住了产业链中最关键的部分，这也正是安洁士在产业链中能够保持高附加值的原因。

三、内部资源和能力分析

最先进的污水处理技术，从创业一开始，就决定做最难的压裂废水处理技术，这让安洁士拥有了领先的核心技术优势。油田环保包括大气、土壤、水环境以及动植物的修复和保护，其中水的处理是难度最大的。安洁士董事长何文意说："我们选择了最难的一种技术.压裂废水处理。我们想，如果这个能做好，那么别的就都能做到了。"他解释道："首先，中国采油的方式，使得油和水的比例中，水已经超过了95%，故而水处理的量是非常大的。其次，中国的采油技术在不断提升，以前采油就是一口井打下去，通过压力，油就可以喷出来。而中国油田的40%～50%已经进入二至三次采油的阶段，不得不通过一种特殊的作业方式，把下面的裂缝挤大，将油挤出来，这就叫做压裂作业，这是中国目前最主要的采油作业方式。"

(1) 强大的营销渠道。油田系统极为封闭，有些地方没有人脉根本接触不到可以使用的人。安洁士的创始人之一李松棠毕业于大庆石油学院，虽然一直游离在石油系统之外，但他的大学同学很多都在石油系统中工作，良好的人脉资源，为安洁士的先进的技术进入到这些大型油企中铺平了道路。

(2) 安洁士拥有实力雄厚的技术研发队伍，并潜心于油田高难度污水处理的技术研发。仅仅从油田现场获取各种污水的水样进行大量的对比研究就花了两年多。持续的投入获得了良好的回报，5 年多来获得了十几项发明专利授权，公司成立一年多就获评上海市高新技术企业。

(3) 正确的赢利模式定位。要想进入产业化运作，技术只是最基本的基础，还必须将手中的技术大规模地应用。何文意说，有些高校科研人员的研究压裂废水技术也很好，但无法工业化应用，意义不大。“一口井压裂废水从 1 000～8 000 立方米不等，一天做两立方米的处理能力毫无意义。”安洁士做了国内主要油田的解决方案之后，借助资本的力量完成了产业化转型，现在安洁士既能够销售污水处理设备给油田，也能提供现场污水处理服务。何文意说：“对于安洁士而言，向油田提供服务可以为公司带来长期稳定的现金流，相比销售设备也有利于安洁士的技术保密，最重要的是利润更高，毛利润率可达 70%。但唯一不利的一点则是短期内带给公司很大的财务压力。”

四、安洁士赢利模式创新的战略

安洁士清楚地认识到，油田污水处理产业究其实质还是达标的技术，污水处理最有价值的还是技术服务，不同的技术服务和不同的客户现状的结合，在经历了提供设备、改造设备、提供技术服务之后，现阶段正在逐渐回到以提供技术服务为主的正途上来。

幸运的是，安洁士在拥有强大的污水处理能力和先进的污水处理设备之后，并没有在提供污水处理设备的道路上一路走到黑，而是从自身资源能力的实际情况和客户企业的实际需求出发，果断选择了在价值链上提供综合的技术解决方案、提供高技术水平的技术服务，以多年研发出来的污水处理技术和污水处理试剂为核心，通过提供综合的污水处理技术服务于产业链中的大型油企，实现合作共赢。

具体而言，安洁士最早从某家石油企业的一个部门逐渐发展成油田污水处理行业中知名的环保企业，致力于为油田企业提供优质的污水处理技术服务。

至此，安洁士最终形成了从提供装备为主向提供技术服务为主的战略转型。

五、安洁士赢利模式创新

任何企业都是价值创造主体，对于具有多个事业部的多元化企业而言，其赢利模式应从不同事业部业务的收入结构和成本结构角度进行分析。

由于收入主要来源于目标客户对产品服务的价值主张进行付费，成本则是由企业提供产品服务时所必需的资源和业务导致，因此完整的赢利模式创新分析应从以下要素进行总结：目标顾客、价值主张、核心资源、业务流程、重要合作、收入结构（含定价方式）、成本结构。

为了最大限度地还原安洁士真实的赢利模式创新实践的具体动因、过程、结果，并清晰地展示安洁士不同业务的创新模式，给不同的企业以借鉴，这里的分析思路是通过安洁士提供的产品和服务的类别做划分，从设备、制剂和解决方案三个角度，对其赢利模式的创新演化进行剖析。

（一）安洁士污水处理设备赢利模式

正当油田行业企业因不合国家政策要求被大量罚款，同时生活环境越来越差，受到社会舆论的尖锐批评，而自身的技术能力短期内无法满足当前要求时，安洁士正在对压裂废水的污水处理做了大量的研究和模拟实验，几乎采集了所有潜在客户的废水样本，并且经过 3 年的累积，终于研制出目前国内行业最先进的处理压裂废水的设备。

在与油田企业的不断接触中，同时不断加强自身的科研实力的累积，也积极联系外部的研发合作，到目前为止，安洁士开发出了 DQS 系列油田综合污水处理系统、WT 系列移动式污水作业车、微波诱导催化设备、微联合站、污水膜生物处理装置 E-MBR。通过与油田企业的接触中，安洁士对不同的油田污水处理状况有越来越清楚的了解，针对不同的状况开发出不同的设备。

安洁士装备赢利模式要素如下：

价值主张：不同的企业的污水处理状况和石油开采的产生的废物的差别，需要有专业的设备进行专业的处理。

目标顾客：有油田污水处理需求的油田开采企业。

核心资源：先进的技术和装备。

业务流程：诊断污水处理状况——安装合适的设备。

重要合作：石油开采企业和外部研发机构。

收入和成本结构：主要收入来自装备销售；其主要装备的制作研发成本。

产品定价方式：采用成本核算，即设备生产研发摊销成本乘以系数，得出相应定价。

（二）安洁士制剂赢利模式

良好的污水处理设备需要有优秀的处理制剂与之相匹配。安洁士的成功的核心技术不仅仅在于设备，可以说没有强有效的污水处理试剂，仅有设备是根本无法进行污水处理的。经过多年的攻关，安洁士开发出了针对不同污水处理需求的污水处理制剂。

安洁士的制剂产品系列包括生物絮凝剂、生物驱油剂、生物破胶剂、无机污水处理剂、高分子水处理剂和离子液体。

制剂赢利模式要素如下：

价值主张：针对不同的污水品种采用不同的污水处理制剂，结合客户的设备状况。

目标顾客：油田企业。

核心资源：制剂制作技术，效果是硬道理。

业务流程：污水样本测试——选择合适的制剂。

重要合作：油田企业和外部研发机构。

收入和成本结构：主要收入来自制剂销售，即扣除制造、研发等直接成本。

产品定价方式：采用成本核算，即制剂制造的直接成本乘以系数。

（三）安洁士技术服务的赢利模式

安洁士的技术服务是针对企业的污水状况进行定制化服务。不同企业所处的油田的位置不同、油田的特点不同，石油的采集也存在差异，因此不同石油企业需要针对其现有的特征，提供定制化的服务，或只需要改一下所使用的制剂，可能只需要在原有工艺上做些许的改动，也有可能需要重新设计工艺。所有这些需求安洁士都可以给客户一个满意的答复。目前成功的案例有吉林油田乾安采集厂、长春采油厂双伊联合站、吉林油田钻井公司、新疆塔里木油田、冀东油田、大庆油田等。

技术服务赢利模式要素如下：

价值主张：根据客户的需求和实际情况提供最满意的服务。

目标顾客：采油厂。

核心资源：定制性；技术能力。

业务流程：分析采油厂目前存在的问题，推荐定制化解决方案。

重要合作：全国各大石油企业。

收入（含定价）和成本结构：定价由服务价格以及其中涉及的装备和试剂费用；成本主要是人力成本和装备试剂成本。

六、安洁士赢利模式创新经验及启示

当今，人类生活环境日渐式微，群众对于环境保护的呼声越来越大，而政府也逐步退出市场，给石油企业带来巨大的压力。2013 年 8 月，国务院发布《关于加快发展节能环保产业的意见》，明确未来 3 年的发展目标：节能环保产业产值年均增速在 15%以上，到 2015 年，总产值将达到 4.5 万亿元，成为国民经济新的支柱产业。时代的要求给环保企业带来很大的发展空间。但是短时间技术的缺口，以及石油行业封闭的特点，也给环保企业造成很大的压力。安洁士一方面提前洞察到这块巨大的蛋糕，提前做好技术积累，专门针对三次开采的压裂废水处理技术进行研发，同时也将安洁士的发展推到了行业的风口浪尖，成为油田污水处理企业的弄潮儿，并能够针对行业特点和自身的能力，随机应变，演化出最适合自身发展的路径，成为行业的领头先锋。

总结安洁士赢利模式创新的经验，可以帮助环保企业，尤其是中小民营企业，在资本、技术、人才等资源不能无法短期满足客户需求时，如何抓住自身核心能力，寻找适合自己的发展路径具有借鉴作用。

首先，安洁士从 2009 年成立，经过 5 年的发展，通过不断地技术积累，透视了行业的运营特点和自身现有的能力，为以后的长足发展奠定了扎实的基础；通过内外部技术的研发，达到行业顶尖水平，根据客户的状况，提供给客户最切实有效的服务，建立了良好的渠道和市场，成为行业的中流砥柱，也正以这样的姿态为下一次的腾飞做好充分准备。

从 开始，安洁士就特别注重技术，专注于石油二次开发压裂废水的处理，在三年的研究积淀下，终于拥有了行业最先进的污水处理技术。

其次，油田更倾向于购买服务而非设备。因为这样的话，油田前期投入少，不需要购买设备，审批流程也相对简单。油田在对污水处理结果验收完全达标以后付款，对油田来说，风险很小，所有的风险都由安洁士承担，这是油田乐于接受的。而对于安洁士而言，向油田提供服务可以为公司带来长期稳定的现金流，相比销售设备也有利于安洁士的技术保密，最重要的是利润更高，毛利润率可达70%。安洁士因地制宜，从提供装备发展为提供技术服务。

再次，定制服务。这是安洁士在多年的经营累计下，针对不同企业、不同的污水状况，为企业提供定制化的一站式服务。

总之，"重视技术，因地制宜，定制服务"可以看做是对安洁士赢利模式创新精髓的概括。

文化产业的创新转型之路
——杭州蓝狮子文化创意有限公司赢利模式

一、案例背景及赢利模式研究思路

（一）企业介绍

杭州蓝狮子文化创意有限公司（简称蓝狮子）前身为蓝狮子财经出版中心，成立于2002年10月，是针对快速成长中的中国财经阅读市场而成立的独立图书策划出版机构，致力于发掘并培育中国本土财经出版资源，整理并传播中国本土公司思想。

蓝狮子每年策划出版图书上百种，是原创财经出版领域的领先者。自成立以来，本着“只与最好的商业阅读有关”之宗旨，蓝狮子出版了一批公司案例和企业家管理思想的图书，构建了基于公司案例与财经、行业史研究的出版体系，获得了公众的一致认可。2007年和2008年，蓝狮子与中信出版社、浙江人民出版社共同合作，推出《激荡三十年——中国企业1978—2008》上下卷。此书一经推出，在国内引发了关于30年的大讨论，并被和讯网评为2007年度“华文财经图书大奖”，被新浪网、《第一财经日报》评为“十大年度财经图书”，将人民网评为“十大年度好书”和2008年《新周刊》新锐榜“年度图书”大奖。2008年，蓝狮子推出陈志武的著作《为什么中国人勤劳而不富有》，此书继《激荡三十年》后，再次获得和讯网2008年度“华文财经图书大奖”称号。2007年度，蓝狮子推出《大败局》修订版和《大败局2》，其中《大败局》是《经济观察报》推荐的“影响中国商业界的20本书”之一。

蓝狮子出版的公司案例图书亦成为财经阅读中的佳品：关于万科的《道路与梦想》是2006年开卷非虚构类十大畅销图书，关于阿里巴巴的《阿里巴巴：天下没有难做的生意》位列2005年10月开卷财经类畅销排行第7名，关于娃哈哈的《非常营销》是2003年度开卷畅销书；关于海尔的《张瑞敏如是说》在2004年3月位列开卷传记类畅销排行榜第6名，关于富士康的《郭台铭与富士康》在《中国图书商报》2008年2月民营店销榜广州"学而优"书店第1名，关于中国平安的《大道平安》等均成为当年度最畅销的图书之一。蓝狮子又与台湾城邦出版集团、广西出版集团合作，出版《蓝狮子经理人》月刊，同时主办"中国杰出经理人TOP100"大型评选活动。2008年推出唐骏自传《我的成功可以复制》，连续数周位居"当当网"管理类图书第2名，而在2005年推出的人物传记《我能——百货女人厉玲手记》，亦曾荣获开卷人文图书畅销榜第1名。蓝狮子推出的区域主题经济著作《他乡之税》被《凤凰周刊》评为2008年值得记忆的10本人文书籍和《中华读书报》"2008年度十佳图书"称号，推出的《著名企业家管理日志》系列深受市场喜好而销售表现卓越。

财经读物市场在兴起，研究过许多创业成功失败案例的吴晓波，做出版做出了新意。蓝狮子与其他出版公司最大的不同，是不做渠道。公司现在与中信、浙大等出版社合作，前者只负责选题策划和蓝狮子读书会的部分销售，后者负责印刷和渠道销售。

截至目前，蓝狮子研究及创作过的中国公司近100家，包括万科、海尔、阿里巴巴、华为等中国顶级企业，以及七天、格林豪泰、新光等成长性企业，并开辟了"中国百家标杆企业"工程、创业家系列、著名企业家管理日志系列等出版方向，致力于系统性梳理中国公司管理思想；同时，有超过100位中国优秀的财经作者聚集到蓝狮子周围，他们长期活跃于一线，对中国经济与产业发展有着深刻而敏锐的观察，并且热爱写作，是公司案例创作最佳的执行者；为了更好地服务于财经图书的阅读人群，2008年在上海成立了蓝狮子读书会，致力于打造面向未来的新型阅读平台。蓝狮子读书会面向企业家与经理人人群，提供个性化阅读的推荐服务。目前蓝狮子会员已超过7 000名，在上海、南京、杭州、广州设有分会，一年可举办百余场活动。

（二）案例典型性

传统出版业由于各种原因在数字出版的浪潮中尚处在摸索数字化新业务的赢利模式的过程之中。在此背景下，为了应对新媒体的发展，以及其将对图书形态、宣传媒介、销售方式的多样性的影响和推动，蓝狮子于2011年成立数字出版中心，通过技术和资源，旨在为出版方整合版权内容，深度运营平台，全媒体推广数字出版物。

2014年，蓝狮子试水新媒体，建立"吴晓波频道"。这一年，蓝狮子的数字内容供应收入占总收入的 36%。2015 年，蓝狮子 5—8 月份营业收入为 3 155 万元，环比增长 34.87%，较上年同期增长 11.34%，主要得益于普通出版、数字出版、讲师培训、自媒体等业务收入的增长；公司利润总额及净利润环比分别增长 67.61%及 78.80%，主要是在营业收入增长的同时，高毛利率业务如数字出版业务、自媒体业务在收入中占比有所上升。2015 年 4 月，皖新传媒以现金出资 1.57 亿元，换取了蓝狮子 45%的股份，成为其第一大股东。2015 年 11 月，蓝狮子收到全国中小企业股份转让系统有限公司同意挂牌的函，并同时刊登《公开转让说明书》。这意味着蓝狮子获批登陆新三板。蓝狮子已由传统的图书出版向阅读服务和数字出版转型。蓝狮子成立读书会，为高端用户提供商业阅读服务，并成立企业研究院。蓝狮子还发力数字出版，自建数字内容库，与国内多家数字出版平台合作。对蓝狮子的收购是皖新传媒作为传统出版发行企业主动拥抱新媒体，向互联网出版延伸的有益尝试。收购完成后，皖新传媒将实现由图书发行向上游互联网内容出版和新媒体运营领域的延伸，丰满产业链，激活现有资质资源，加速传统媒体向新媒体的转型与融合。蓝狮子作为传统细分行业的领先者率先探路，其经验就是世界最新的经验，对中国传统出版业的转型具有很强的借鉴和启发意义。

（三）赢利模式研究思路

本文分别利用 PEST 分析工具、产业链分析方法和竞争五力模型、产业生命周期和行业关键要素等理论和分析工具对蓝狮子所处宏观环境、行业环境进行介绍，识别出蓝狮子所面临的外部机遇和挑战，并总结蓝狮子赢利模式创新的规律，以期给传统出版业的数字化转型提供一定的借鉴。

二、外部环境分析

新闻出版产业包括图书等纸介质传统出版产业、数字出版等非纸介质新兴出版产业、动漫和游戏出版产业、印刷和复制产业、新闻出版流通和物流产业。由于新闻出版产业涉及政治、经济和文化等领域，其发展必然受众多因素的影响和制约。为此，本文分别对产业内外部影响因素进行分析。

（一）外部环境因素分析

运用战略管理中的 PEST 分析工具对蓝狮子外部环境进行详细分析，由此得出蓝狮子进行赢利模式创新的背景和必然性。PEST分析是重要的产业宏观环境分析方法，为我们提供了分析新闻出版产业外部影响因素的框架，即从政治、经济、社会、技术四个方面提取产业影响因素。

1. 政策环境因素

理论上，政府政策和干预对产业的发展具有不确定性，只有科学合理的政策和适度的干预才会促进产业发展。而我国目前发展的现实是，新闻出版业走在了文化体制改革前列，在《关于新华书店(发行集团)股份制改造的若干意见》(新出发[2002]887号)《新闻出版总署关于深化出版发行体制改革工作实施方案》(新出办[2006]616号)《关于进一步推进新闻出版体制改革的指导意见》(新出产业[2009]298号)《加快出版传媒集团改革发展的指导意见》(新出政发[2012]3号)等一系列政策的指导下，完成了经营性新闻出版单位的转制，一批大型骨干出版传媒企业成长壮大。2006年，在《国家"十一五"时期文化发展纲要》中，特别指出了要发展数字出版产业："加快传统出版发行向现代出版发行业的转换，积极发展电子书、手机报刊、网络出版物等新兴业态。发展手机网站、手机报刊、IP电视、移动数字电视、网络广播、网络电视等新兴的传播载体。"2009年，国务院发布《文化产业振兴规划》，把发展数字出版、电子阅读提上重要日程，提出要"加大对文化创意……数字内容和动漫等重点文化产业的扶持力度……积极发展纸质有声读物、电子书、手机报和网络出版物等新兴出版发行业态。加强数字技术、数字内容、网络技术等核心技术的研发，加快关键技术设备改更新"。2010年，新闻出版总署印发《关于进一步推动新闻出版产业发展的指导意见》，提出"发展数字出版等非纸介质战略性新兴出版产业"的任务和"运用高新技术促进产业升级，推进新闻出版产业发展方式转变和结构调整"的措施。2014年全国新闻出版产业的出版、印刷和发行服务实现营业收入1.95万亿元，且2011—2014年营业收入年均增长高达10.1%。此外，由于新闻出版产品的公共产品属性，政府一般还通过制定财政补贴和税收优惠等经济政策来推动新闻出版产业发展，如我国政府从2014年起免征图书批发、零售环节增值税，并投入9 000万元中央文化产业发展专项资金扶持12个试点城市的56家实体书店的发展。

2. 经济环境因素

图书出版业作为一项产业，与整体经济环境密不可分。当宏观经济运行良好、人们收入水平及生活水平普遍提高时，则图书的销售量也会大幅上升。如果经济状况不佳、收入下降时，人们首先压缩的也是这一块的支出。从长远发展看，图书市场将伴随着我国宏观经济环境的不断改善，呈现大体上上升的发展势头。从近期看，由于人们面临下岗失业、住房货币化、医疗等社会保障体系保险化的威胁，人们主要依靠储蓄来防范风险的意识很强，国内需求严重不足，近年来图书市场连续疲软就是一个很好的证明。

在产业结构理论中，配第·克拉克定律表述为"随着经济发展，劳动人口由农业转移到制造业，再从制造业移向商业和服务业"。因此，经济发展水平是新闻出版产业发展的重要基础。国际经验也表明，"人均 GDP 水平达到 3 000～5 000 美元时，文化消费呈井喷状态"。经济增长带动国民收入的增长，进而拉动消费水平提升，相应也会增加对新闻出版产品的需求，新闻出版产业由此能够得到快速发展。此外，居民可支配收入水平也是 PEST 分析法中表征经济环境的重要因素。新闻出版产业的转型发展很大程度上受到消费结构、收入分配结构，尤其是城乡收入分配结构的制约。较大的城乡收入差距会造成农村居民与城市居民巨大的消费断层，进而也影响新闻出版产业在农村市场的发展，阻碍产业的转型升级。

2013 年，新闻出版业按照中央要求，稳中求进，稳增长，调结构，促改革，实现了平稳增长。新闻出版产业主要经济指标平稳增长，产业规模继续扩大。全国出版、印刷和发行服务实现营业收入 18 246.4 亿元，较 2012 年增加 1 611.1 亿元，增长 9.7%；利润总额 1 440.2 亿元，较 2012 年增加 122.8 亿元，增长 9.3%，反映新闻出版产业仍继续保持了较强的可持续发展能力。图书出版稳步增长，品种增速大幅回落；报纸出版形势严峻，多项指标明显下滑；期刊总印数略有下降，收入微有增长；数字出版收入在全行业占比继续提升，新型数字化内容服务收入增长迅猛。数字出版实现营业收入 2 540.4 亿元，较 2012 年增加 604.9 亿元，增长 31.3%，占全行业营业收入的 13.9%，提高了 2.3 个百分点。在线音乐与网络动漫营业收入增长 1.5 倍，继续迅猛发展。反映新型数字化内容服务在新闻出版业数字化转型中发力迅猛。与此相比，电子书、互联网期刊与数字报纸营业收入增长速度仅为 7.0%，远远低于数字出版整体增速，说明传统出版物的数字化转型尚需进一步加强。2014 年，全国出版、印刷和发行服务实现营业收入 19 967.1 亿元，较 2013 年增长 9.4%；利润总额 1563.7 亿元，增长 8.6%；不包括数字出版的资产总额为 18 726.7 亿元，增长 8.8%；所有者权益（净资产）为 9 543.6 亿元，增长 5.8%。数字出版继续保持高速增长，经济规模跃居行业第二，融合发展提速明显。2014 年，数字出版实现营业收入 3 387.7 亿元，同比增长 33.4%，占全行业营业收入的 17.0%，提高了 3.1 个百分点，整体经济规模超过出版物发行，跃居行业第二。

3. 社会环境因素

社会环境包括一个国家或地区的居民文化教育水平、宗教信仰、消费习惯、价值观念等。结合新闻出版产业特点，分析社会环境对新闻出版产业的影响主要从消费观念和社会整体教育水平两方面着手。消费观念决定着人们对可支配收入的分配，进而直接影响着人们对新闻出版产品的有效需求，是拉动新闻出版行业销售量及销售额、影响新闻出版单位利润的重要因素。新闻出版产业消费不仅是产业发展的现实基础和动力，也是产业发展的目的之一。在社会整体教育水平方面，受高等教育人数的增加会带动知识性消费的增长，而新闻出版产业则是知识创作、传播和消费的主要载体，具有良好的发展前景。具体来说，整体教育水平的提升不仅直接推动了传统纸介质出版产业的发展，而且对数字出版产业等新兴出版产业的发展起着重要的作用。

4. 技术环境因素

在过去的半个世纪里，最大的变化就发生在技术领域，技术正极大地改变着人类的工作和生活方式。

一方面，数字技术的发展催生了数字出版，数字出版产业有着巨大的发展活力和发展潜力，促进了整个新闻出版产业的高速发展。我国数字出版产业产值各年增长速度均远远高于新闻出版产业的增长速度，且对整个新闻出版产业发展的贡献越来越大。另一方面，网络技术和移动通信技术带动了网络广告、网络游戏以及移动增值业务快速发展，同时给新闻出版产业的发展带来了新渠道、新媒介，在促进数字出版产业发展的同时，优化了纸质出版产品的经营模式。因此，网络技术和移动通信技术对新闻出版产业的发展也起着重要的推动作用。

5. 宏观环境分析总结

面对数字融合浪潮及其将给整个文化传媒娱乐产业带来的巨大冲击和机遇，中国出版业的状态并不是十分积极。这些年来，虽然中国出版业也在关注数字化进程和互联网发展，但总体上看还没有真正了解数字融合对文化产业发展的重要意义，因此进入这一领域的紧迫感还不够。充分认识数字化建设的极端重要性，关心数字融合趋势，共同关心文化产业发展动向，并结合中国的实际，快速进行数字化的工作，努力开发各种类型的数字产品，逐步跟上全球化数字融合步伐，是中国出版企业建设中非常重要的方面。

（二）产业环境分析

1. 数字出版行业产业链

产业链理论认为，产业链的形成和优化是社会分工的结果，也是产业发展的必经之路。企业能否成功的关键很大程度上取决于其能否在新的产业链发展中正确定位，以发挥自身独特优势，与链条上其他环节的企业形成良性的合作机制。我国数字出版产业的跨越式发展，在很大程度上有赖于数字出版产业链的优化、升级。所以,深化认识产业链有助于我们对数字出版产业未来的把握。

数字出版产业,是指从事数字出版活动的企业集合体,通过向终端消费者提供数字出版产品或服务实现价值。数字出版产业链,是指在数字出版产业内部的不同企业承担不同的价值创造职能,产业上下游多个企业共同向终端消费者提供产品或服务时所形成的合作关系。数字出版产业链具有三条基本属性:一是具有出版传播属性,是从最初的内容资源提供,到最终数字出版产品,最后到达终端消费者,按照数字出版、数字传播和数字阅读等技术关联要求和出版过程所构成的纵向的链条;二是数字出版产业价值创造和转移的过程;三是一种介于市场和企业之间的产业组织形式,具有市场和企业的双重属性。数字出版产业在发展的不同阶段具有不同的产业链结构。

1) 电子出版阶段

见图1。

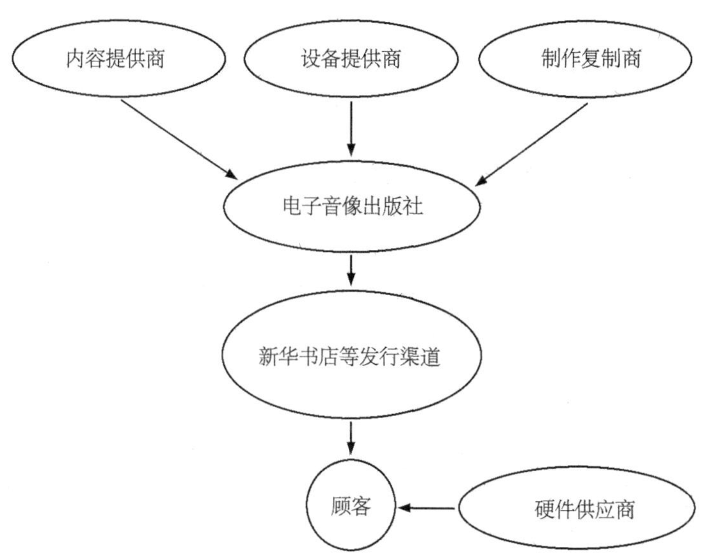

图1　以软盘、光盘为主的线性数字出版产业链结构

2) 网络出版阶段

见图2。

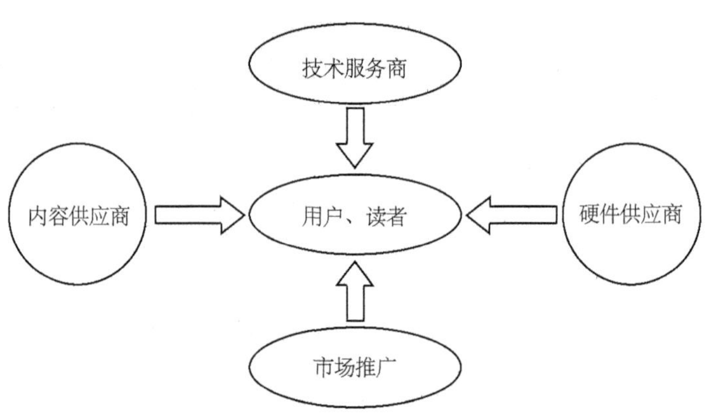

图 2　网络出版的多元化产业链

3）全媒体时代

见图 3。

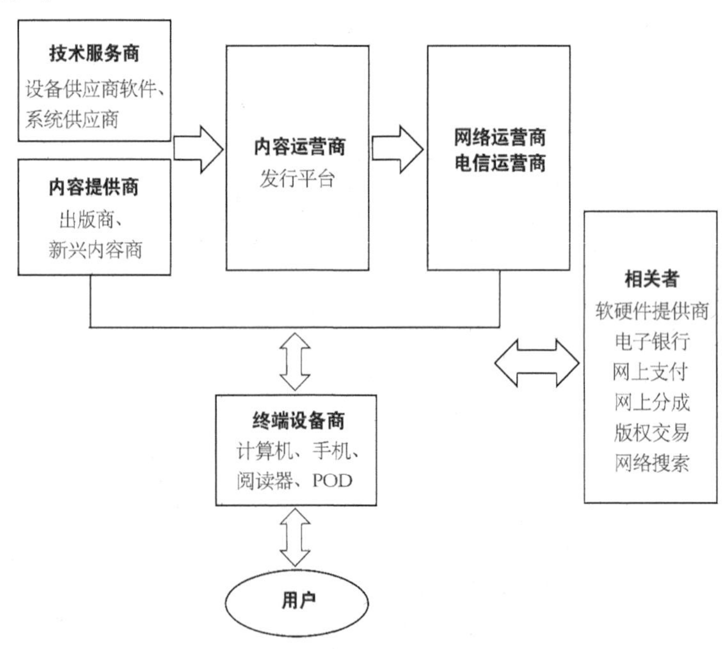

图 3　全媒体时代的网状数字出版产业链

综合上述，数字出版产业链演进的特点是：第一，从封闭到开放；第二，纵向延伸和横向深化；第三，用户在产业链中的地位逐渐上升；第四，网络、电信运营商和终端设备商通过控制用户不断强化产业链中的强势地位。与此同时,技术、体制、用户需求的变化又在消解着垄断企业的强势。

2. 波特五力模型

“这是最好的时代,这是最坏的时代。”用这句话来形容目前出版企业的处境异常贴切。好的是数字时代读者对知识和信息的需求变得更加强烈,整个信息内容市场变得更大了,而且国家体制保护的年代已经过去,蓝狮子可以和大型出版集团站在同一条起跑线上进行市场竞争,甚至拥有一定的创新和灵活优势;坏的是进入内容市场的潜在竞争者增多,出版业将面对的不仅仅是出版企业之间的竞争,还要跟具有强大市场能力和资本能力的 IT 企业、平台运营商、渠道供应商和中端设备商竞争,而且数字技术使得原本依附于出版商的作者可能脱离出去形成自媒体内容资源。同时,由于产业链分工不明确,缺乏合作精神,内容提供商受到产业链上下游环节企业的挤压和低价掠夺内容资源,单纯提供内容版权的内容提供商赢利能力日趋下降,成为产业链的弱势环节,亟待战略转型和赢利模式创新。

1) 潜在进入者的威胁

目前,我国数字出版业占主导地位的并非传统的出版企业,而是社会资本。国内业界比较推崇的是传统出版社以内容提供商身份与技术提供商开展合作的数字出版发展模式。一些类似商务印书馆这样的老牌的传统出版企业在利用自身丰富的出版资源优势,开始向数字出版领域发展。更多的是一大批中小传统出版企业,目前依旧把重点放在传统纸质出版上。但当行业环境变化,纸质图书产品市场需求日趋萎缩时,将不得不转移出版重心,进行战略调整,寻求向数字化发展道路,成为潜在进入者。

2) 替代品威胁

近年来,智能手机、平板电脑和手持阅读器等移动阅读终端发展迅速,电子阅读已成趋势,市场渐趋成熟。由于技术进步,新媒体对传统纸质出版物市场在不断挤压,传统纸质出版物被数字出版物替代的威胁与日俱增。

产业生命周期理论的分析也预示,传统的纸媒出版业已处在成熟期末端与衰退期开始阶段。数字出版正进入高速成长期,数字出版替代纸质出版已成必然。传统纸质出版尽管受到数字出版的挤压,但也不会轻易退出。传统纸质出版在艰难地固守原来的市场同时,以内容的权威、制作的精致、渠道的优势和政策的扶持,试图争夺回失去的市场。数字出版正在为传统纸质出版挖坟,但数字出版替代威胁却又来自受其挤压的传统纸质出版。专用数字阅读终端逐步被智能手机和平板电脑取代。数字出版真正最大的替代品威胁是来自它本身——一种新的数字出版模式替代旧的数字出版模式。

3）供应方

数字出版的供应方主要是数字内容的提供方——作者。一些较早进入数字出版领域的出版企业，利用其资金技术优势和业界的影响力，抢占优质作者资源，抢占先机，获取竞争优势。一些版权意识强的作者，会把出版内容的纸质出版权和数字出版权分别授予不同的出版企业。

另一供应方是技术提供方。一些技术提供方本身就是早先进入数字出版领域的出版企业，试图凭借技术上的领先，企图通过制定数字出版物的标准，掌控数字出版的发展进程。随着技术发展，可供选择的数字出版技术和制作工具也较多，提供了开放式的数字出版的技术平台，技术提供方已不再是强势一方，出版方有了较大的选择权。

4）购买方

从2011年开始，出现了一批实体书店相继歇业、倒闭。众多实体书店不景气折射出传统纸质图书的购买者在减少，对纸质图书的需求在下降，市场在萎缩。中国网民规模和手机用户不断壮大，中国社会正在接受和习惯数字阅读。数字出版物正是迎合了人们的需要，数字化出版物市场需求在不断增长，数字出版物单品种的价格远远低于纸质出版，更易于被不同购买力读者消费群体接受。数字出版阅读市场已发展成熟；同时也要看到，尽管数字出版物单品种的价格远低于纸质出版，但我国的多数网民读者习惯了免费的数字阅读，他们更愿意选择收费微少或免费的数字出版物。

5）行业内竞争

占有相当的市场份额的较早进入数字出版领域的企业，依托技术、资金优势和市场优势，通过兼并、合作，扩展读者群，抢占市场份额，控制定价话语权，试图继续主导和控制这个市场，但独霸和垄断数字出版市场已不可能。

许多出版社纷纷终止了把已出版的纸质图书内容授权第三方（方正、中文在线等）进行数字出版物生产的合作模式，自行开展数字出版业务。传统出版集团寻找与社会资本合作，开展数字出版。中小出版企业，寻求差异化发展参与数字出版竞争。数字出版行业内竞争主要是在优质的作者资源、数字出版的内容、数字出版技术、数字出版人才资源、渠道和对数字出版物定价权的掌控等方面。

3. 产业链功能定位

内容提供商凭借内容资源的传统优势，技术提供商、终端设备商凭借强大的资金和技术优势，渠道供应商凭借庞大的用户基数和渠道垄断地位，近年来都将自身的产业功能定位为提供内容服务的平台运营商，纷纷斥巨资抢占平台建设的先机，并且都试图成为整个产业链中的主导者，由此导致了数字出版产业上下游关联度不强,各个环节之间定位模糊。

参与数字出版产业链建设的主体类型多样,主要可以划归为数字出版产品与服务提供商、数字出版技术开发商与平台提供商、数字出版产品与服务分销商三大类。不同类型的产业链主体,其功能定位也不相同。对数字出版产业链各参与主体功能定位的认知,应建立在明确把握不同类型主体的基础之上。

数字出版产品与服务提供商作为数字出版产业链的源头,肩负着为数字出版提供内容资源及相关服务的重任。数字出版产业的一切活动都以产品及服务的提供为前提和基础而开展的,这是数字出版产业吸引读者、实现产业链价值增值的保证。产品与服务提供商在数字出版产业链中的功能定位主要应体现在内容资源的创新与集成、产品与服务的质量控制、产品与服务形态的创新、版权管理与授权四个方面。

数字出版技术开发商作为数字出版产业链最初的组建者和推动者,数字出版平台提供商作为主导者之一,两者均为数字出版产业链的核心主体。它们不仅极大地推动了数字出版产业的发展,同时还推动了传统出版商的数字化进程。它们在数字出版产业链中的功能定位主要体现在以下方面:数字出版技术与平台的支持和创新;推动 IT 业与出版业融合的重要力量;技术开发商与平台提供商以内容提供商身份从事"资源生产"或以分销商身份从事产品的"市场分销";提供用户体验与增值服务。

数字出版产品与服务分销商在数字出版产业链中扮演着内容提供商与消费者沟通桥梁的重要角色。这一功能有利于扩大读者接触面,促进数字出版产品及服务的销售。只有吸收尽可能多的经销、零售、营销和其他各种各样的机构与个人网站加入进来共同扩散其产品、服务及相关信息,才能接触到尽可能多的读者和消费者。数字出版产品与服务分销商在数字出版产业链中的功能定位主要体现在以下几个方面:数字出版产品与服务销售的促进;资金的及时回收和流转;数字出版市场反馈的接收以及与内容提供商、读者间的沟通;多媒体数字内容的集成分销;数字产品与服务分销解决方案的开发运作。

数字出版产业链上各类主体之间的明确分工与有效协作是产业健康发展的重要保证。产业链主体的缺失,各主体功能定位不明确,都将制约数字出版产业的发展。为此,应努力培育数字出版产品与服务提供商、数字出版技术开发商与平台提供商、数字出版产品与服务分销商这三类产业链主体,构建结构完整、明晰的产业链。同时,积极探索各类主体间的协作模式,实现产业链各环节的明确分工与协调发展。这是促进产业链建设与数字出版产业持续健康发展的明智选择。

4. 数字出版产业生命周期

产业生命周期一般可划分为形成期、成长期、成熟期和衰退期四个阶段，各阶段的历时长短因产业的不同性质与功能有所区分。产业生命周期各阶段的判定可以从定性角度根据产业的产出增长率、投入增长率、投入产出效果、市场需求变化和技术创新应用等指标参考，整体态势呈S型曲线分布。

当前中国数字出版产业整体处于生命周期的形成期阶段。

第一，数字出版产业投入、产出增长率较低，产业推广进程整体较缓。数字出版产业的部分细分产业确实取得不错的市场表现，但在互联网期刊、博客、网络动漫等类别上仍存在较大的成长空间。传统内容提供商的出版物形态实现了数字化，但内容投入多源于纸媒，是旧内容的新载体再现，仍然停留在阅读层面，产品附加值尚未充分挖掘，优质内容的缺位制约了产业生产能力和水平的提升。同时，新兴未知领域不断加入，由于产业发展的不成熟，缺乏主导性质，原本存在的另类产业和行业领域，在业务创新中引入数字出版的成分，都有可能纳入数字出版产业范畴。尽管这种产品的纳入是被动形式，也为数字出版产的细分拓展了新的业务发展思路，但投入规模的分散延缓了产业增速的均衡。

第二，数字出版产业市场需求的不稳定因素较多，产品销售量有限，企业通常未能赢利。数字出版赢利模式的不明晰，已成为制约传统出版数字化转型的关键，这已成共识。产业规模并未形成气候，只是初步突破行政区划的壁垒，在部分地区形成产业聚集，产业协作初具雏形，民营资本尝试注入数字业务，尤其是出现一批民营的技术型公司，研发适应于不同技术平台的数字出版产品，丰富产业主体的规模。部分数字出版企业走出去形成一定的规模，但较零散或缺乏持续跟进；产业同质化恶性竞争频发；缺乏创新；配套的公共服务尚不健全；市场状态不成熟；人才结构不稳定。

第三，数字出版产业生产批量小、成本高，新产品的使用群体并未实现普及。尽管数字出版产业技术创新成长加快，但生产数字出版物的积极性受市场风险等影响，参与技术应用实践的企业较少，产业链其他角色观望情绪较浓，且数字出版的全产业链整合难度较大，导致技术和工艺、设计和功能等方面均有待改进和完善，量产条件的缺乏触发制造成本增加。目前中国从事数字出版业务的企业技术水平参差不齐，IT行业优于传统出版行业，其显著标志就是传统出版业的数字转型浪潮，观望与尝试并存。

数字出版产业现状与产业形成期的诸多症状高度吻合，从定性上预判中国数字出版产业处于生命周期的形成期阶段毋庸置疑。中国的数字出版产业还有很长一段时期将处于产业形成期阶段。这一阶段的特点决定了产业自身会不断吸纳新的经济资源而扩大，新的未知产业类别会被纳入数字出版产业的范畴，产业规模迅速上升，在GDP中的比重相应提高。同时，一些不能适应数字出版业态、缺乏足够的技术创新和内容资源创新的出版企业将会退出市场，产业结构将不断优化。作为内容提供商的传统出版业亟须驶入数字化转型之路的待行区，重点扶持一批市场前景佳、规模效益好、有示范作用的数字出版项目，积极与技术提供商、网络运营商合作，培养一批与传统优秀采编人员齐名的数字出版人才队伍。

三、蓝狮子内部资源和能力分析

数字出版，尤其是移动数字出版这一新兴行业逐步进入由内容主导的快速成长期，带给内容提供商以广阔的市场空间和赢利想象空间；但数字时代有着不同的做生意的方式，要求原有传统出版行业参与者重新审视自身战略和赢利模式。根据权变理论对战略变革的指导，能否抓住机遇则取决于企业内部资源能力与行业关键成功要素的匹配和响应。

（一）蓝狮子资源优势

蓝狮子在这场改革中拥有长期稳定的高端客户资源优势、内容资源优势、作者资源优势以及合作机构优势和创办人吴晓波的影响力。

1. 高端客户资源优势

长期稳定的高端客户资源优势是一个出版公司发展成熟不可或缺的因素。蓝狮子是目前国内拥有会员人数最多的高端阅读俱乐部。经过选书团队的专业长期经验积累，和对目标客户群阅读喜好的分析及精准把握，在高端人群中形成了良好的口碑宣传，这为蓝狮子为高端人群提供其他的产品和服务打下了坚实的基础。目前，读书会为商学院、银行高端客户、政府机构提供系统的阅读支持服务，与客户形成了以“阅读—分享—成就”为核心价值观的稳定合作关系。

2. 内容资源优势

作为在传统出版业经营了几年且有所积累并拓展了新兴数字出版业务的蓝狮子来说，在其积累的传统出版中，不断拥有优秀的编辑团队和广泛固定的读者群，同时经过较长时间的积淀，已经具备庞大的原始数据内容，在蓝狮子所拓展的财经领域里形成了一个丰富的素材集料库。

3. 作者资源优势以及合作机构优势

蓝狮子构建了优秀的作者团队，约有350位优秀的财经作者聚集在蓝狮子周围，他们长期活跃于一线，对中国经济与产业发展有着深刻而敏锐的观察，是公司案例创作最佳的执行者。签约作者包括吴晓波、陈志武、李稻葵、黄亚生、任志强、何帆、田涛、曾航、金错刀、马靖昊、马伯庸、张化桥等学界、财经媒体界知名人士。

在出版合作机构方面，蓝狮子与中信出版社、浙江大学出版社、浙江人民出版社建立了紧密的战略合作关系；在传播平台上，蓝狮子与中国200多家财经、都市、专业类媒体保持着推广合作关系。

4. 创办人吴晓波的影响力

吴晓波系著名财经作家，上海交通大学、暨南大学EMBA课程教授，哈佛大学访问学者，常年从事公司研究。吴晓波曾荣获"2009中国青年领袖"、"2010年度上海榜样"、"2011和讯华文财经图书大奖——本土商业财经写作杰出贡献奖"、"新浪2013年度最有价值专栏作家"、"2013新京报阅读创客"、"2013中国文化先锋奖"等多个奖项，出版的著作包括《大败局》《激荡三十年》《跌荡一百年》《吴敬琏传》《浩荡两千年》《历代经济变革得失》等经典作品。吴晓波在财经写作领域有着强大的影响力和号召力，其作为蓝狮子的创办人和董事长，对公司的发展起着至关重要的作用。

（二）蓝狮子内部能力分析

蓝狮子在这场改革中具有以下突出的能力。

1. 内容编辑能力

内容编辑能力是蓝狮子的最具竞争力的核心能力之一。蓝狮子自创立以来，一直从事传统出版的创作，积累了丰富的内容编辑、加工和再创作的经验和能力，尤其是在财经图书创作上的深厚功底，为蓝狮子未来打造专属高端人群的产品，满足高端人群细分市场的阅读需求，奠定了扎实的基础。

2. 图书定制（蓝狮子企业研究院）

企业出版中心自成立以来，一直专注于从事企业图书定制的业务，并迅速取得了市场和客户认可。图书定制，是指根据客户的需求为客户量身打造的图书。蓝狮子在针对每个企业的定制时，都会配有企业研究院具有经验十分丰富的专业研究员。

3. 手机APP定制

手机APP是蓝狮子基于自身的资源平台，自身研发设计并提供内容编辑的手机阅读平台。蓝狮子基于自身的分会渠道自身，设计了针对大客户进行营销的定制式手机 APP 阅读终端。

4. 分会渠道

蓝狮子读书会的各个分会渠道是蓝狮子区别于传统出版企业和数字出版企业的独特优势，蓝狮子的分会运营模式和渠道策略，使蓝狮子读书会与各地的高端人群紧密对接，并通过高端讲座和阅读沙龙增加客户黏性，为其他产品的营销和推广打造了良好的平台。蓝狮子在全国 60 多个城市设立了书友会，其中 25 个书友会由书友自行选出班委组织，定期组织读书聚会活动。在书友会的基础上，还组织过自媒体人大会、咖啡馆改造计划、巴九灵创意公益金、年货大礼包众筹等活动。

5. 蓝狮子旗下的读书会品牌和皖新传媒文化消费板块协同效应

皖新传媒完成对蓝狮子 45%股权的收购，交易金额 1.57 亿元，成为其第一大股东。皖新传媒将支持蓝狮子登陆资本市场，成为国内领先的财经新媒体公司。对蓝狮子的收购是皖新传媒作为传统出版发行企业主动拥抱新媒体，向互联网出版延伸的有益尝试，加速传统出版与互联网出版融合，是公司践行跨区域、跨所有制兼并重组的重要举措。对皖新传媒来说，收购完成后公司将实现由图书发行向上游互联网内容出版和新媒体运营领域的延伸，丰满产业链，激活现有资质资源，加速传统媒体向新媒体的转型与融合。蓝狮子旗下的读书会品牌和皖新传媒文化消费板块有巨大的协同效应，通过垂直社群凝聚会员人气，提升会员图书等文化消费能力。蓝狮子作为财经新媒体的运营平台和数字内容出版平台，将助力皖新传媒转型文化教育为核心的互联网平台，形成产业闭环。

蓝狮子的这些核心竞争力促使蓝狮子在传统图书编辑出版向数字出版转型的过程具备长足的潜力和转型优势。

四、蓝狮子赢利模式创新的战略和组织前提

（一）战略定位是赢利模式创新的依据

公司战略定位是赢利模式创新的起点和依据。蓝狮子清楚地认识到，数字出版产业究其实质还是内容产业，数字出版最有价值的还是内容，蓝狮子拥有“内容为王”产业阶段的核心能力，并从自身资源能力的实际情况出发，果断选择了有取舍的价值链定位，始终坚守财经出版领域，以原创内容策划创作能力

为核心，通过服务于产业链其他企业和最终读者，实现合作共赢。蓝狮子形成了从传统出版向数字出版转型的公司战略，并从公司高度确立了战略定位的转型，即从内容提供商向内容服务商转型。同时，为了与新媒体的发展保持一致，蓝狮子开始试水自媒体，并取得了很大的成功。在接下来的发展战略制定中，蓝狮子致力于从传统媒体向新媒体的转型与融合。

（二）组织结构是赢利模式创新的保证

蓝狮子从最初单一的图书出版编辑中心发展为 8 个产品事业部，为了适应移动数字出版时代的要求，进一步优化升级为 AB 两大事业群（见图 4）。

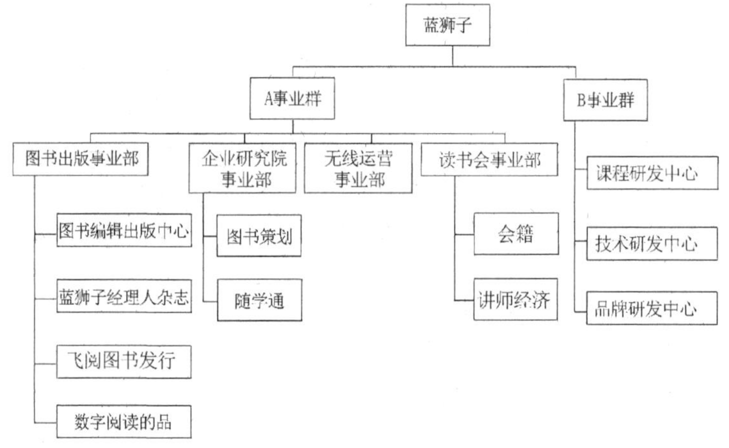

图 4　蓝狮子组织结构

五、蓝狮子模式创新

（一）蓝狮子创新阶段划分

蓝狮子从最初 2002 年创立的蓝狮子图书品牌发展至今，可划分为五个阶段。

第一阶段：图书品牌。蓝狮子是中国出版界最具传奇色彩的民营财经出版公司，最初是图书品牌，创立于 2002 年 10 月。当时，德国传媒巨头贝塔斯曼在中国发起创设本土原创财经图书品牌的提议，时任《南风窗》杂志总编秦朔、新华社记者吴晓波、财经评论家胡泳、北京大学经济研究中心博士后赵晓、《知识经济》杂志总编刘韧和《21 世纪经济报道》常务副总编刘洲伟 6 人共同发起创办了“蓝狮子财经丛书”这一品牌。

第二阶段:原创财经出版机构。2005 年前后，贝塔斯曼出版业务退出中国，吴晓波全面接手“蓝狮子”品牌，并成立民营公司，将其“改制”为企业化运营，逐渐发展成为国内最大的原创财经出版机构，拥有《大败局》《激荡三十年》等商业财经畅销书的吴晓波也一跃成为财经出版领域最具号召力的图书出版人。2009—2011 年，蓝狮子连续 3 年入选《福布斯》“中国潜力企业 200 强”。

第三阶段:第一次转型——方向是阅读服务。2008 年，鉴于传统图书出版业务的利润单薄，蓝狮子首次转型，方向是阅读服务。其先后成立蓝狮子读书会和蓝狮子企业研究院，前者主要是以选书及人文讲书堂等形式为高端用户提供商业阅读服务，目前已在长三角地区拥有近 2 万“粉丝”;后者为优秀公司提供策划出版服务，已服务近百家中国标杆企业。

第四阶段:第二次转型——方向是数字出版。2011 年，在移动互联网兴起的背景下，数字出版风生水起，对传统出版业带来极大冲击，蓝狮子又将其定为转型目标。

2012 年初，蓝狮子首次引入投资者，由原盛大 CFO 李曙君创建并曾投资奇虎 360、豆瓣、大众点评等知名公司的挚信资本以 2 000 万元获得 12%股份。

第五阶段:第三次转型——方向是财经新媒体。2014 年，蓝狮子被皖新传媒收购。引入外来资本是为了帮助蓝狮子新的转型，目前蓝狮子已完成基础内容建设与数字化改造，新的主攻目标是“财经新媒体”。在这方面，吴晓波已“牛刀小试”。2014 年 5 月 8 日，他在微信上推出公众号“吴晓波频道”，试水“自媒体”。

（二）蓝狮子赢利模式创新

1. 图书编辑中心赢利模式创新

图书编辑中心专注于以财经图书为主的原创图书的策划、出版，以及本土原创作者的挖掘与培育，主要从事商业管理、金融经济、投资理财、人文社科、版权引进五大板块的图书编辑出版。2009 年出版图书 50 余种，2010 年出版图书 80 余种，2011 年出版图书 132 种。

蓝狮子编辑出版的图书，一直具有较高的市场接受度。最近几年，很多图书也获得不少奖项。2007 年和 2008 年，开始与中信出版社、浙江人民出版社共同合作，先后推出《激荡三十年——中国企业 1978—2008》上下卷、《大败局》修订版和《大败局 2》，陈志武的著作《为什么中国人勤劳而不富有》，先后被和讯网评为 2007 年度和 2008 年度“华文财经图书大奖”，被新浪网、《第一财经日报》评为“十大年度财经图书”，被人民网评为“十大年度好书”和 2008 年《新周刊》

新锐榜“年度图书”大奖。其中《大败局》是《经济观察报》推荐的“影响中国商业界的 20 本书”之一。

2. 企业出版中心赢利模式创新

企业出版中心是目前国内专注于提供从企业品牌图书创意策划，到文本写作、编辑出版及宣传推广等一体化服务的专业结构。为企业定制出版图书通常需要 36 周，即 8 个月的时间。

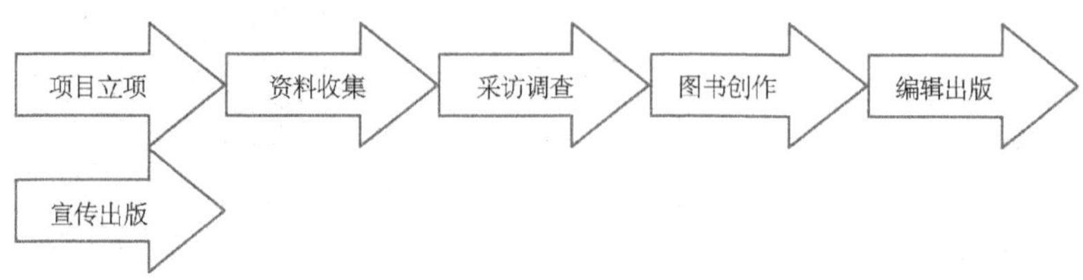

图 5　企业出版中心运作流程

3. 数字出版中心赢利模式创新

基于蓝狮子在财经图书创作出版领域的专业力量和多年积累，2011 年成立的数字出版中心从最优质的财经内容出发，结合互联网、手机终端的平台、产品和技术，创造性地研发出多种产品，为政府、大企业和中高端财经人士提供无时无处不在的财经知识、经管技能的阅读和学习服务。手机 APP、财经书院、中国移动手机阅读财富人生频道等。

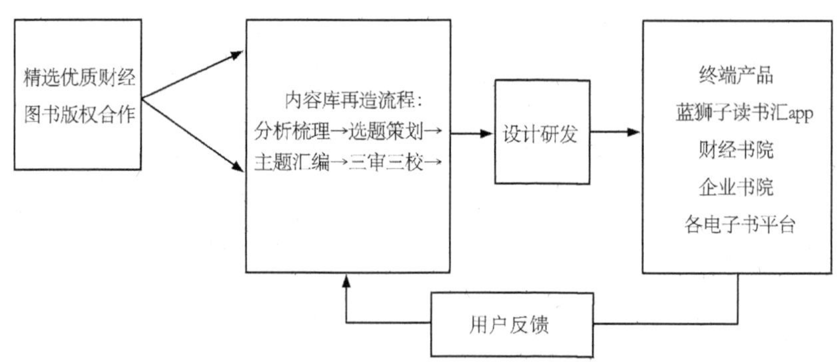

图 6　蓝狮子数字出版业务流程图

4. 蓝狮子读书会赢利模式创新

蓝狮子读书会是 2008 年底由中信集团旗下中信出版社、蓝狮子财经出版中心联合知名财经作家吴晓波先生等各界知名人士发起创办的。

蓝狮子读书会通过在线会员平台蓝狮子读书网、平面杂志《狮子品书》、精品沙龙和高端论坛为会员提供全面整合的选书、荐书和每月配书的系统服务，并搭建会员沟通交流和分享图书的平台，成为中国首家以商业阅读为主要核心服务的高端阅读俱乐部。蓝狮子读书会的研发部每月会收集最近出版社出版的新书，根据会员的阅读需求方向的七个维度进行选择经济、管理、历史、宗教与哲学、军事与政治、文学以及时尚休闲等图书。

蓝狮子读书会的核心卖点在于为客户配书让阅读成为习惯，为客户搭建高级阅读俱乐部平台并配置私人阅读顾问。

5. 蓝狮子《蓝狮子经理人》杂志赢利模式创新

《蓝狮子经理人》杂志于 2012 年 3 月，由蓝狮子与台湾地区城邦出版集团合作推出，主要是面向新崛起的经理人群体的管理工具类月刊。定位于服务置业经理人群体，以提供专业、深度、创新的实操性管理技巧为主要内容，并配合丰富的图解及鲜活的案例说明，研究和推广实用的管理工具和管理方法，提升经理人的整体素质。

6. 蓝狮子新媒体赢利模式创新

国内首档财经脱口秀节目“吴晓波频道”独家落户爱奇艺财经频道。这档由著名财经作家吴晓波先生倾力打造的自媒体节目在微博等社交媒体上未播先火，博得任志强等财经人士的满堂喝彩，成为众多财经人士关注与期待的焦点。2014 年 5 月 8 日起每周四上午 8 点，由著名财经作家吴晓波担纲的国内首档财经脱口秀节目“吴晓波频道”正式在爱奇艺上线；2014 年 6 月 27 日，爱奇艺正式宣布成立爱奇艺吴晓波工作室，成为继马东、刘春、高晓松和瘦马之后爱奇艺工作室战略的第五位重量级“合伙人”。截至 2014 年 7 月 25 日，吴晓波频道已经上线 12 期节目，总播放量突破 9 000 万，逼近 1 亿大关，稳坐国内财经视频节目的头把交椅。

除此之外，微信公众号吴晓波频道可谓打开了以吴晓波为中心的产业圈，除了每日的内容推送外，还有社区式的互动，包括微信出版、财经公开课、公众号形象代言卡通“巴久灵”周边产品链。

六、蓝狮子赢利模式创新绩效

蓝狮子公司的主营业务是图书出版和提供商业阅读服务。所谓商业阅读服务，是指读书会业务、讲师培训服务和自媒体业务等。

2014 年蓝狮子全年营业收入为 6 305 万元，较 2013 年增长 13.27%；2014

年净利润约为 1 393 万元右，是 2013 年的 7.3 倍。2015 年 1—4 月，蓝狮子归属母公司净利润 679 万元，已经达到了 2014 年利润的一半。公司毛利率水平较高的自媒体业务收入，以及普通出版业务中加印业务收入的占比不断提高，带动蓝狮子的毛利率从 2013 年的 30%上升到 2014 年的 44%，ROE 从 8%跃升至 40%，而自媒体业务更是成为蓝狮子的第一大业务板块。

蓝狮子公司的新媒体业务得到快速发展。2014 年建立的“吴晓波频道”使得蓝狮子的数字内容供应收入占总收入的 36%。2015 年蓝狮子 5—8 月营业收入为 3 155 万元，环比增长 34.87%，较上年同期增长 11.34%。这段时间公司利润总额及净利润环比分别增长 67.61%及 78.80%，主要是由于普通出版、数字出版、讲师培训、自媒体等业务收入的增长，尤其是高毛利率业务如数字出版业务、自媒体业务在收入中占比有所上升。

七、蓝狮子赢利模式创新经验及启示

企业战略决定着一个企业未来的发展方向，在制定企业战略时，必须对企业所面对的各种内外部环境因素进行详细地比较、分析，并适时地利用各种战略分析方法对各种影响因素进行定性和定量地分析、评价，这样才能科学地、客观地制定出合适的发展战略。蓝狮子的发展模式很好地阐释了这一观点。

中国新闻出版研究院发布的《2013—2014 中国数字出版产业年度报告》指出，数字出版产业依旧存在传统出版数字化步伐较慢、数字出版人才匮乏等难题。与传统出版企业不同的是，蓝狮子在其发展的十多年间，总是能精准把握每一次需要转型的时间点。从 2008 年首次转型为内容服务，到 2011 年转型数字出版，直至 2014 年开始尝试新媒体，蓝狮子向出版产业提供了一个优秀的转型模板，给很多传统企业转型之路提供了借鉴。在数次转型中，蓝狮子始终精准定位在只与最好的商业阅读有关。蓝狮子清晰的产品定位，使蓝狮子在激烈的市场竞争中处于相对优势，在传统出版行业持续下滑的市场环境下，一直保持较快的逆势增长。蓝狮子利用自身拥有的财经作者资源、财经资料数据库资源以及贴心的定制服务、优秀的内容编辑能力成功获得了稳定的高端客户资源等。这些能力和资源成了蓝狮子转型之路上的力量和支撑。

未来，蓝狮子将以继续以专业的财经内容制造和策划为核心竞争力，同时具备良好的数字出版平台分销能力，并开展布局移动互联网，投资微信公众号，整合垂直自媒体。相信蓝狮子在未来的几年中，会有更加快速良好的发展。

饲料畜牧业的创新转型之旅
——无锡正大畜禽有限公司赢利模式

一、案例背景及赢利模式研究思路

（一）企业介绍

无锡正大畜禽有限公司(简称无锡正大)创建于1985年,位于新区梅村,占地面积7万平方米,拥有建筑面积4万平方米的8条GMP生产线、添加剂和预混料4条生产线,配备国际一流的检测实验中心和先进的生产设备。

无锡正大研发技术多年来走在行业前列,拥有一支由20多位具有实际科研经验的中药专家,动物营养及药理博士、硕士组成的技术研发团队。经过30年发展,无锡正大已成为绿色饲料添加剂、动物药品、预混合饲料的研究、开发、生产、销售为一体的国家级高新科技企业和农业产业化龙头企业,江苏省饲料行业十大龙头企业。先后被授予"无锡市优秀民营科技企业"、"江苏省先进民营科技企业"、"中国优秀民营科技企业"、"全国饲料添加剂创新优秀企业"、"全国五十强饲料企业"、"全国兽药制剂生产企业三十强"等荣誉称号。

（二）案例典型性

无锡正大自创业至今30年来经历了4次转型,时间验证了每一次转型都是正确的,甚至是有些超前的。

1985年从没有养殖业、饲料工业的空白区到率先建立无锡正大的"服务部"雏形,创办初期的追求是"让中国农民富起来",坚持以诚信立业、创新兴业,以基地带农户,使成千上万养殖农户走上金光闪闪的致富路。

在20世纪90年代初期无锡正大大胆进入研发生产预混料核心技术领域,

为企业进入实体发展奠定了基础，为养殖场和饲料企业提供了动物营养核心技术服务，并提出第二个追求："为客户的成功而奋斗！"

在20世纪90年代后期，无锡正大把重点转向研发和生产绿色饲料添加剂和动物保健品，并走出江苏及华东地区，走向全国和国际市场为饲料企业客户提供核心技术产品，并提出第三个追求："为成为中国饲料行业先锋而奋斗！"

随着饲料畜牧业的快速增长，为了预防畜禽疾病，促进动物生长发育以及提高饲料利用率，大量的抗生素、促长素等在养殖业中普遍使用，并引发了一系列食品安全问题。2005年无锡正大又将目光投向植物(中药)提取物来替代抗生素，决心走一条绿色产业化道路，并提出了第四个追求："牧圣植物精华，领航绿色养殖！"

堪称完美的四次企业转型，让无锡正大在中国饲料畜牧业的市场上越走越远。无锡正大作为饲料畜牧业的领先者率先探路，其经验就是世界最新的经验，对中国传统饲料业的转型具有很强的借鉴和启发意义。

(三) 赢利模式研究思路

本文分别利用PEST分析工具、产业链分析方法和竞争五力模型、产业生命周期和行业关键要素等理论和分析工具对无锡正大所处宏观环境、行业环境进行介绍，识别无锡正大在这一范式转型期所面临的外部机遇和挑战。

然后，分析得出无锡正大从传统饲料畜牧业向绿色产业化道路转型的战略定位转变的历史必然性，以此作为无锡正大赢利模式创新的出发点和指导思想，同时介绍无锡正大为了保证赢利模式创新的顺利进行所进行的最新的组织结构调整。

最后，总结了无锡正大赢利模式创新的经验，以期给传统饲料畜牧业转型提供一定的借鉴。

二、外部环境分析

(一) 宏观环境分析

无锡正大成立之初是从没有养殖业、饲料工业的空白区到率先建立"服务部"雏形；大胆进入研发生产混核心料领域；转向绿色饲料添加剂、动物保健品的研发；中药提取物，到如今共经历了四次转型。尽管这场范式转变由科学技术的发展所引发，但来自政策、经济、社会文化的因素与科学技术相交互，真正形成了这一不可逆转的转型趋势。这里运用战略管理中的 PEST 分析工具对无锡正大宏观环境进行详细分析，由此得出无锡正大进行赢利模式创新的背景和必然性。

1. 科学技术发展

我国的饲料工业是一个新兴的产业。随着动物营养学、饲料科学和饲料工业技术水平的发展与提高，饲料工业得到不断深入的发展，在国民经济中发挥越来越大的作用。

饲料产业是农业中的工业。饲料、饲料添加剂和添加剂原料工业在中国是过去 30 年中技术进步最快、利润率最高、产生富翁较多的行业。30 年来，中国饲料工业从无到有，从进口到出口，成为国际饲料工业生产和贸易大国。饲料科学研究在其中起到了引导、示范和技术推广的作用，也随着产业发展得到极大进步。近年来随着基因工程等生物技术在饲料工业中的应用，正引起产业的新一场技术革命。

与此同时，近年来饲料机械制造业企业加强了新产品开发和技术改造步伐，新产品层出不穷，改变了过去某些关键设备依赖进口的局面。一些饲料机械骨干企业已经达到国际 20 世纪 90 年代的先进水平，时产 36 吨以下的成套设备已能基本配套，粉碎机、制粒机、饲料电控设备均达到了国际先进水平。在激烈的市场竞争中，涌现出正昌、牧羊等一批产品质量好、技术先进、竞争能力强的知名企业，代表了我国饲料机械制造业的发展水平。

2. 政策环境

20 世纪 50 年代，随着粮油加工业的发展，一些国营畜牧场参照国外颁布的动物营养需要，生产加工所需的混合饲料。但我国的饲料工业真正起步于 70 年代。70 年代初，我国外贸部门投资引进设备，先后在安徽蚌埠米厂、上海虹桥和桃浦等地兴建了 3 个颗粒饲料生产车间，加工生产槐树叶粉颗粒饲料。1974 年虹桥饲料车间生产的"大象牌"颗粒饲料曾远销日本、新加坡等地。1976 年，北京市自行设计、建设了我国第一座年产 2 万吨的南苑配合饲料厂。自 70 年代末始，我国在从匈牙利、美国、日本、瑞士等国引进粉状、颗粒状饲料加工成套设备的同时，开始积极的研制工作，并展开了一系列的饲料科学研究，建立了专门的研究院所。1984 年，国务院批准颁布《1984—2000 年全国饲料工业发展纲要(试行草案)》，标志着我国饲料工业正式纳入国民经济和社会发展序列，促进了饲料工业的大发展。1989 年国务院在《关于当前产业政策要点的决定》中，把饲料工业列为重点支持和优先发展的产业。我国饲料工业起步很晚，比经济发达国家晚了 70 多年，但是发展很快，在经历了萌芽、起步、快速发展三个阶段后，如今已初步建成了包括饲料原料工业、饲料添加剂工业、饲料机械设备制造业、配合饲料工业及饲料科研、教育、培训、监督、检测、信息等在内的完整的饲料工业体系，成为继美国之后的世界第二大饲料生产国。

农业部 2011 年 10 月 12 日发布《饲料工业"十二五"发展规划》，提出我国饲料工业"十二五"发展的总体目标是：饲料产量平稳增长，质量安全水平显著提升，饲料资源利用效率稳步提高，饲料企业生产经营更加规范，产业集中度继续提高。通过 5 年努力，初步实现由饲料工业大国到饲料工业强国的转变。为促进"十二五"饲料工业的发展，规划提出，将加大对饲料工业的政策扶持力度，包括：继续执行饲料产品免征增值税等税收扶持政策；把养殖场散料储运设施设备纳入农机购置补贴范围，推广"厂场对接"低成本产销模式；充分发挥公共财政资金引导作用，支持优质饲料原料、新型饲料添加剂生产基地建设，大力推进秸秆养畜；坚持玉米优先满足饲料工业需要，严格控制以玉米为原料的深加工业发展；增加饲料安全保障体系建设投入，加大对基层饲料安全监管工作的支持力度；加强信贷扶持和金融服务，积极引导社会资本投资饲料工业，支持饲料生产企业兼并重组和推进产业化经营。

3. 社会文化环境

饲料行业已出现了诚信危机，假冒伪劣产品频频出现，猪肉含有瘦肉精、狗肉含有氨化物、咸鱼有敌敌畏、甲鱼有避孕药、肉鸡有激素和化工合成色素等，已经引起消费者的莫大恐慌。于是，35 家大中型饲料企业带头发起了《饲料安全新世纪宣言》，向社会做出庄严承诺：不做假，不售假，绝不在饲料中使用违禁添加物。另一方面，行业内赊销成风，经销商和饲养户将资金风险转嫁给饲料厂家，造成大量坏账、呆账。

由于生活方式的变化，人们对食品的营养性、安全性、风味性、方便性与休闲性愈来愈重视，这就要求生产者提供质量更好、更有上乘包装和美观外表的食品，从而给养殖业和饲料加工业提出了更高的要求。保营养、保安全、保鲜度、保风味、保色泽既是食品工业，也是饲料加工生产的大趋势。消费者权益保护意识增强，对饲料企业的经营活动提出了更严格的要求。

4. 经济环境

改革开放以来，我国经济持续高速增长。国家继续实行积极的财政政策和稳健的货币政策，加强基础设施建设，规范和整顿市场经济秩序，保持国民经济持续健康发展，饲料及其相关行业继续保持增长势头。同时，政府采取各种综合措施增加农民收入，减少农民税费负担，进一步扩大内需，并制定了大力发展畜牧业和饲料业的规划，这将给饲料工业带来新的发展空间。

随着农业和农村经济结构的战略调整，一方面，加快发展养殖业，为饲料工业的发展提供广阔的市场;另一方面,优质饲料粮和其他饲料作物种植面积扩大,产量增加,为饲料工业发展提供了坚实的物质基础。西部大开发战略的实施,为饲料工业提供新的发展空间。相对而言,西部饲料工业落后,饲料添加剂品种、数量有限,不能适应养殖业大发展的新形势。随着国家在资金、政策等方面对西部的倾斜,西部人民生活水平将得到改善和提高,进而增加对动物产品消费的需求,带动饲料工业的快速发展。

5. 宏观环境分析总结

见图 1。

政治	经济
国务院在《关于当前产业政策要点的决定》中,把饲料工业列为重点支持和优先发展的产业。农业部2011年10月12日发布《饲料工业"十二五"发展规划》	国民经济持续健康发展,饮料及其相关行业继续保持增长势头。农业和农村经济结构的战略调整
宏观环境分析PEST法	
社会文化	**科学技术**
饲料行业已出现了诚信危机。生活方式的变化	转基因工程、发酵工程、酶工程、精细化工等技术。饲料机械制造业企业加强新产品开发和技术改造步伐

图 1　宏观环境分析小结

(二)产业环境分析

1. 饲料产业产业链

饲料行业的上游是以种植业、粮油加工业、化工业、食品加工业、矿业等为主的饲料原料行业,它们为饲料行业提供能量饲料、蛋白原料、添加剂产品以及矿物质原料等。饲料行业的下游为以畜禽、水产为主的养殖业。

饲料行业上游原料产品的稳定供应是饲料行业平稳发展的保证。饲料行业与上游行业的关联性在于饲料原料质量的稳定性、原料价格的波动性以及原料供应的及时性。由于饲料行业大部分原料来自种植业或加工业,上游原料的质量本身的稳定性就不是很强,如:玉米,不同季节、不同地区、不同品种、不同贮存方式的玉米质量差异极大,除容重、水分差异大之外,霉变率、能量和蛋白以及氨基酸的差异就更加明显;其他如豆粕、棉粕、鱼粉等更是如此。原料价格的波动来自市场供需状况，并且受到国际市场的影响。由于原料在饲料产品成本中所占比重较大，因此原料价格的波动对饲料生产企业的利润水平有很大影响。近年，国际市场饲料原料价格一体化趋势明显，国外资本利用资金、区域和信息优势，拥有玉米、豆粕、鱼粉等大宗饲料原料的定价权，直接影响了国内饲料原料的价格，增加了饲料企业成本控制的压力。饲料原料供应的及时性主要受价格和运费两方面的影响。原料供应充足时，饲料采购压力小，生产能够得到保证；而原料供应紧张时，采购压力加大，饲料企业生产和销售将受到冲击。

饲料行业的下游主要为畜禽和水产养殖业，而养殖行业的景气程度直接影响饲料的生产、销售甚至产品的档次。总体而言，我国养殖业正处于稳定发展期，饲料行业也相应地具有稳定的增长潜力。

饲料行业产业链如图 2 所示。

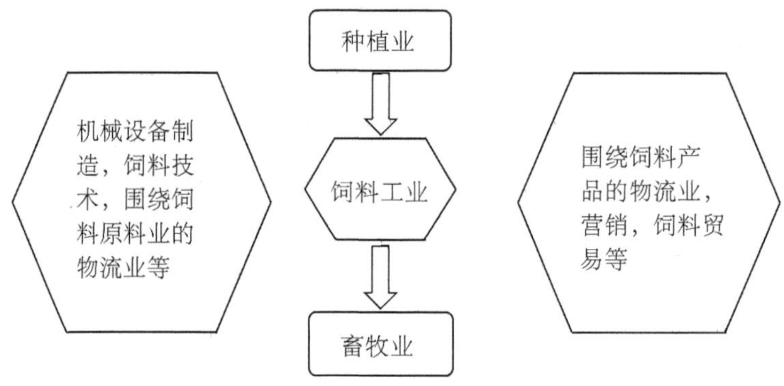

图 2　饲料行业产业链

2. 波特五力模型

波特五力模型是行业内五种竞争力量的作用：同行业的现有竞争者，潜在的竞争者，替代产品，购买者和供应商。对饲料行业来说，不存在替代产品的威胁，所以只讨论其他四种因素。

1) 行业内竞争者

饲料市场区域分割相当明显，基本上以省为单元，省内企业间展开竞争。各饲料企业在不同地区的市场表现有较大差异，具有较强的地域性，导致行业集中度低。目前，大多数业内企业形势十分严峻，销售不畅，生产能力过剩，未形成规模优势；成本居高不下，利润下降；产品同质化严重，质量参差不齐；出现恶性竞争，争夺大客户，打价格战、促销战；营销手段雷同，赊欠严重。饲料企业主要围绕价格、技术、产品、资金、服务、通路等展开争夺战。厂家大打价格战，价格竞争仍然是中国市场上最常见、最有效的竞争手段；饲料企业通过不断提高技术、改进产品、开发新品种等争夺市场，并且常常采取出奇制胜的策略以赢得主动。许多厂家顺应消费者日益关注身体健康和环境保护的要求，正在加紧研制无公害饲料、绿色饲料，以期建立新的竞争优势；饲料厂家纷纷认识到服务的重要性，组建各种经营服务部、中转站，培训技术服务队伍，与经销商合作对农户产品实行保价回收，企望利用服务手段建立顾客忠诚；直销方式越来越受到厂家重视，饲料厂招聘大量销售人员抢夺零售商，以便尽量缩短流通渠道，降低最终售价。密集分销，控制终端，成为许多新兴厂家的重要策略；行业内赊销成风，赊销成了获取客户的重要武器，但大量的应收账款、坏账、呆账已严重影响到厂家的资金周转和正常经营。大部分厂家的竞争策略还处在战术层面，追求短期效果，并未从战略层面对竞争手段加以规划整合。因此，竞争还处于低层次，不利于企业的长远发展。

2）潜在进入者

行业进入门槛低。饲料加工业的配方和生产加工技术容易掌握，设备投资不多，规模不大。我国政府一贯支持饲料工业的发展，给予免税等多项优惠政策，坚持“大家办”的方针，各种所有制成分都可进入。中小企业虽然技术含量和品牌影响力不占优势，市场影响范围不大、销量小，但费用低、单位利润高，在行业发展初期大量出现。行业利润率虽然下降，但仍然对外来投资者具有吸引力。据报道，欧美、韩国等饲料行业平均利润只有 1%，我国饲料企业的利润率远高于 1%，而且饲料企业都处于粗放、非连贯式经营，成本费用及物流环节可压缩空间很大。外资企业将最有可能是强大的新进入者。目前，外资企业多投资于饲料添加剂行业，很容易向下延伸进入加工行业。

3）购买商

买方权力主要指买方与厂家交易时讨价还价的能力。总的来说，买方权力越来越强大，买方拥有相当的谈判优势。具体表现在：

(1) 强大的经销商。经过十几年的发展，尤其当饲料业处于卖方市场时积累了商业暴利，许多经销商拥有了强大的资金势力，而经销商又通过资金支持控制了相当多的养殖户，具有广泛的客户基础，有些经销商，对养殖户的产品实行保价回收，控制了下游产业链，独占一方市场，因此，经销商可以获得厂家很大的价格折让。

(2) 大规模饲养场。此类饲养场的养殖量相当于几十个小农户，养殖产品供出口，饲料用量大，质量档次高，有明显的示范效应，与饲料厂家直接交易，具有很强的讨价还价能力。

(3) 最终消费者。最终消费者对动物产品的质量、口味、颜色、价格、安全性越来越重视，迫使饲料厂家不断提高饲料质量，降低饲料价格，以迎合消费者的需求。

从以上分析可知，客户差异性不断增多，日益发展的客户成熟度改变了市场的基本性质，客户权力的增强直接导致饲料行业利润下降，饲料企业获取市场份额和赢利更加困难。在买方市场时期，企业必须采取细分市场营销方式，选择最适合自身的客户群，对其需求加以充分满足，从而实现赢利。

4）供应商

饲料的大宗原料包括玉米、豆粕、鱼粉及其他谷物，属于能量原料和蛋白质原料，依赖于我国的种植业。长期以来，我国一直是缺粮大国，种植业仍处于不够发达的二元结构。另外，我国粮食生产区与饲料加工业分布不合理，饲料用粮要实行北粮南调，流通环节多、运输成本高、损耗大，大宗原料常常供应不足，价格居高不下。而处于饲料核心部分的添加剂，如氨基酸、部分维生素、药物添加剂等主要依赖进口。因此，饲料厂家的原料成本对供方的依赖度高，波动大。

3. 产业链定位

饲料行业必须从农牧产业链或肉食品加工业的角度重新定位，跨行业纵向一条龙已成为饲料行业发展的必然趋势：粮食—饲料—养殖—肉食品加工—连锁专卖。企业对赢利模式的关注源于互联网的风起云涌。由于大量互联网企业严重亏损，甚至看不到赚钱的“钱景”，才引起人们对新经济企业赢利模式进行思索和研究。实际上，不只是新经济需要研究和反思赢利模式，即使在拥有几百年历史的传统经济和传统产业中，每天也仍有大量企业因找不到赢利模式而倒闭，因而赢利模式是每个企业都要思考和研究的问题。没有赢利模式，或者赢利模式不清晰，赢利模式缺乏环境适应性，企业都将面临死亡。面对目前饲料行业激烈的同质化竞争，饲料原料价格轮番上涨，国内外企业一波又一波地兼并，如何赢利、生存、发展成为每一个饲料企业必须认真思考的问题。随着行业竞争的加剧以及跨行业发展方兴未艾的形势，饲料企业赢利形式需突破现有模式的局限性，实施多元化的赢利形式，并且以此固化成为不同特色饲料企业的赢利途径和方法。目前，我国饲料企业赢利模式的发展主要呈现以下趋势。

（1）跨行业融合。饲料行业必须从农牧产业链或肉食品加工业的角度重新定位，跨行业纵向一条龙已成为饲料行业发展的必然趋势：粮食—饲料—养殖—肉食品加工—连锁专卖。

（2）饲料行业与互联网结合。随着互联网的普及，为了提高自己的企业形象及工作效率，一些大中型饲料企业纷纷建立了自己的企业网站。一些前沿的农牧企业也开始了网络订货，如：河南省畜牧局的金牧阳光工程，通过与联想集团、中国移动、中国网通等的合作，在一些终端养殖场、连锁店安装网络终端，客户可以通过网络浏览信息并轻松采购。

(3) 饲料行业的娱乐化。河南某饲料公司为了提高企业的知名度，与河南电视台梨园春合作，在河南及全国引起了很大的反响。同样，河南某饲料公司成立了豫剧团，自己制作剧目并结合传统剧目，配合饲料营销不断在市场上巡演，有效迎合了养殖户的戏剧爱好，有效巩固、拉动了终端市场。

(4) 各种金融及衍生工具的综合运用。随着规模养殖和饲料直销，养殖户的资金瓶颈日益突出。新希望集团与六和集团为了解决这一问题，联合政府部门成立担保公司，帮助养殖户从银行金融部门获得贷款，也促进了饲料企业的快速发展。

(5) 从产业链低利润区向高利润区转移。饲料利润不断降低，饲料企业开始向上下游即粮食种植、原料贸易、畜禽养殖、肉食品加工、商业零售等行业延伸转移，以取得理想的利润回报，如正大集团、唐人神集团、华西希望集团等。

(6) 产业链的延长。从专业技术上看，随着饲料企业或行业的发展，饲料技术向产业链延伸，“后向技术”以饲料专用粮生产技术为主；“前向技术”以提高和改善畜、禽、水产品品质为主，以增加其商品价值；饲料技术的厚度由营养技术正在向加工技术、营销技术延伸。

(7) 第三方买单。农牧产业链的各环节产品如种苗、原料、饲料、养殖设备、养殖产品、动物保健品、肉食品等可以广泛深入合作，利用某强势品牌拉动其他产品的销售，同时降低自己的成本，让消费者免费或低成本享受到高品质的产品和服务。

(8) 产销合一的趋势。饲料行业竞争加剧，企业兼并风生水起，食品安全备受关注，农牧产业链产销合一势在必行。产销合一在美国比较普遍，美国农牧产业化程度比较高，多种植、饲料、养殖、肉食品加工一条龙企业，饲料自用率高达 65%，商品饲料只有 35%。

(9) 虚拟经营。饲料行业的虚拟经营主要体现在农牧产业链的经营上，如：六和集团的一条龙经营采用“公司＋农户”的模式，公司提供种苗、饲料、管理技术、回收加工等一系列服务，养殖则有养殖户完成，把养殖场变成自己虚拟的养殖生产车间，把养殖户当成自己的虚拟员工，有效控制了固定资产的投入与养殖风险。

4. 产业生命周期与战略制高点

1) 产业生命周期分析

(1) 生命周期划分。20 世纪 80 年代是我国饲料工业发展最快的时期。1980 年全国饲料总产量仅为 100 万吨，1991 年全国饲料总产量为 3 570 万吨。

总产量增长的绝对数为 3 470 万吨，增长了近 35 倍。这一阶段是我国饲料业的快速成长期。

1991—1997 年，是我国饲料工业的稳定成长期。这一时期，饲料产量由 3 570 万吨增长到 6 299 万吨，总产量增长的绝对数为 2 729 万吨，增长了近 0.8 倍。

1998 年起，我国饲料工业开始步入成熟期，这一时期，饲料产量由 6 299 万吨增长到 8 206 万吨，总产量增长的绝对数为 1 907 万吨，增长了约 0.3 倍。

(2) 稳定成长期的特点。由单纯的产量扩张步入产业升级、产品优化的阶段，呈现内部结构趋于优化，工业体系日渐完备；饲料品种趋于多样化，产品质量稳步提高；生产经营主体趋于多元化，龙头、强势企业显现和市场竞争日趋激烈等产销特点。

(3) 成熟期的特征。1997 年起，我国饲料工业进入成熟期。这一阶段主要标志是：饲料生产能力相对饱和，产品产量稳定增长，市场供求趋于稳定；产业结构和产品结构逐步调整，质量水平不断提高，行业管理进一步加强；竞争加剧，行业平均利润下降，投资风险加大，产业升级的压力较大。另外，中国饲料业还出现了投资多元化和资本退出，如希望集团成功地开辟了房地产、金融、铝业等饲料业以外的主业。

(4) 进入成熟期最根本的经济背景是饲料市场需求的变化。首先，饲料市场需求趋于饱和，并呈现相对供大于求的状况。国内，尽管目前我国的配合饲料人均占有率还远远落后于发达国家，但由子我国地区经济发展的不平衡，而且从 90 年代中叶开始，我国整体经济发展速度相对放慢，引发社会消费水平增长速度降低。国际上，从 1997 年爆发的亚洲金融风暴，也造成了我国畜产品出口增长回落，从而限制了我国饲料工业快速增长。其次，市场需求的产品质量、结构发生变化。安全饲料将是今后市场的主流产品，特色饲料也将占据一席之地。

此外，行业投入增长明显放慢。进入“九五”后期我国饲料加工生产能力已相对过剩，原有的国有饲料企业主管部门由于改制，投资力度、管理力度相对减弱，同时由于行业利润降低，企业效益下滑，投资风险和赢利难度加大，私人投资也相对放慢，从而造成行业投入增长放慢。处于这样的发展背景下，限制我国的饲料工业发展的一些深层次问题逐渐暴露出来，制约了我国饲料工业的进一步发展。

2) 产业的 SWOT 分析

见表 1。

表 1　产业的 SWOT 分析

有利因素	客观环境	国际环境	当今世界正处于国际性的产业调整，畜牧、饲料很多方面正从发达国家向发展中国家转移，国际的畜牧饲料市场也正在重新划分，为中国饲料业发展提供了机遇
		国民经济环境	继续保持 7%以上的增长速度，人民的生活质量日益提高，需求不断增长，国内市场更加宽广
		政策环境	国家对畜牧饲料十分重视，国务院办公厅转发农业部《关于加快畜牧业发展的意见和关于促进饲料业持续健康发展的若干意见》，仍享受了免征增值税的优惠政策和其他优惠政策
	饲料业本身		通过不断的资产重组，我国饲料行业已经形成了一批以名牌产品为依托，以资本关系为纽带，以饲料企业为龙头的跨行业、跨地区、跨所有制，集种养加、贸工农为一体的富有竞争力的大型饲料企业集团，成为我国饲料工业的优势"排头兵"
不利因素	客观环境	国际环境	各国对饲料安全的日益重视和绿色贸易壁垒；世界经济的放缓；进入 WTO 后，外资更多进入，竞争加剧
		国民经济环境	宏观紧缩和发展速度放慢；加入 WTO 后最终要取消优惠的税收政策
		政策环境	缺乏统一的行业管理规范行为；条块分割、部门分治；农业部门、质量监督部门、粮食部门、饲料管理部门各自为政，阻碍饲料工业的发展
	饲料业本身		行业集中度不高，饲料原料缺乏，饲料安全、饲料质量和技术水平等问题

3）产业的战略制高点

饲料工业要发展，需要具备几个基本的条件：一是市场要扩张，增加对饲料产品的需求。二是质量水平要提高，保证饲料产品的安全、卫生。三是产业和产品结构要优化调整，能充分适市场需求。目前中国国有饲料企业的转型有三种形态，如表 2 所示。

表 2　国有饲料企业转型形态

升级形态	好处	典型企业
从饲料业向养殖业、饲料原料业等上下游产业垂直一体化	抵抗市场风险	正大集团（鸡）、温诸城外贸（鸡）、唐人神集团（猪）、广东温氏集团（鸡）等
以扩大生产规模和产量、以成本和销售网络为优势	从大销量中获得利润	希望集团、通威集团、湖南正虹、江西正邦等
提高技术含量，开发高端饲料市场，以技术入股、联营等方式扩张	获取较高的利润率	北京挑战饲料、大北农集团、伟嘉集团等

三、内部资源和能力分析

无锡正大自 1985 成立以来，坚持以"让中国农民富起来"的理念，艰苦创业、执著奋进，走过了 30 年的发展历程。30 年在历史的长河中不过是弹指一瞬，而无锡正大人却把这 30 年作了酣畅淋漓的发挥，取得了骄人的业绩，创造了一个独具内涵的实力品牌，一个能贡献有价值优势产品与服务的品牌，一个高科技含量的企业品牌，一个能与时俱进、不断成长的"行业先锋"式产业品牌。目前，无锡正大已发展成集科工贸一体化的饲料行业的高新技术企业，并以绝对的优势在 2005 年被评为全国饲料行业 30 强，2009 年被评为中国饲料行业 50 强，成为中国饲料企业的楷模。

（一）优秀的企业文化

无锡正大企业文化被喻为"沙漠中的绿洲"，在国内饲料行业中独树一帜。健康向上的企业文化促进了企业的健康持续发展。建立一个科学的、能够让员工认同的价值观，是企业文化建设的核心内容。无锡正大的企业文化 30 年来不断丰富其内涵，实施了科技创新、服务创新、诚信创新、战略创新，在国内市场不断有创新之举。"创金字招牌，开百年老店"、"让中国农民富起来"等先进理念是无锡正大价值观的生动体现。正是因为无锡正大生机勃勃、创新不止的企业文化，使得无锡正大创业 30 年来，从一个不起眼的小服务部逐步发展成集科工贸一体化的饲料行业的高新技术企业，建有与国际接轨 GMP 生产基地，并高分通过了农业部兽药 GMP 认证，兽药、添加剂产品通过多年来建成的销售网络强势占领市场。基地的建成，新产品的研发，极大地整合了产品优势，壮大了公司市场竞争综合实力。

（二）科学的企业管理

企业管理有三大核心问题，也是企业最基本的问题，即公司战略、企业文化、人力资源。这是企业对战略文化和人力资源的系统性思考，是一种解决企业基本问题的思维模式。第一，要定位往哪个方向走。是小富即安还是雄心壮志，是急功近利、急于赚钱还是稳健发展、百年老店。定位决定着企业的价值观。第二，必须选对人。选择什么样的人，对企业很重要，除了品格、能力，重要的还有价值观是否与企业吻合。第三，如何凝聚人。企业要确保员工在统一的目标前提下斗志昂扬，充满激情，为此必须设计统一的团队认可的价值观。如果没有一套可以凝聚员工的核心价值观，就没有企业核心竞争力。技术、人才都可以转换、可以变，但核心价值观却正如一个民族，只有凭着民族精神，才能使其永葆活力；也正如一个人，可以抢走他的一切，但却抢不走他的精神，建立一种凝聚人心的核心价值观，并始终不渝地信奉它，是一个企业获取核心竞争力的根本法则。

（三）上下同心

无锡正大企业的追求：让中国农民富起来。把平时的工作与“让中国农民富起来”的宏伟目标联系起来。第一，每月定期举行升国旗仪式，向国旗宣誓：热爱党、热爱祖国、热爱社会主义、热爱企业，教育全体员工把个人目标、企业目标与党和国家结合起来，使自己平凡的工作充满了历史荣誉感和社会责任感；第二，公司大力提倡团队精神、懂得爱与感恩，让员工充分认识个人在岗位上做出的成绩离不开企业给予的舞台，离不开所有帮助过你的人。第三，公司给予内部员工三个提高：职业技能的提高，道德精神品位的提高，物质生活水平的提高。第四，公司将企业的发展目标和前景告诉员工，让员工能在企业的发展中找到自己的位置，自觉地“人往高处走”，从而产生自觉工作的原动力，达到创造性地工作。第五，公司率先在无锡民营企业中演唱企业歌《无锡正大我们的家》。公司把企业与员工的关系定位为“家”，从老板到 般员工都是家庭的员，企业的兴旺发达要靠全家人的共同努力，只有家兴旺了，个人的正常欲望才有实现的可能。

（四）人才战略

无锡正大拥有一支由 20 多位有实际科研经验的中药专家、动物营养、药理博士、教授组成的技术研发团队，使无锡正大充满奋发向上的创业氛围，拥有一个良好的创业环境。无锡正大的科研项目富有挑战性，在国内处于领先水平，贴近市场，技术平台国际化。无锡正大为科研人员提供了尽可能好的科研设备和生活条件，除每年投入销售总额5%的科研资金，还制定良好的激励机制，对有贡献的人员进行重奖。此外，无锡正大良好的发展势头吸引了一大批有事业心的科研人员，他们能在实现无锡正大远大目标的过程中，充分实现个人的价值与追求。无锡正大的企业文化始终关注、激励80%左右的基层员工，使得每个员工都感受到这种激励所带来的温暖与感召效应。这种人性化激励方式在针对员工心理需求基础上，直指人心，以情动人，以心感人，使员工激发出强大的创造力，更加稳定地留在公司工作。

四、无锡正大赢利模式创新的战略和组织前提

（一）战略定位是赢利模式创新的依据

30年来，无锡正大将创新作为企业发展的灵魂。无锡正大的创新有三个主题：科技、服务、诚信。在科技创新上，不断加强与科研院校的紧密合作，不断强化科技研发力量，进一步增强企业在饲料添加剂市场上的竞争力。在服务创新上，针对客户提出的新意见和新要求，以最快的速度整合自己所有的资源，最大限度地满足客户的需求，使产品在国内市场销量不断提升的同时，逐渐迈向国际市场，并在服务中尽量与人力资源、企业文化等培训服务紧密地结合起来。在诚信创新上，针对行业生产经营活动中存在的种种问题，达成“生产经营劣质产品是死路，生产经营绿色环保安全食品是出路”的共识。

无锡正大的生产管理班子是由一批经验丰富的GMP专家组成，并对生产工人进行定期培训，保证了卓越的生产能力。严格按照GMP质量体系生产动物保健品，同时在添加剂行业中领先执行GMP质量体系管理要求，确保产品质量的稳定性，并将最先进的技术融入每一个生产过程和产品之中。

公司不断强化全员营销意识，无论是内部还是外部，每个人都是自己的服务对象，服务是跟客户之间最好的连接，而服务就需要有一支优秀的员工队伍。公司多年来不断提升企业文化建设，强化营销人员的培训，创建和谐高效团队，让营销人员有更好的状态去面对客户，把客户当成自己的亲人、朋友，为他们解决问题，和客户成为一种亲密的合作关系。

作为高新技术饲料生产经营企业，针对行业生产经营活动中存在的种种问

题，进行了深刻的反思。在产品开发上，始终以关爱人类健康、让动物安全愉悦生长为使命，严格按照国家规定的要求制定产品发展规划，致力于绿色安全饲料添加剂、预混料、兽药的研究开发。在产品定位上以绿色安全效果为第一，在社会环境上以诚信为第一，积极倡导无公害安全食品生产消费模式。

大部分饲料企业普遍关注的是营销模式和促销手段。无锡正大与其他很多饲料企业不尽相同，把主要精力集中在产品的技术研发上。无锡正大认为在技术面前，一切商业营销模式都是纸老虎。只有企业用技术和产品为客户带来帮助、解决问题和产生效益的时候，企业才有更强大的核心竞争力。

20 世纪 90 年代初，当时预混料核心技术被称为饲料行业的秘密武器，无锡正大在研发预混料核心技术上投入了很大的精力和财力，终使产品在江苏省成为预混料第一品牌。90 年代中期仅在江苏及周边地区年销售达 10 000 吨以上。

到 90 年代中后期，无锡正大重点开始在功能性及药物添加剂上进行研发，领先对提高动物采食、肠道健康与营养消化改善、营养重分配等进行基础研究并研发出高效的添加剂产品，如 AB01 富安宝、强效优生肽、动物生长素、富红宝等产品；领先对药物添加剂如吉他霉素、硫酸粘杆菌素等开展了包膜缓释、肠溶剂型、微丸制粒等具有国际先进水平的工艺研究，提升了药物在动物体内的生物利用率，降低了用药量和使用成本。

2000 年后为解决抗生素，促长素等在饲料养殖中滥用的问题，无锡正大把研发重点投向天然植物提取物替代抗生素，领先在天然植物方面形成了水提、醇提、澄清、喷雾干燥等系列国际领先技术，保障了对植物有效成分的高效提取。无锡正大掌握了天然植物研发核心科技，解决在饲料畜牧业中应用的关键问题，目前产品已获得 20 多个国家高新技术产品，16 项发明专利，两个国家新兽药证书。

无锡正大和中国的畜牧养殖业、饲料工业同步发展，经历了 30 年的风雨历程，其战略目标是：做行业先锋，开百年老店，缔造国际品牌。用 5—10 年打造一个国际化的动物保健品、饲料添加剂生产企业，立足于现代生物发酵工程和天然植物提取科技领域，争创动物保健品、饲料添加剂行业的龙头企业。

（二）组织结构是赢利模式创新的保证

见图 3。

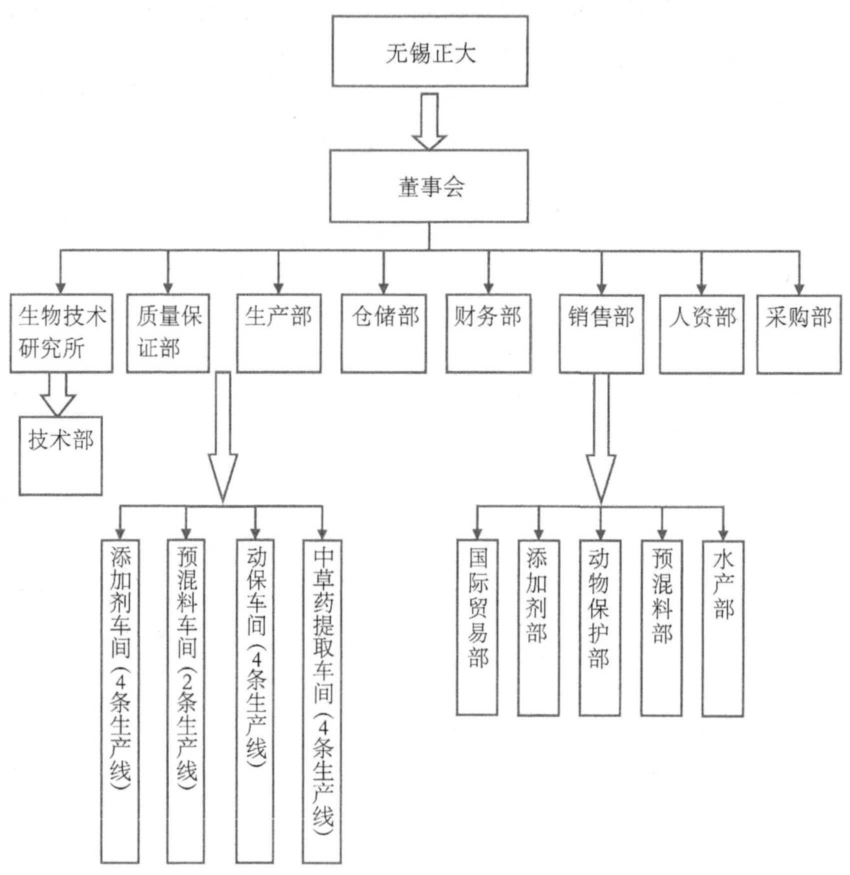

图 3　无锡正大组织结构

五、无锡正大赢利模式创新

（一）无锡正大发展阶段

1. 创业篇（1985—1997 年）

1985 年，中国的改革开放方兴未艾，公司董事长、创始人周政先生高瞻远瞩看到中国的未来，看到了畜牧养殖业将会是一个非常有潜力的产业。他毅然走出政府机关，下海创建了华东地区第一家民办科技企业——无锡正大畜禽技术服务部——当时江苏省唯一得到政府批准的机关科研人员下海创办的民营研究机构。服务部首先通过推广优良畜禽品种和防治动物疫病两大项目，围绕“四技服务”开展了为广大农民养殖户的服务。3 年多来，帮助、指导、培育了成千上万个养殖万元户，得到了广大养殖户的认同和拥护，带动了苏南地区畜禽养殖业的发展。小小的服务部生机盎然，为以后的发展奠定了基础，企业员工从起步时的 4 名发展到 15 名。

1989 年，公司更名为无锡正大畜禽技术服务有限公司。随着畜牧养殖业和饲料工业的兴起、发展，企业扩大了经营范围，从研究、“四技服务”扩大到引进、销售、进口饲料添加剂、兽药和各种维生素、抗生素、原料药等，并成为罗氏、英特威、迪高沙、香港屏山、龙骏等国际跨国公司的特约经销商和代理商。销售从苏南地区扩大到苏北、上海、浙江、安徽、山东等周边地区，并在 20 世纪 90 年代开始生产饲料预混料中试产品。产品销售额也逐年翻番，1990 年 150 万元，1991 年 320 万元，1992 年 650 万元，1993 年达到 1 500 万元，员工增加到 40 多名。企业完成了原始积累，并在此阶段确立了企业宗旨：信誉为本，诚实经营，敬业乐群，团结奋进！

1993 年，公司更名为无锡正大畜禽有限公司，并在锡澄路征得 15 亩土地，兴建了高科技预混料厂、动物保健品厂；在扬州、海安、山东设立了三个分公司。预混料产品进入高速发展期，1%～5%的预混料年销售量达 10 000 吨，1997 年销售额首次突破 1 亿元。十多年来，公司在行业中建立了良好的信誉和口碑，与十多家国内外企业、跨国公司建立了紧密合作关系。公司的产品也冲出华东，走向全国。

2. 开拓篇（1998—2004 年）

公司广泛与有关大专院校、科研机构开展合作。与江苏省微生物研究所联合组建了正大生物技术研究所，并新建了生物工程产品车间，开始了绿色、安全、高效添加剂的研发和生产，形成了科工贸一体化的新格局。2001 年公司继续加大科技投入，和无锡江南大学合作，形成产、学、研关系，并成为无锡江南大学的副董事长单位；与南京农业大学合作，研制和开发绿色安全生理运动调控剂，并成为国家级重点生物技术人才培养基地；与中科院淡水渔业中心合作，研究开发高效鱼药及添加剂；和浙江农科院、浙大生命科学院合作，为未来的研究开发作准备。目前，公司已聚集了一批专家、教授、博士、硕士等高素质人才，本科学历以上已占全体员工的 50%以上，形成了一支专业化队伍。借才生财使公司实力不断提升。2003 年公司在无锡新区征地 100 亩，投资 6 500 万元，建成了 GMP 基地和生物发酵工厂，组建了江苏太泓生物科技有限公司，率先在同行业中应用高科技生物工程技术和天然植物提取工艺，自主研发并吸收国内外最新科技成果，把最先进的技术融入产品之中，以解决畜牧养殖业与饲料业在发展过程中所面临的各种问题。

创新紧扣科技、服务、诚信三大主题。在科技创新上，公司每年投入的科研资金占产品收入总额的5%以上。现在公司产品已形成了饲料添加剂、预混料、兽药三大系列100多个品种的产业结构。在服务创新上，公司针对客户不断提出的新意见和新要求，以最快的速度整合自己所有的资源，最大限度地满足用户的要求。服务创新使企业抢占了市场竞争先机，使得企业产品在国内市场销量不断提升的同时，开始走向国际市场。目前，无锡正大的部分产品已出口到越南、东南亚和我国香港地区。在诚信创新上，公司针对行业生产经营活动中存在的种种问题，进行了深刻的反思，形成"生产经营劣质产品是死路，生产经营绿色环保安全产品是出路"的共识。在产品开发上，企业始终以关爱人类健康、保护生态环境为己任，严格按照国家规定的要求制定产品发展规划，致力于绿色安全饲料添加剂、预混料、兽药、水产鱼药的研究开发。同时，在产品定位上大打安全牌，在社会环境上营造诚信观，积极倡导无公害安全产品生产消费模式。公司坚持以科技创新为主线，紧扣诚信、质量、服务三大主题，塑造企业品牌，全力打造企业核心竞争力。

公司在国内建立了28家分公司和办事处，以及由100多家经销商、分销商组成的经营销售网络；全国饲料百强企业中的50%和公司建立了合作关系。同时，无锡正大的诚信也感动着外国朋友。目前，公司的"牧圣"产品已走出国门，出口到越南、菲律宾、马来西亚、泰国及中东地区。

3. 发展篇(2005—2015年)

无锡正大和中国的畜牧养殖业、饲料工业同步发展，面对未来，他们正向着更高的目标攀登。无锡正大的战略目标是："稳健发展，百年老店"，把企业建设成为一个知识、人才、技术密集型的企业，一个有独特文化理念和经营哲学的企业，一个努力奉献社会爱心的企业，一个有自己远大发展目标的企业。公司立足于天然植物提取科技领域，争创动物保健品、饲料添加剂的龙头企业。

（二）无锡正大天然植物提取物赢利模式

当面对行业内普遍使用大量抗生素、促长素而造成食品安全等问题时，无锡正大将目光投向了中药提取物，决心走一条绿色产业化道路。从2000年开始，无锡正大技术团队对中药进行研究，最终首创以水提、醇提工艺对中药进行精细加工，提取中药的有效成分；2003年开始，积极开展"产学研"合作；2008年，投入6500万元新建了业内最大的天然植物提取基地，进一步对产品的药理、成分、提取工艺、分离纯化技术进行研究，形成了水提、醇提、澄清、喷雾干燥等一系列先进技术，提升了产品的技术含量，并建立了处方研究、生产工艺研究和质量标准鉴定的产品技术创新系统。

天然植物提取物赢利模式因素如下：

价值主张：走一条绿色产业化道路，选择中药提取物。

目标顾客：中大型养殖场、家庭农场、饲料企业等。

核心资源：先进的技术和工艺，良好的原材料。

业务流程：提取工艺、分离纯化、喷雾干燥。

重要合作：产学研合作。

收入和成本结构：主要收入来自销售收入，其主要成本是研发和生产成本。

产品定价方式：采用成本核算，即设备生产研发摊销成本乘以系数，得出相应定价。

（三）无锡正大添加剂赢利模式

2008 年 1—6 月无锡正大生产销售药物添加剂达 2 000 多吨，比上年同比增长 60%以上，其中 10%抗敌素近千吨。在原料暴涨、货源紧张的情况下，不仅第一时间满足了国内大型企业的需求，还保证了对越南、马来西亚、巴基斯坦、印度尼西亚等市场的供应，受到广大客户的认可和赞誉。无锡正大凭着八大优势，专研、专注、专心、专业打造中国第一药物添加剂生产基地。

(1) 大型生产规模。7 万多平方米的厂区，2 万多平方米的 GMP 生产车间，先进的设备保证每月生产能力可达 2 万多吨，充分满足诸多大客户大订单的快速需求。

(2) 领先研发工艺。由多位动物营养、生理生化、包衣制粒和药理专家组成研发团队，多年的经验积累和科学创新的有效组合，开展了包膜缓释、肠溶剂型、微丸制粒等具有国际先进水平的工艺研究，不断推陈出新、不断完善工艺，将最先进的技术融入每个产品中。

(3) 质量性能稳定。具有国际一流的品管体系和检测中心，严格按照 GMP 质量体系，在生产过程中动态品管，保证产品质量性能稳定，在产品设计和生产前，根据不同的动物生长阶段通过大量的各种药物溶出度试验和实际生产性能试验来确定产品的有效性，保证把真正有效的产品提供给客户。

(4) 极具价格优势。在行业中多年的诚信商誉让公司如虎添翼，原料厂商的信任让公司强强联合，战略联盟让公司占有最具有优势的价格和稳定的原料供应渠道。

(5) 成本控制极优。有一批经验丰富的 GMP 专家组成的生产管理班子，并对生产工人进行不断的动态培训；严格的生产管理，整合一切生产资源，不断提高劳动生产率和降低生产成本。

(6) 配套服务全面。公司管理机制要求每一个工作流程快速流转，在第一时间为客户提供安全准确的物流服务，并配套技术配方软件，提供其他原料采购及供应信息、企业文化、内部管理等各种服务。

(7) 资金实力雄厚。30年来的资金积累，孜孜不倦地专注于饲料添加剂行业硬件和软件的建设和发展，2008年又投资6 500多万元新建中药提取基地。

(8) 高效人力资源。把人力资源作为第一资源，不断整合各种外部和内部资源，让营销发挥最大极限；多年来以各种形式的培训和多元化的用人机制让员工在各自的岗位上发挥最大的潜能，实现最大的价值。

添加剂赢利模式因素如下：

价值主张：积极生产和研发安全高效的饲料添加剂。

目标顾客：饲料企业等。

核心资源：先进的技术和工艺，良好的原材料。

业务流程：包膜缓释、肠溶剂型、微丸制粒。

重要合作：原料厂商。

收入和成本结构：主要收入来自销售收入，其主要成本是研发和生产成本。

产品定价方式：采用成本核算，即生产研发摊销成本乘以系数，得出相应定价。

（四）无锡正大动物保健品赢利模式

2014年1月19—20日，农业部组织专家组对无锡正大动物保健品厂进行第三次GMP验收(第一次验收是2004年，第二次验收是2009年)，专家组对无锡正大的GMP运行情况给予高度评价，对企业的创新和研发工作给予高度肯定，对一些细节的问题也提出了中肯的整改意见。经过两天的检查验收，无锡正大畜禽有限公司动物保健品厂顺利通过GMP验收。

动物保健品赢利模式因素如下：

价值主张：积极生产和研发安全高效的动物保健品。

目标顾客：中大型养殖企业、家庭农场等。

核心资源：先进的技术和工艺，良好的原材料。

业务流程：包膜缓释、肠溶剂型、微丸制粒。

重要合作：原料厂商。

收入和成本结构：主要收入来自销售收入，其主要成本是研发和生产成本。

产品定价方式：采用成本核算，即生产研发摊销成本乘以系数，得出相应定价。

六、无锡正大赢利模式创新经验及启示

无锡正大公司是无锡市最早建立的原生型民营科技企业，30 多年的稳健发展得益于国家的改革开放，也得益于全心全意为“三农”服务的正确方向，企业依靠诚信服务奠基，靠科技创新推进发展，形成了不断带动农村养殖经济发展，带动农民增收和企业稳健发展、良性循环的格局。

（一）抢抓机遇，为有效增长赢得先机

保增长的关键在抢抓市场机遇。金融危机下，许多小企业陷入资金短缺的困境，无力组织生产确保按时供货。无锡正大公司凭借多年奠定的质量、技术和服务基础以及企业应对市场的快速反应机制，迅速抓住有利时机，加班加点组织生产。

（二）稳定情绪，为和谐发展凝聚力量

面对金融危机和社会就业压力加大的形势，企业及其员工无形之中增添了一份危机感。如何化消极为积极，变危机面前无可奈何、无所作为为同舟共济、共克时艰，危中寻机应对挑战？企业全方位做好员工的稳定工作：利用公司例会持续对员工进行形势教育，增强员工的危机感、责任感和目标感；积极响应政府号召，向员工承诺，危机面前不裁员、不减薪，进一步稳定员工情绪，提振信心；狠抓培训，苦练内功，组织员工开展思想、业务、技术等培训，提高员工适应变化、应对危机的综合能力素养；进一步关心员工生活，采取多种措施，稳定岗位和薪酬。

（三）优化调整，为长远发展置留空间

机遇总是青睐有准备的人。金融危机对实体经济的影响日渐加深，市场格局有新的调整，对企业无论从产品结构、质量档次和企业综合竞争力都是新的挑战。无锡正大在危机中看到发展新机会，着眼长远，有谋划有准备：一是抓市场的机会。人有我新，持续不断重点开发高科技环保绿色产品，推出从纯天然植物中提取的没有药物残留和毒副作用的中药饲料添加剂，适应了无公害绿色养殖的发展需求，使之成为公司发展的亮点产品。二是抓投入的机会。自筹力量，新上 GMP 中药提取和制剂车间，确保了生产能力的提升和装备水平、质量

水平提高。三是抓信贷机会。利用政府出台的相关优惠政策，通过优惠信贷来解决资金难题。四是抓人才的机会。公司多方选聘了一批企业急需的市场开发、新品研发、技术服务和管理领域人才，为优化人员结构，提升创新能力和水平，实施科技创新做好准备。

以人为本创未来：HR 软件及其云服务
——上海嘉扬信息系统公司赢利模式

一、前　言

人力资源是企业发展的第一资源。在全球化竞争的深刻发展背景下，人力资源逐步发展成为企业各种资源中最活跃和最核心的资源。现代优秀企业对人才的要求和关注程度越来越高。人力资源管理软件（简称 HR 软件）是一种全新的人力资源管理模式，它代表了人力资源管理的未来发展方向。近年来，HR 软件已经成为全球以及中国企业应用软件中市场增长最快的领域。上海嘉扬信息系统有限公司（简称嘉扬）作为一家我国本土的专业针对企业 HR 软件产品开发及服务的高科技企业，嘉扬的软件产品拥有自主知识产权，是上海市首批通过市政府软件企业资格认证的一家高科技公司，在我国企业应用 HR 软件市场处于领导地位。

本文首先介绍了企业的基本情况、所在行业现状及发展趋势，重点介绍了嘉扬现有的“创新产品＋实施支持”的赢利模式。其次，介绍了嘉扬规划的在传统产品基础上增加的面向未来的“云端服务＋开放平台＋多元增值”的赢利模式。最后，介绍了企业在两种经营模式基础上的财务表现、风险分析及控制手段等。

HR 软件及其云服务的赢利模式创新机制的核心是：结合国际最新产业及技术发展趋势，以企业人力资源管理软件大发展为背景，大力推进国产 HR 专业管理软件及服务的普及应用。持续提升企业在运营、产品和服务方面的核心竞争力，结合“按件卖软件”到“按次卖服务”的业务模式提升，实现赢利模式从现有的一个点的产品销售向未来的一条线的云服务，从现有的一条线的全程实施支持到未来的一个面的开放网络平台和多元化增值服务转型的战略能级提升，将嘉扬打造成为我国本土、高科技、人力资源管理软件领域的行业龙头企业。

二、公司基本情况

（一）公司简介

嘉扬成立于1995年，始终专注于人力资源信息服务领域，开展人力资源管理软件研发和服务超过20年，是国内领先的人力资源管理软件整体解决方案供应商。嘉扬总部位于上海张江高科技园区，在北京、广州、苏州、深圳设有分支机构，并在东南亚拥有技术支持团队。

目前，嘉扬服务的客户已超过2 000家。在嘉扬庞大的客户群中，90%的客户为集团性、跨区域经营的企业。超过120家世界500强在华企业正在使用嘉扬eHR产品。嘉扬的客户包括：伟创力电子、江森自控、米其林、泰科电子、摩托罗拉、德州仪器、上海实业集团、汤臣倍健、e-Bay、香奈儿、丝芙兰、花旗银行、宁波银行、三井住友银行、海通证券、招商证券、国泰君安证券、中信证券、隧道股份、张江集团、世茂集团、上海建工集团、临港集团、联华超市、1号店、阿迪达斯、阿尔卡特-朗讯、香港惠亚、蒂森克虏伯、扬子巴斯夫等中外知名企业，覆盖了机械制造业、金融证券保险业、连锁零售业、IT与互联网业、运输与物流业、房地产与建筑业、生物与医药业等各行各业。近年来，嘉扬的eHR产品全面进军香港地区及亚太市场，成功为香港惠亚、伟创力等多家企业实施eHR解决方案。通过服务客户，嘉扬已成功地为800余万人建立了一个人力资源流程统一、信息共享的平台，大大地提升了企业人力资源管理的效率。

多年来，嘉扬坚持“创新产品＋实施支持”的赢利模式，其自主开发的人力资源管理软件Kayang Power HR2010系列产品在国内首创平台化架构，减轻了企业内人力资源治理人员的日常事务性工作时间，避免了重复劳动，提高了人力资源治理人员的工作效率，有效地减少了工作量，降低人力资源治理成本。其优越灵活的扩展性使企业能够轻松应对人事政策变化，大大提高产品的利用率和使用期限。嘉扬在全国拥有一支大规模、高水平的专业技术实施团队，20年丰富的项目实施和维护经验使其成为国内首屈一指的专业服务团队，使客户需求能够得到及时有效的响应。面向未来，嘉扬结合国际发展趋势在传统产品基础上进一步规划了“云端服务＋开放平台＋多元增值”的赢利模式，推出了

HR SaaS 云服务(Software as a Service,软件即服务)。该服务具有可靠安全的数据存储、便捷的云端接入、显著的经济效益,一经推出即在客户中取得商业应用并获好评。

多年来,嘉扬先后荣获了 2014 年中国最具潜力 e-HR 大奖,2012 年全国最具影响力十佳人力资源供应商,2012 年度人力资源管理软件中国方案商首选品牌,2011 中国制造业信息化年度优秀供应商,2011 中国制造业信息化年度优秀推荐产品,2010 中国制造业信息化年度值得信赖品牌奖等奖项,获得了 ISO9001、微软金牌合作伙伴等多项认证和专业奖项,充分彰显了嘉扬强大的行业竞争力。

表 1　嘉扬所获奖项及荣誉(部分)

2014 年中国最具潜力 e-HR 大奖	2012 年大中华区最佳人力资源服务机构品牌
2011 中国制造业信息化年度优秀推荐产品	2011 中国制造业信息化年度优秀供应商
2010 中国制造业信息化年度值得信赖品牌奖	2011 年度中国软件和信息服务人力资源管理软件领军企业
2010 年度大中华区最佳客户满意度人力资源服务机构奖	2010 年度中国金软件奖
2010 年度中国行业信息化最具成长力企业奖	2010 年度中国软件和信息服务领军企业
2009 年度中国行业信息化值得信赖品牌奖	2009 年度上海软件行业企业竞争力 50 强
2008 年度上海明星软件企业(成长型)	2008 年度上海市优秀软件产品
ISO9001:2000 国际质量管理体系认证	中国十大自主软件创新奖
中国人力资源年度奖 e-HR 技术创新奖	上海市软件行业协会会员单位
软件企业认定证书	国家高新技术企业
微软认证合作伙伴	

(二)组织架构

目前,嘉扬总共拥有员工 400 名,这是一个充满着激情、活力和创业精神的年轻团队。公司 95%的员工为本科以上学历,硕士及硕士以上学历约占 60%。技术中心约 280 人,其中产品研发部约 80 人、质量管控部约 10 人、实施部约

190 人、客服部约 80 人、市场和销售部约 30 人、人事行政等后勤部门约 10 人。这群志同道合、精通业务、持续奋进的嘉扬人是公司最重要的财富。

公司在架构设置上高度重视研发投入，具有较高的研发人员比例，企业秉承"需求带研发、研发促市场、实施保用户"的原则，成功地实现了高素质人才和高效率运营的组织。合理构建的企业组织架构及有效的人力资源管理为嘉扬持续占据行业领先地位及在新一轮实现突破和腾飞奠定了重要的企业组织保障。

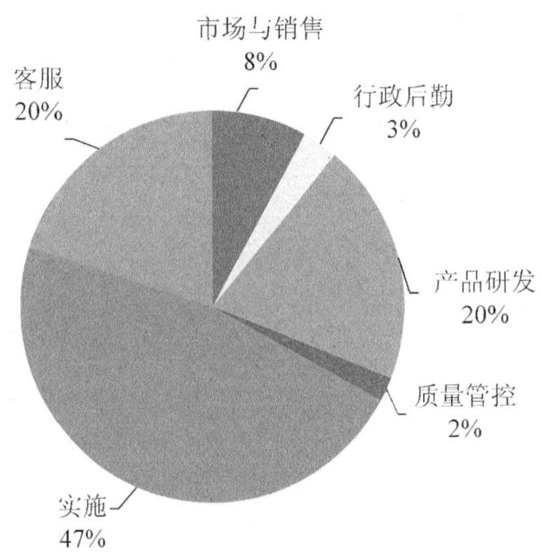

图 1　嘉扬人员分布

嘉扬企业组织架构设计灵活，始终坚持"满足市场发展趋势"和"满足客户服务要求"，使企业在高速变化的市场竞争中保持全方位的快速响应和强有力的实施服务。图 2 为嘉扬所采用直线式汇报及管理机制。

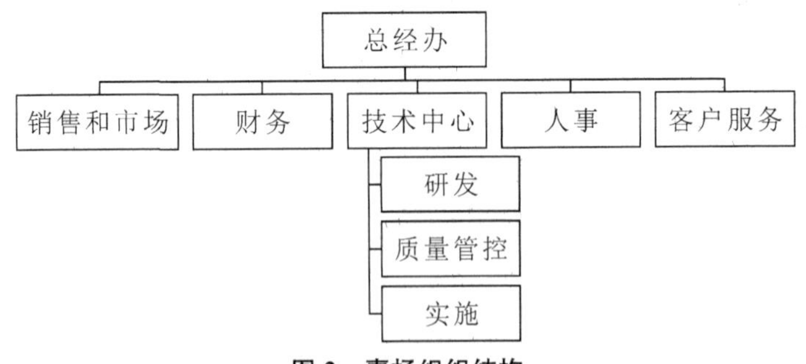

图 2　嘉扬组织结构

三、环境分析

（一）一般环境

1. 政治法律环境

我国国内政治环境稳定，宏观经济政策以拉动内需为主。软件产业是国家战略性新兴产业，是国民经济和社会信息化的重要基础。我国出台了若干相关的政策法规，大力扶持软件产业发展。2011 年 2 月，国务院出台《进一步鼓励软件产业和集成电路产业发展的若干政策》（简称“新 18 号文”）全方位鼓励及扶持我国软件产业的发展及建设，在实施软件增值税优惠、有条件免征营业税、大力支持重要软件项目建设、支持软件企业产业资源整合、建立知识产权质押登记等方面给予诸多优惠政策。

我国于 2008 年 1 月 1 日开始实施新《劳动合同法》，直接促使企业人力资源管理上升到与企业经营同等重要的位置。此外，2012 年我国税收政策的调整，一系列新政策法规的出台，进一步促使我国人力资源服务市场向市场开放度高、管理日益规范化发展，企业由此需要获得更多专业的人力资源服务机构的帮助和软件的支持。

我国政府采购政策逐步向民族软件产业倾斜，《专利法》《著作权法》和《计算机软件保护条例》等，为中国软件产业发展提供了重要保障。随着新的产业扶持政策的制定实施，我国的软件企业面临着一个非常优厚的政策环境，国内软件被认为将再次迎来行业的“黄金十年”。

2. 经济环境

我国经济快速平稳增长，总量跃居世界第二，GDP 近年保持 7%左右的增长率。经济持续发展为软件产业和服务行业发展提供了强有力的支撑。宏观经济结构性调整更加明显，电子信息领域等战略性新兴产业已成为保证经济增长质量的重要因素。

现代服务业是我国产业发展的另一个发展重点。尤其是基于高科技的新兴现代服务业具有轻资产、商业模式新、产业成长性高等特点。目前，我国国民经济中第三产业所占比重不断上升，第三产业占 GDP 比重已达 44.6%。作为第三产业的分支，结合新一代信息技术发展的人力资源服务产业将势必从中显著受益。

中国加入 WTO 及经济全球化带来企业经营管理的全球化，致使国内的人力资源管理服务市场潜力巨大。随着众多企业加快信息化管理的步伐，带来人力资源软件行业的快速发展。此外，随着许多国内企业国际化战略的实施以及国内制造业企业扩展海外，为进一步实现企业软件服务加速拓展海外市场带来契机。

3. 社会文化环境

国内企业管理人员的综合素质越来越高且极具创新意识和国际化视野，越来越注重组织管理运行的效率与稳定性，重视人力资源的管理并采用先进的 HR 软件等工具来管理布局企业人力资源。

工作环境的变化导致工作习惯的变化，云服务、大数据和移动互联应用越来成为商业领域的应用与普及的大趋势，企业开始提倡信息管理的网络化、企业工作的协同化以及企业应用的跨平台化。

4. 技术环境

新一代信息技术正在引领全球新一轮技术创新潮流。HR 软件与服务基于先进的软件和高速、大容量的硬件基础之上，通过集中式的信息库、自动处理员工信息、员工自助服务、外部系统集成以及服务共享，达到降低公司人力资源管理成本、提升公司企业文化、提高人力资源管理部门的工作效率、改进员工服务目的的一种新型 IT 工具。

美国是信息技术发展的前沿，随着云服务、移动智能终端的快速普及，软件作为一种服务已经逐步取得了业界的认可。新型的基于云平台的 SaaS(软件即服务)的应用模式得以大力推动。目前，美国的整个软件产业正在开始演变成为软件业和信息技术服务业。企业客户正逐步由产品购买转为服务购买。在美国企业界 SaaS 云服务的认知程度已经有相当的高度，许多企业多倾向于选择 SAAS 的软件服务供应商。国内企业对于 SAAS 的接受程度也在快速提高。

大数据时代的来临，构造出了一个全新的技术生态系统。全球企业均表现出对利用大数据技术的高涨热情，商业智能工具帮助人力资源管理从凭借经验的模式逐步向依靠事实数据的模式转型。大量的非结构化的、不均匀分布的数据能够被捕捉、存储和分析。360 度实时洞察和分析，人力资源测评由主观性强的单一专家进行测评转向构建数学模型、依靠大数据处理技术进行测评；企业招聘过程也正朝着越来越依靠社交网络和大数据技术的方向发展。大数据处理技术的应用在全球范围内迅猛增长，推动整个社会进入了大数据时代。人力资源管理在大数据时代进入到了人才管理阶段。

（二）行业环境

1. 所属行业

本项目属于企业管理应用软件与服务行业。企业管理应用软件及服务是指面向企业应用需求、建立在信息技术的基础上、以系统化的管理思想向企业客户提供的专业化的产品与服务，帮助企业各级管理者优化工作流程，提高企业整体工作效率的信息化系统。功能的全面性、流程的可控性、技术的先进性、系统的易用性、平台的可靠性是评价企业管理软件与服务水平的重要因素。

2. 行业分类

从企业管理应用软件行业的分类来看，最常见的企业管理软件包括 ERP 软件（企业资源计划）、HR 软件（人力资源管理）、CRM 软件（客户关系管理）、OA 软件（办公自动化）、财务管理软件、进销存等各个类别。HR 软件是企业管理软件行业类别中的一个细分领域，是一种基于高速度、大容量的硬件和先进运算和管理软件等 IT 系统的人力资源管理系统。系统重点是实现人力资源部门在员工素质管理、薪资管理、绩效考核等方面的需求。通过 HR 软件，可以实现更加有效、合理的获取、开发、配置和利用人力资源，用以支持企业战略决策、优化管理流程、促进组织协同和提高工作效率等，从而有效地实现人力资源战略的转型升级。HR 软件是一种全新的人力资源管理模式，它代表了人力资源管理的未来发展方向。

3. 产业政策

从电子信息产业角度看，软件行业是我国的战略性新兴产业。我国高度重视软件产业的发展建设。国务院于 2000 年发布了以《鼓励软件产业和集成电路产业发展的若干政策》（18 号文件）为标志的一系列产业政策文件，推动了我国软件产业实现快速发展与规模扩张。2011 年 2 月，国务院再次发布《进一步鼓励软件产业和集成电路产业发展的若干政策》（国发[2011]4 号，即新 18 号文件）进一步拓展和完善了激励措施，明确了政策导向，对于优化产业发展环境、增强科技创新能力、提高产业发展质量和水平，具有重要意义。

新 18 号文件在延续 18 号文件的大部分优惠政策基础上，构建了全方位的软件产业政策支持体系。具体包括：①软件产品与服务相结合。对从事软件服务符合条件的软件企业实施免征营业税的优惠政策；②普惠与特惠政策相结合。支持软件企业做大做强，鼓励软件企业用多种方式筹集资金；③强调软件产业的自主品牌建设。重点支持自主品牌的软件企业及产品的市场竞争与推广；④积极支持企业走向国际市场。扩大成功有效的信息化项目向东南亚、发展中国家及西方发达国家出口；⑤大力鼓励制定各类软件标准。加快制定相关技术和服务标准，对相关技术研发及标准研究给予明确经费补贴。

从人力资源管理服务行业的角度看，加快发展现代服务业已成为国家发展的战略重点。2012 年 12 月国务院发布《服务业发展“十二五”规划》，明确提出“十二五”期间，我国具备服务业大发展的有利条件；鼓励社会资本投资人力资源服务领域，构建多层次、多元化的人力资源服务机构集群。同时，将加快发展包括云计算、云服务在内的高技术生产性服务业。多个部委正在进一步完善融资、项目及税收等各项支持措施。

4. 行业现状

1) HR 软件成为企业管理的重要手段

近年来，随着人力资源与知识资本越来越成为企业重要的核心技能，人力资源的价值成为衡量企业整体竞争力的标志。企业对 HR 软件的重要性认识逐步深化，HR 软件也逐渐受到关注并成为企业管理的重要平台和手段。HR 软件运用信息技术将人力资源管理业务的制度、体系、流程、规范等电子化、网络化来科学地管理，提升人力资源管理绩效。HR 软件在西方发达国家已成为企业资源管理的一个不可或缺的组成部分。在我国也得到了快速的发展，2008 年 1 月 1 日正式实施的《劳动合同法》对国内企业的影响巨大，企业人力资源管理水平和推进精细化管理已经成为企业的共识。社会环境和技术环境也促成了 HR 管理软件越来越成为支持企业战略决策、优化管理流程、促进组织协同和提高工作效率的管理工具。自从 1995 年国内市场首次出现 HR 软件概念，HR 软件已经成为中国企业应用软件市场中增长最快的产品。

2) HR 软件的用户分类

HR 软件可以按照行业、规模、资本构成分形成多种类别划分。每个类型的用户具有一定的独特的需求特点。

(1) 不同行业的用户。如机械与制造行业、金融证券与保险业、连锁与零售业、运输与物流业、房地产与建筑业、生物与医药业。不同的行业包括不同的行业特点和服务需求。

(2) 不同规模的用户。企业规模是决定软件应用的一个重要因素，随着企业规模的扩大，软件采用的比例也越高。不同的用户规模的企业客户需求具有较大的差异性。从分布上看，我国目前人力资源管理软件以 500 人以上的中型及大型企业应用较多，是现阶段的主要用户。未来中小型企业未来也具有市场潜力。

(3) 不同资本构成的企业。外商独资企业、中外合资企业及大型国有企业是使用人力资源管理软件的主要客户。外资企业的应用比例要超过民营企业的比例。外商独资企业、中外合资企业及大型国有企业具有相对较雄厚的资金实力、完善的管理、薪资和福利体系和规范的工作流程，这是其采用 HR 软件的条件。而民营企业及其他中小型多元企业更多地依赖个人及领导能力运营，内部管理相对松散，考核体系不太明确，因此市场导入较缓。尽管基础条件不同，但均具有巨大市场潜力。图 3 是 2012 年我国不同类型的企业采用人力资源软件的比例。

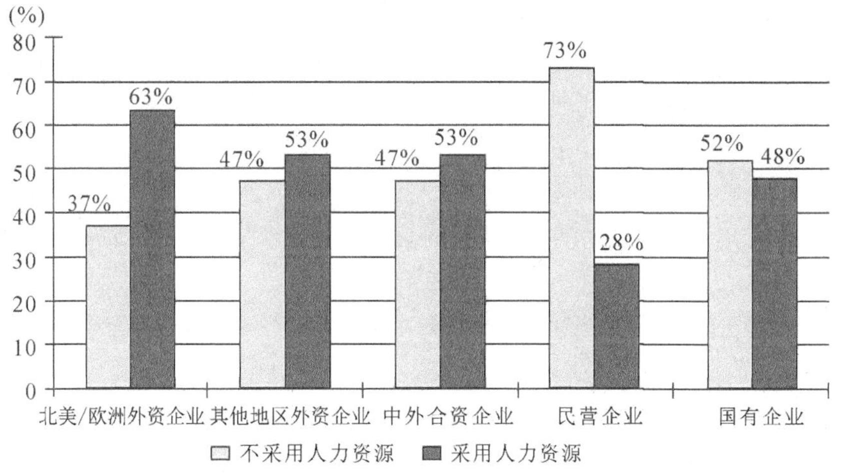

图 3　我国不同类型的企业采用人力资源软件的比例

3）HR 软件供应商的类型

目前，HR 软件市场的提供商可以分成以下四类：①国外的大型综合性管理软件提供商，如 SAP、Oracle；②国外专业性的 HR 软件供应商，如 Workday；③国内综合性管理软件供应商，如用友、金蝶等；④国内专业性的 HR 软件供应商，如嘉扬、万古等。

随着本土的 HR 软件公司产品技术及实施服务能力的提升，以及其对中国的文化、企业的需求和相关法律法规更为深入的了解，本土化的 HR 软件公司的市场份额在逐步提升。目前，国内市场上还没有一个或几个品牌的 HR 软件在这一市场占据绝对的竞争优势。嘉扬作为本土的高科技 HR 软件企业实现了其在人力资源细分市场份额第一的地位，拥有非常良好的前景。图 4 是由行业第三方评测机构 HRoot 做出的，截至 2012 年我国人力资源软件市场按供应商分布情况。

5. 行业增长空间

1）人力资源管理软件的发展趋势

云服务、大数据和移动互联等新兴计算机及网络技术的快速发展，对人力

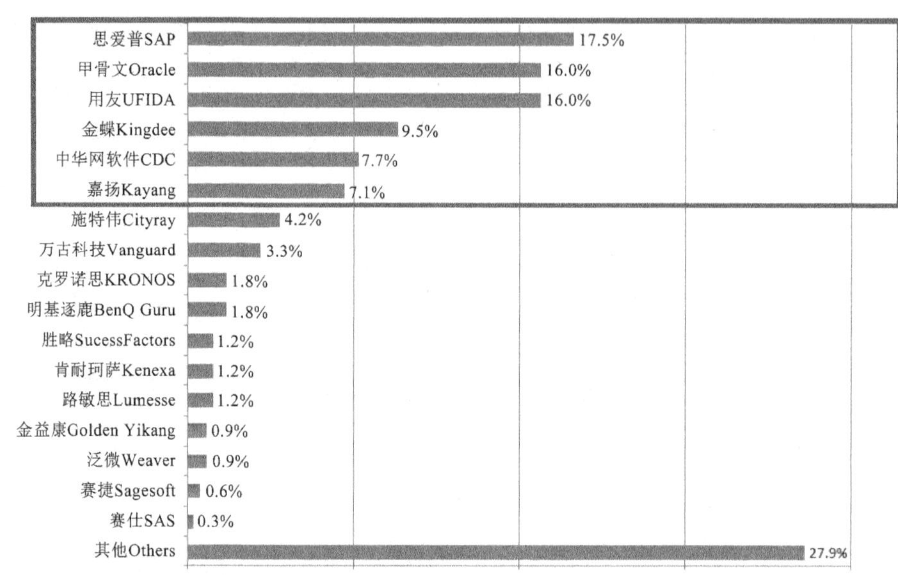

图 4　我国人力资源软件市场按供应商分布情况

资源管理软件产业发展形成了重要影响，推动了人力资源管理软件行业巨大的市场发展空间并成为我们日常生活的必要部分。未来的人力资源管理软件也随着技术升级朝着服务化、平台化和跨终端应用的方向快速演进发展。未来基于云端的管理软件具有诸多不可替代的核心优势：

(1) 服务化。软件作为一种服务已经逐步取得了业界的认可。未来基于云端的应用具有更快、更紧密、更便宜、更好和更安全的特点，全面提升企业运营的效率。更快：云服务的数据分布在高可靠的多个数据中心，可随时随地获得业务响应，速度得以提高；更紧密：任何地方、任何时间、任何地点以手持 Pad、手机、笔记本电脑、台式电脑及 Web 接入等各种方式连入云端服务，实现社交化紧密联结；更便宜：云服务的支付方式更灵活，从一次性的购买成本到分批次的年租金方式，大大降低了决策和绑定启动风险，后续供应商软件实施"零成本"；更好：企业实现核心业务聚焦，云服务的平台化业务实现快速创新；更安全：云服务数据传输均采用证书、SSL 等极高强度的加密措施，大型 IDC 中心具有严格的内部数据风险的严密内控体系，多地数据备份并拥有强大的防火墙等硬件安全设备，安全性都要高于传统系统。云应用已经在消费类电子及各行各业中被广泛使用，例如苹果的 iCloud 云备份、微软的 Azure 等，未来还会有越来越多的数据将被移入云端。

(2) 平台化。企业管理应用软件走向平台化是软件发展的必由之路。依据平台，吸引更多合作伙伴的开发和应用，揽各家之所长，构建丰富的生态系统，从而为用户提供更丰富有效的解决方案和服务。企业信息化在管理软件平台化方面，更关注模块之间的连通性，不同业务系统之间融合应用的程度，这决定着不同系统集成的有效性、数据的互通性以及最终业务应用的效果和效率。顺应平台化趋势，基于标准的开发性企业应用，融合应用软件也已推出，可以更好地实现不同业务系统模块更加无缝应用。面向不同的行业提供纵向的集成解决方案。此外，平台上形成的大数据功能也是一种战略性的功能，可以从长期的数据收集、分析中创造价值。

(3) 泛在化。移动办公成为企业运营效率提升的基本现象趋势。随着智能手机和平板电脑的盛行，带来了移动应用产业快速和多样化的发展，实现任何时间、任何地点、任何方式的移动便携服务接入方式。移动办公也可称为"3A办公"，即办公人员可在任何时间(Anytime)、任何地点(Anywhere)处理与业务相关的任何事情(Anything)。这种全新的办公模式，可以让办公人员摆脱时间和空间的束缚。单位信息可以随时随地通畅地进行交互流动，工作将更加轻松有效，整体运作更加协调。根据工信部发布数据显示，2012 年中国手机用户已经超过 11 亿，移动互联网用户超过 5 亿。2013 年中国移动互联网用户将首次超过互联网用户，这标志着移动终端将超过 PC 成为用户访问互联网时使用最多的终端。2010 年 6 月—2011 年 12 月，用户每日光顾移动应用商城的时间从 43 分钟增加到 72 分钟。移动技术的发展可谓日新月异，人力资本管理也面临着新的选择和变革。人们开展企业运营管理的工作场所已经不局限于办公室，更多地在机场，在汽车、火车、咖啡厅，在国内，在全球。任何有网络接入的地方的需求开始越来越必要，人力资源服务中移动应用的需求飞速增长。随着移动互联终端对外围周边设备的不断整合，人力资源服务的应用将进一步与外围的各种管理设备实现互联互通。

2) SaaS 云服务的服务租赁赢利模式推动行业实现变革

以云服务为代表的技术革新实现了传统软件产品所无法具有的技术特点和商业模式，使传统的一次性和买断式的企业客户消费模式转变为按需购买的消费模式，从而推动以许可证为中心的传统软件商业模式的演进与变革。以此为代表的云服务 SaaS(软件即服务)的行列正在成为潮流。信息服务由此可以就像煤气、水电一样，取用方便，费用低廉。最大的不同在于，它是通过互联网进行传输的。"云"中的资源在用户端看来是可以无限扩展的，并且可以随时获取，按需使用，随时扩展，按使用付费。

SaaS 的租用式模式与传统 C/S(Client/Server，客户机/服务器)、B/S(Browser/Server，浏览器/服务器)架构的"买断式"模式相比，用户只需按使用量逐月支付服务费，在成本、更新升级速度、兼容性、便携性、协同性等方面有着明显的优势。在传统的情况下，人们使用软件所花费的成本包括知识产权费用，各种各样的软件运行库程序以及支撑整个软件的运行环境，如大量的基础设施以及开发商使用的开发工具等。多数情况下，除了知识产权的费用外，用户的每一款软件都在重复投资。与传统软件模式不同的是，采用 SaaS 模式的软件，用户只需要支付知识产权的费用，其他的费用都由 SaaS 提供商支付，即用户不需要花费大量成本购买硬件、操作系统、数据库、软件许可性等。

从长远看，供应商也将由于按需服务模式形成多样化的收费方式和收费频度及更加稳定的收费来源，这是对于传统软件行业来说是一种颠覆性的创新。

表 2　SAAS 与传统的 C/S、B/S 架构的区别与优势

项目	C/S、B/S	SaaS
购买方式	许可证、一次性买断	按需购买、租赁式
硬件需求	高性能服务器、网络设备、存储设备等	只需互联网
软件需求	服务器、操作系统、数据库等	浏览器
维护	自行维护	零维护
升级和灵活性	无/收费升级	零成本、平滑、高频升级
接入方式	网页版本、桌面版本	网页版本、桌面版本和各种移动版本
接入时间	上班时间	上班时间、差旅间隙、外出时间等
接入地点	办公室	•办公室、机场、咖啡馆等任何地点 •全球跨地域移动办公
客户成本	•软件许可证费 •软件维护费 •技术支持费 •人力成本（系统运维人员） •软硬件成本 •升级成本 •风险成本（选型失败）	•按需租赁的服务费 •按需提供的租赁增值服务
对 IT 能力要求	有一定要求	无信息技术基础要求，让客户更专注核心业务

3）一个典型的专业人力资源管理软件公司的案例

在美国，基于 SaaS 的服务已进入一个蓬勃发展期，其中最具代表性的就是创造企业软件领域奇迹的明星企业 Workday 公司（纽交所：WDAY）。Workday 是采用依托于云服务 HR 软件模式，帮助企业进行人力资源、工资单、员工经费、财务、采购等全链条管理，是美国目前唯一一家为企业提供全套基于云的 HR 服务公司。凭借云服务系统，跨国企业和敏感性公司可以实现全球所有员工同时在线办公，数据录入或修改；管理层可以依靠实时数据对问题做出判断，跨国公司实现全球统一版本无缝连接；所有员工可以登入网页版本、桌面版本和移动版本进行数据操作。Workday 通过云端服务，将传统的卖软件更换为卖服务。目前，Workday 为近 400 家企业提供服务，用户群年增长速度已经接近 100%，其中约半数的客户都来自甲骨文 Oracle 或者 SAP 等传统的 HR 软件产品提供商。2012 年 10 月 13 日，Workday 在纽交所上市，IPO 首日价格大涨 74%，达到 28 美元/股，公司市值达到 95 亿美元，超过 Groupon、Zynga 等公司，成为 Facebook 上市以来，美国科技企业最大一宗 IPO。Workday 的赢利模式非常健康地从 2008 年的 600 万美元，到 2010 年的 6 800 万美元，到 2012 年的 2.73 亿美元。尽管公司仍处于亏损，但其投入主要在于为了进一步扩大市场份额而进行的技术研发及市场推广投入。基于此，其赢利模式受到了巴菲特等投资者的重点推荐。目前，Workday 的股价还在走高，已经超过 65 美元/股。

Workday 公司通过云端服务，将传统的卖软件更换为卖服务。在云端为企业提供数据管理、模型计算等服务，企业根据员工规模和使用年限付钱。云端服务的高效接入、模式统一和操作便捷满足了大型跨国企业统一管理需求。而对于企业针对性需求，Workday 则提供了更具针对性的专业技术服务。

Workday 的高速发展主要得力于创始人 David，他在 25 年前创建了 PeopleSoft，用了 17 年的时间（1987—2004 年）将 PeopleSoft 做成首屈一指的大型企业人力资源管理软件，并在 2004 年被 Oracle 以 54 亿美元的价格收购。凭借 17 年积攒下来的经验和人脉，David 准确捕捉云端服务市场，并于 2005 年创办 Workday，把传统大型人力资源软件放在云计算服务器上，不但避免了与传统企业软件公司的竞争，也在云端服务类公司中别树一帜。

（三）竞争环境

1. 市场容量

根据美国知名调研公司 IBIS World 公司估计，2011 年，全球的人力资源服务行业收入 5 132 亿美元。全球经济的改善将推动行业的收入增长。IBIS World 公司预计，2012—2016 年，全球人力资源服务行业收入年增长率为

3.5%。根据行业预测，未来5年与过去有所不同的一个重要趋势是新兴市场将成为主要增长动力。5—10年内中国将发展成为全球最大的HR软件及服务市场。根据IDC数据，全球企业资源管理软件市场规模在2011年达到390亿美元；云端服务类企业软件行业市场规模也有230亿美元；按照IDC预计的每年24%年复合增长率，市场规模将于2016年达到670亿美元。如果包括其他类企业管理软件，整个企业管理软件市场规模在2011年高达1 030亿美元。根据国家工商行政管理局的统计，中国的注册企业有1 300万家，我国使用人力资源管理软件的企业约占总数的46.6%，仍明显落后于德国68%、澳大利亚70%、美国78%的平均比例。由此可见，我国在人力资源管理市场无论是在新市场开发还是原有系统升级方面均具有巨大发展潜力。

2. 客户需求分析

1）HR软件的基本功能需求

人力资源管理产品与服务的需求在对企业人力资源管理各方面进行分析、规划、实施、调整后形成，重要的模块需求包括：组织管理功能、人事管理功能、薪酬福利功能、考勤管理功能、假期管理功能、招聘管理功能、培训发展功能和绩效评估功能等。

2）不同用户类型的差异性需求

不同规模的用户具有差异化的产品和服务需求。大中型企业由于其人员规模众多，集团母子公司管理体系复杂，加之多元化的集团经营战略对人力资源管理提出了更高的要求，这些企业迫切需要专业的供应商提供简单可靠、便于使用的人力资源管理软件，而目前却缺乏专业性公司促进、开发管理和服务对象。中小型企业人数较少、管理水平参差不齐、经济能力差异性大、业务模式不确定等因素，其管理理念和管理手段也有不同层次，这些客户普遍具有产品服务的价格门槛，需求突发性强，价格敏感性强，需要物美价廉、可以迅速使用的解决方案。

3）HR产品持续业务升级需求

随着HR软件的不断升级，不少企业客户还开始希望使用更加便捷、灵活的云服务解决方案。用户可以随时随地、简单便捷地操控智能终端、电脑或者Web，灵活选择自己所有需要的功能模块。用户数据必须有安全可靠的备份机制，用户可以备份下载自己的数据，并且可以支持用户上传自己备份的数据以及快速处理速度及用户响应。

4）新兴的人力资源管理增资服务需求

围绕企业人力资源管理从招聘管理、人才测评、绩效管理到继任与发展、360度评估反馈、员工调查等多个模块，涵盖了员工从入职、激励、发展、留任到离职的整个生命循环的人才管理咨询及综合辅助决策性管理服务。

3. 竞争对手分析

近年来关于人力资源管理的咨询、信息化管理逐渐成为行业的热点，HR软件行业处于快速扩张阶段，HR软件的供应商如雨后春笋般迅猛发展。俗话说，“知己知彼，百战不殆”。这里结合企业自身情况，就国内外的主要竞争对手进行分析。

表3　企业与国内外竞争对手的优劣势分析

	企业自身	国际品牌公司	国内综合性软件公司
优势	• 本地化专业人事软件服务 • 强大的项目实施和售后服务经验 • 领先云架构及服务模式 • 开放可扩展平台生态体系 • 可定制的二次开发服务能力 • 系统的综合性价比优势	• 先进的人力资源管理理念 • 业务功能具有前瞻性 • 软件成熟，技术水平高 • 与自身ERP软件集成度高 • 丰富的数据智能分析功能	• 综合品牌和实力较强 • 与自身管理软件的集成度高 • 销售渠道比较完善
劣势	• 小型供应商争抢市场 • 产品品牌建设及提升 • 海外市场进一步扩展及积累 • 海量智能数据分析扩展 • 国际化人力资源理念提升	• 产品引入中国有点水土不服 • 价格昂贵，软硬件投入巨大 • 扩展性不强，二次开发难度很大 • 操作复杂，需大量的培训 • 对中国人事政策法规支持较弱	• 专业功能模块简单 • 缺少经验丰富的项目实施团队 • 难以应对细分化人事市场 • 云服务升级及接轨复杂 • 缺少平台化的设计理念 • 扩展性较弱，可持续性发展弱

4. 竞争策略

1）针对现有产品“创新产品+实施支持”赢利模式，将采取以下策略

（1）在产品安排上，积极布局面向不同类型及不同规模的客户的产品形态，产品规划实现精细化定位及设置。以嘉扬行业领先地位为基础，专门设置向大中型、集团式企业推广大企业型产品，同时积极拓展面向高成长性的向中小型企业市场，以自身的专业特点及支持服务优势布局推广通用型产品。

（2）在营销推广上，全力加大市场营销力度，拓展销售体系，建立直销加代理的双线推进战略，继续深化拓展与现有集团性客户、外服等机构的业务紧密合作。稳固并提升现有产品服务的市场占有率，扩展 HR2010 产品系列在各 HR 细分市场的占有率。

（3）在客户服务上，对选择传统产品服务的客户，全面完善和重点加强实施服务及售后服务流程化管理及基于客户的关怀体验。面向客户提供贴身式的技术支持与服务，通过年维护服务、单次维护收费、系统升级服务、业务变更服务及培训服务开展全面的产品实施支持服务销售。

2）针对新型产品“云端服务＋开放平台＋多元增值”的赢利模式所采取的策略

（1）在产品推广过程中积极开展云服务、大数据产品的推广与布局，积极拓展开发率先外企对云服务、大数据产品市场，推广普及云服务在现有客户及新客户中的应用；结合已采用云服务的首批 JCI、EBAY 等世界 500 强企业，积极推荐成为示范工程，加以全方位的推广应用。

（2）具有安全性和开放性的 PaaS 平台，定制开发开放性平台实现各类细分行业的 ERP 系统集成，与其他各专业的 ERP 供应商合作，提供诸如 OA 系统服务、财务系统服务、CRM 系统服务等专业服务。

（3）结合大数据服务推广多元化增值服务模式，实现招聘管理、人才测评、绩效管理、继任与发展等各类需求，实现员工从入职、激励、发展、留任到离职的整个生命循环的人才管理咨询及综合辅助决策性管理服务。

（4）继续深化与已有紧密合作关系的、有影响力的集团客户的合作关系，与国际领先的龙头企业开展多层次的紧密合作，共同开展本地化服务及拓展高端市场技术市场服务。

（5）积极参与上海市及国家的云服务研究开发及产业化项目，积极参与行业标准的起草及研究制定，推动行业联盟的组织及建设，进一步探索大数据增值服务设计开发，共同探讨大数据业务的开发、应用及推广。

5. 核心竞争力分析

嘉扬本着“专业创造价值，创新铸造未来”的核心理念，将 HR 软件成功地应用于国内外上千家企业的日常人力资源管理中，成为企业人力资源管理的数据整合和业务流程化平台。嘉扬在数十年的迅猛发展和市场竞争中，形成独具一格的竞争优势，其核心优势主要体现在如图 5 所示的五个方面。

1）本地化的专业人事软件服务

嘉扬系统完全针对本地化的客户需求进行设计，针对 20 余个行业的客户形成了全系列的行业软件解决方案。同时，嘉扬的系统完全针对我国本土的用

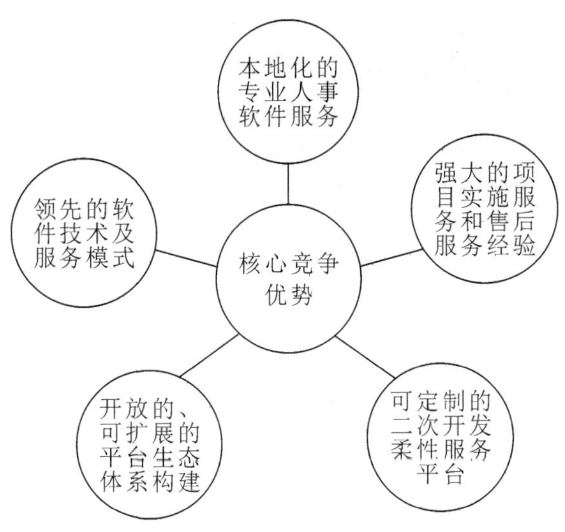

图 5　嘉扬核心竞争优势

户需求进行定制化设计，全面对接各类行业政策、税收制度并快速升级。经过20年的持续服务，嘉扬已围绕2000家客户形成了嘉扬特有的人力资源经验库"嘉扬知识中心—Kayang KMS"，这些经验知识中心为企业人力资源信息化管理解决方案的设计积累了宝贵的学习资源。各行业的知识库中包含有最具行业特色的DEMO数据库和与行业相关的业务流程及人力资源管理知识等，并定期对知识库进行更新。技术人员在项目实施过程中遇到的典型问题，成功解决后整理成文，再由专业负责人审核通过后归类到相应行业库，与内部成员分享及讨论。这都是其他人力资源软件企业所不能提供的信息资源。

嘉扬针对不同的行业，深入研究其个性业务需求。机械制造行业重点考虑如何实现从单纯人事管理向人力资源管理，重点完善和健全激励机制；金融证券行业关心如何提升管理模式和客户服务意识软指标的问题；生物和医药行业注重高科技、高风险、高投入、高产出及高级人才等多种不确定性的经营环境下的管理及激励等。

2）强大的项目实施服务和售后服务经验

嘉扬公司自创立以来，已成功为国内外数千家企业、20余个行业成功实施e-HR项目，已形成了一套嘉扬自有的人力资源项目实施及服务体系，获得用户高度评价，尤其是针对人力资源管理体系复杂的集团性及外资企业客户。这是嘉扬系统业务持续快速增长的重要原因。嘉扬项目实施流程为：需求调研→项

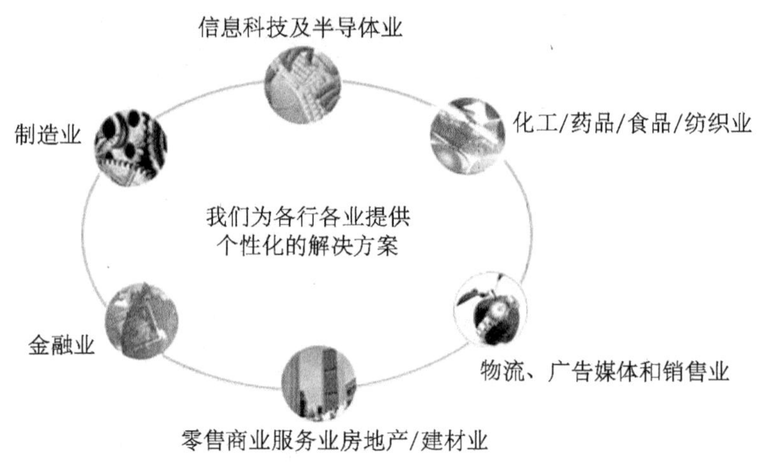

图 6　嘉扬客户行业分布

目实施→导入数据→定制服务→用户培训→产品试运行→项目验收→持续服务。项目采用团队合作的形式实施，非部分厂商的一对一独自作战的产品实施模式。嘉扬项目经理对项目全程管控，需求工程师和项目实施工程师、测试工程师则各司其职，相互之间沟通协作，以一整套完善的项目管理流程来确保每个项目实施的进度和质量。

嘉扬拥有完善的售后服务体系和庞大的服务团队，灵活的服务方式，随时为用户提供满意的售后服务和技术支持。嘉扬的售后服务工程师时刻想客户所想，急客户所急，踏踏实实为用户解决问题，深受用户好评，客服满意度调查一直保持在 95%以上。很多新客户都是通过一批又一批老客户的介绍而来，口碑相传而钟情于我们的产品和服务。

3）领先的软件技术及服务模式

嘉扬高度重视人力资源软件技术的研究开发及前瞻性布局，每年投入较大资源保持对技术研究及产业发展趋势开展研究。嘉扬是国内最早实现人力资源管理软件开展云架构设计服务的企业，成功地形成了一批自主知识产权的人力资源软件技术成果，包括可开展扩展性的模块化设计、独特的自定义可视化人机界面设计、面向用户需求的人力资源应用模块化设计、面向云服务的海量数据高速处理技术、简洁易用的移动互联应用开发设计及大数据海量内容的智能分析处理等，其联合 IDC 数据中心共同研制开发形成的具有高可靠安全数据存储及保护系统方案，有效保障了系统产品的先进性和可靠性。

4）开放的、可扩展的平台生态体系构建

嘉扬是国内第一家提出 HR 软件平台概念的供应商，其自主研究设计的可开展扩展性的模块化服务实现了嘉扬的生态体系的全面扩展，实现了企业战略上的重大突破。该平台强调为众多第三方管理软件之间要求数据共享，流程整合一体化建设，实现人、财、物三大应用管理软件的相互对接，实现了嘉扬 e-HR 系统与各类企业应用管理软件集成互通。嘉扬系统的集成性在业内有口皆碑，嘉扬 HR 软件现在支持与各类财务、工作流、OA、ERP 软件的接口，如表 4 所示，接口种类繁多。

表 4　嘉扬开放性系统平台一览

国外软件接口	SAP 接口	财务软件接口	OA 接口	工作流接口	ERP 接口	标准接口
Peoplesoft 人事接口	SAP 人事接口	用友财务接口	泛微 OA 接口	K2 工作流接口	内部 ERP 接口	Web Service 接口
Oracle 财务接口	SAP 财务接口	金蝶财务接口	蓝凌 OA 接口	Oracle 工作接口	CRM 接口	AD 统一认证接口

5）可定制的、二次开发柔性服务平台

嘉扬是国内第一家提出 HR 软件平台概念的供应商，嘉扬的架构可以保证 e-HR 系统最大限度地贴近用户需求，客户将能按照自己的要求，对 e-HR 系统进行改进和二次开发，在提供软件自身发展空间的同时，极大延长软件寿命，降低维护费用。由于人事管理政策的变化以及公司业务发展的需要，企业的人力资源管理也经常发生变化。嘉扬 e-HR 的柔性平台具有强大的灵活性、可扩展性和个性化定制功能。用户可根据自身需求，通过对象管理、功能管理、工作流程管理、报表管理工具等二次开发工具，自定义工作菜单、自定义窗口、自定义报表、自定义可视化工作流控制设置等，为人力资源管理需求变动或扩展提供快速反应的途径和方法。

6. 机遇与挑战

1）面临的机遇

（1）国家政策支持下良好产业前景。本项目属于电子信息技术领域的软件产业，人力资源管理软件属于高技术现代服务业，是我国战略性新兴产业的重要组成部分，得到了国家的高度重视。新 18 号文件对软件产业给予了全方位的政策支持体系。无论是在软件产品与服务结合、特惠税收政策支持、重点项目支持、自主品牌建设、开拓国际市场，还是参与行业标准的起草及制定都具有重要的示范意义。此外，现代服务业国家“十二五”规划中还重点强调了对云服务在高速及服务行业重点以及人力资源服务新兴服务业态的支持。由此可见，本项目从多个方面得到了国家政策鼓励与支持，具有非常优厚的项目产业及政策前景。

(2) 企业人力资源管理市场需求快速增长。近年来，企业对人力资源管理软件的重要性认识逐步深化，人力资源管理软件得逐渐收到关注并成为企业管理的重要平台和手段。在西方发达国家，人力资源管理软件已成为企业资源管理的一个不可或缺的组成部分。在我国也得到了快速的发展，年均增长率超过30%，进一步推升了对人力资源管理软件的需求。随着现有用户的持续拓展及新技术新服务模式的应用，行业市场将进一步实现规模化扩展。在所有应用管理软件中，人力资源管理软件是目前增长率最高的市场。从地区看，美洲、欧洲、中东地区一直以来都是对全球人力资源服务贡献比较大的地区，根据预测，亚洲地区将成为混合年增长率最快的地区。

(3) 信息技术进步催生巨大行业变革。随着云服务、大数据、移动智能终端的快速普及，软件作为一种服务已经逐步取得了业界的认可。新型 SaaS(软件即服务)的应用模式得以大力推动。企业客户正逐步由产品购买转为服务购买。云服务、大数据的应用催生了美国 B2B 高技术软件企业的标杆企业 Workday，由于产品向服务模式转变后所带来的巨大的商业价值及利润空间使该公司未来的潜力得到了主流投资者的高度认可和评价。国内对于 SaaS 的接受程度也在快速提高。项目所推进的人力资源管理产品及云端服务将进一步巩固企业现有客户及价值，并借助信息技术变革显著提升企业在行业内地位。

2) 面临的挑战

(1) 新型商业模式的接受的节奏把握。本项目推行的技术产品服务是推动产品销售模式由许可证销售、一次性购买向按需购买、租赁式服务的升级。尽管技术及服务在美国已经得到大面积认同，在国内属于快速起步阶段，但毕竟市场处在培育阶段，需要一定程度的产业组织及市场推广。新型商业模式的导入的节奏需要仔细把握。企业也将结合产业链的组织，共同开展 SaaS 服务的宣传及推广，通过开展紧密合作的大客户开展市场的导入。

(2) 客户对与云端服务的信任度问题。业务启动之初，会有不少企业顾虑云服务对企业人力资源管理数据资料安全性的把握。事实上按照现有的技术体系，HR 软件由于是存储在 IDC 中心的多地备份，在数据加密、用户审核、权限访问等安全身份的管理技术要远比本地的安全和可靠。从美国市场积极启用云服务的市场趋势看，市场会随着客户的不断应用而全面接受，毕竟云服务应用不仅仅是在企业人力资源管理，其在广播影视、通信安全、金融证券、生物医药、教育科研及个人消费等领域均已有大规模的应用。

(3) 企业发展面临的人力资源风险。随着新技术及新业务带动行业及企业业务的变革及快速发展，人才资源成为企业生存发展突破的关键因素。随着企业核心价值的逐步体现以及行业竞争的日益加剧，如何设计灵活的企业管理及激励机制，吸引外部优秀人才和稳固现有核心市场及技术人才是企业需要重点需要考虑的战略问题。

四、赢利模式

(一) 现有赢利模式的解析——创新产品+实施支持

一个企业能够生存与壮大，其根本原因是它能在不同时期，根据市场变化的趋势，推出与时俱进的创新型产品，契合用户需求，获得客户肯定，最终赢得市场。嘉扬现有的赢利模式可以简单地概括为“创新产品+实施支持”。结合着我国人力资源软件市场启动，嘉扬正确的战略选择实现了企业不断稳步增长，逐步成长为国内人力资源管理软件细分行业领导者。

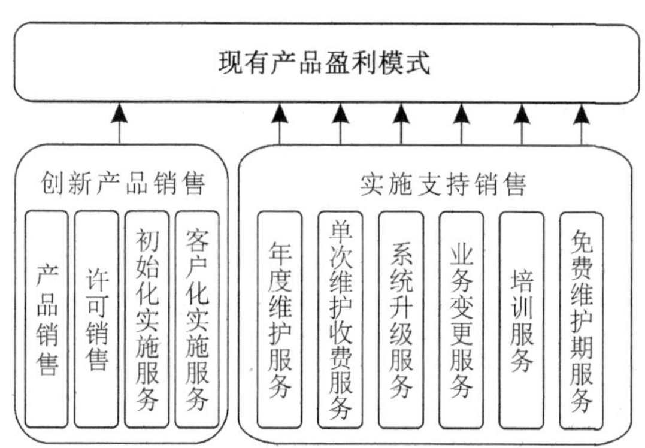

图7　嘉扬现有赢利模式

1) 创新型人力资源管理软件产品

嘉扬自1995年成立至今，一直专心致力于HR软件的开发，秉承“专业创造价值，创新铸造未来”的理念，把握住市场命脉，产品推陈出新，分别在不同的发展阶段为先进的人力管理思想提供表演的舞台。

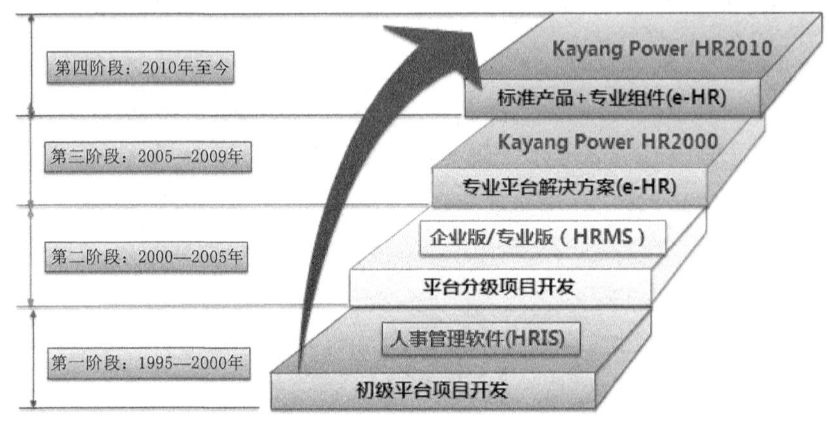

图 8　嘉扬创新型专业软件的开发演进历程

（1）人事信息管理软件产品 HRIS(1995—2000 年)。

国内的 HR 软件从 20 世纪 90 年代初开始发展，这一时代 HR 软件市场处于导入期，软件需求主要以提升 HR 人员的工作效率，初步实现人事事务的电子化管理，以信息收集和存储为主。这一时期的 HR 软件顶多称之为人事信息管理软件。嘉扬创始者们具有前瞻性的战略眼光，从成立之初就确定嘉扬产品系中的平台化的思想并沿用至今。初级平台细分为 Workshop 应用平台＋FormDesign 界面设计平台＋HRAdmin 用户权限配置平台＋ReportDesign 报表设计四大类，技术人员可根据不同用户的业务需求量身定做平台，由此获得众多大中型企业客户的青睐，摩托罗拉公司是嘉扬该信息化产品的第一位客户。

（2）企业版/专业版人事管理系统软件产品 HRMS(2000—2005 年)。

随着中国 2001 年底加入 WTO、经济全球化等诸多因素，不断刺激着国内企业在管理软件方面的应用。企业在实施 ERP 后开始筹建新的信息化体系，HR 市场迅速由导入期过渡到上升发展期。随着人力资源管理水平的提升，部分企业的 HR 部门工作正逐步从事务层面转向业务层面。HR 软件进入全面业务管理阶段，可辅助 HR 部门提高工作效率，提供决策支持和建议，对企业的人力资源实际情况进行分析。人事信息管理软件逐步过渡到人力资源管理软件。此时嘉扬在开放型的平台上推出 HR 软件企业版和专业版，其中企业版适用于管理体系比较复杂、信息化水平比较高的大中型企业，可满足企业随需应变的需求；专业版则适用于管理体系相对简单而完善，流程比较标准的中小型企业。

（3）专业平台解决方案 eHR (2005—2009 年)。

从 2005 年开始，HR 软件市场进入飞速发展期，市场总值每年以约 30% 增长率递增；随着互联网的发展，信息化管理日趋深入，越来越多的企业开始将以网络技术为核心的信息技术应用于企业管理，开拓了人力资源管理软件领域崭新的局面，e-HR 系统受到大力推崇和发展。嘉扬研发推出了 Kayang Power HR2000 第一轮 e-HR 产品。这是一个多应用的平台，可以扩展到每位员工，通过员工自助服务系统使员工和管理者能及时了解企业的最新动向和各项规章制度，有效提高员工对企业的认同感。Kayang Power HR2000 系统包含了员工事务管理、薪资与福利、考勤管理、招聘管理、培训与发展、绩效评估等模块以及一些辅助工具。系统基于 C/S(或 B/S)结构的设计，可运行于协作管理的网络环境。

(4) 标准产品＋专业组件 eHR(2010 年至今)。

2010 年嘉扬推出了 Kayang Power HR2010 新一轮 e-HR 产品。这是一款具有跨时代意义的创新型产品，它凝聚着嘉扬数位技术开发精英 20 年来在 HR 软件平台上的开发智慧，产品中融入了各种人力资源管理的先进理念和众多一流企业人力资源管理的实践经验，是一套先进、全面、专业、细致、安全、稳定的 e-HR 产品，其无论从体验性还是美观性都有技术的革新，平台功能更强大，是目前嘉扬在人力资源管理软件市场的主推产品。Kayang Power HR2010 产品系列在 e-HR 业务上遵循专业应用、功能完善、操作简便三大原则，产品系列基于国家区域 HR 政策差异大和变化大，公司人力资源管理要求高、个性强、变化大，且对系统安全、独立、保密要求高等特性，非常适合于 HR 的具体实际业务需求和“随需应变”的发展要求。

2) *人力资源管理软件实施支持服务*

在以服务为主导思想的全球化企业经营战略中，很多公司将售后服务列为提升竞争力和获取利润的重要法宝。嘉扬多元化售后服务利润的模式，赢利主要来源如图 9 所示的六大部分。

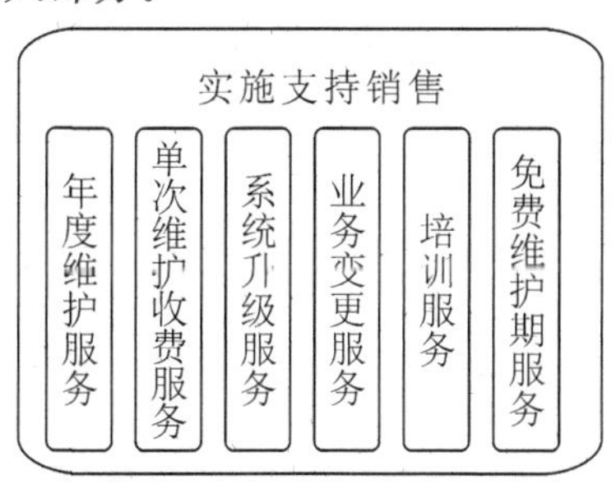

图 9　嘉扬实施支持服务来源

免费维护期服务的客户虽然不收费，但其是我们的潜在客户，是后续收费服务的重要客户来源。众多客户都是在免费维护期体验到我们的优质服务后，才放心购买我们的年度维护服务。目前有90%的客户选择购买年维护服务。当然，我们也提供另一种模式供客户灵活选择，比如客户可以结合自身的技术和项目预算等情况，灵活选择单次维护收费的服务。公司定期组织市场活动，目前还在使用第二阶段产品的客户几乎只占所有维护客户的约15%，大部分都升级使用第三代或第四代产品。嘉扬有一套有效而严格的项目管理机制，来确保客户平稳度过新旧系统的过渡期；通过一系列的培训，协助客户尽快掌握新系统的使用，实现新旧系统的无缝对接。

近几年，嘉扬售后利润的一个重头来源是业务变更服务。众多企业随着自身的逐步壮大和发展、管理模式的调整、业务流程的重新梳理，带来相应HR软件中业务流程的变化，嘉扬为此建立起了一整套业务变更实施的管理流程。嘉扬针对新老客户不定期组织各类免费的培训，不过对于客户因主观因素产生的培训需求，比如因操作者的频繁替换和系统管理员的开发类培训，则需根据市场行情合理收费。

现有售后服务模式下，各业务贡献利润比例如图10所示。

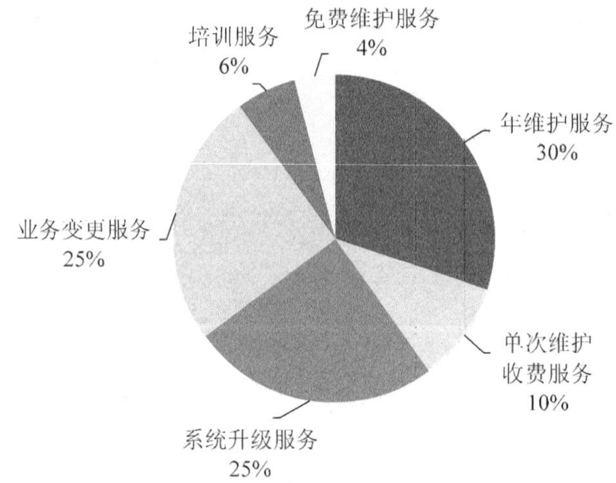

图10 嘉扬售后利润模式

（二）未来赢利模式的解析——云端服务+开放平台+多元增值

随着计算机技术的迅猛发展，每10年必将出现具有划时代意义的技术革新。正如我们一路从Windows视窗时代走到互联网时代，又将迈向云服务时代，即进入大数据云计算的互联网时代，“大云互”的发展模式也将势必成为软件行业的发展趋势。嘉扬与时俱进，紧追时代步伐，在用心经营好 e-HR 产品这一片旧大陆的同时，将抢先制定开拓云服务这一片新大陆的发展战略，规划未来嘉扬的赢利模式以“云端服务＋开放平台＋多元增值服务模式”为核心。

在现代企业管理中广泛应用的 ERP 系统，集信息管理和先进管理模式于一身。但目前在发展中遇到两大问题：一是国内 ERP 系统厂商难以全方位满足用户的需求，有很多厂商可以把 ERP 系统中的各子模块做得非常专业，比如 OA 系统、财务系统、供应链系统等，但却没有一家厂商能把 ERP 系统所有的子模块做得精而全，赢得良好的用户口碑，即使国内比较有代表性的 ERP 厂商也难以做到这点；二是国外 ERP 系统虽说管理理念先进、功能齐全，但进入中国市场则普遍出现水土不服的现象，若要符合中国国情，则必须进行二次开发，但因国外 ERP 的研发中心都不在中国，因此二次开发难度大、费用昂贵。综合分析 ERP 系统市场的诸多问题之后，嘉扬的决策者认为，我们未来需要做的是在完善自身 e-HR 产品云服务的同时，搭建基于云服务的安全集中式的 PaaS 平台，作为各类 ERP 细分行业供应商软件的表演舞台，而不是自身再投入大量精力涉足研发 ERP 其他细分行业的管理软件。

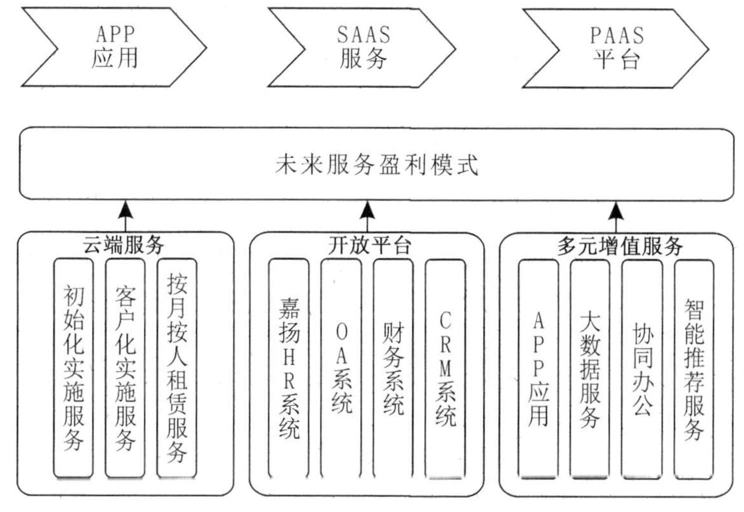

图 11　嘉扬未来赢利模式及开放平台组成

1. 云端服务

2012 年，嘉扬进一步研制开发基于云平台的 Power HR SaaS 产品。针对 e-HR 业务研发定制灵活多样的多种嘉扬 APP 应用，如通信录、人才测评、请假申请等 APP，在产品的系统集成平台上进一步开发了 SaaS 服务产品，其主要以嘉扬的 e-HR 业务为主。2013 年，嘉扬在继续全力推广 Power HR SaaS 云服务产品。云端服务边际成本低、技术壁垒高，未来收入占比逐年增大，且由于云端服务的最大特征在于统一性，所有数据资源均在后台服务器上运行，所以只要网络顺畅，无论在手机、iPad 还是高低端配置电脑，用户都能获取统一的操作体验，同时及时在线的数据更新和处理使得管理层可以第一时间获取最新信息，方便有效判断。云端企业软件在服务器短更新之后，用户可以即刻享受新版本服务。云端服务需要大量数据挖掘和案例分析后可以进入快速增长阶段。

2. 开放平台

嘉扬提供具有特色开放型 PaaS 平台，集成 ERP 系统中各行业类的 OA 系统、CRM 系统、财务系统、供应链系统等。在当今盛行的 B2B 模式下，嘉扬将在云平台中集成各类 ERP 软件提供专业的云服务，积极拓展外服等客户信任度高和拥有大量可信客户的业务合作伙伴，实现各类 APP 应用、OA 系统、财务系统、CRM 系统等各类 ERP 专业细分行业软件的集成，提供多元化的云服务。云服务可将 ERP 产品的行业性和功能性相结合，进行大数据信息和处理集成，为员工提供无处不在的云办公平台，正所谓企业选择了正确的云平台，员工将随时随地享受到云服务。嘉扬将研发大数据、具有安全性和开放性的 PaaS 平台，在此平台上我们只提供专业 e-HR 业务，ERP 系统中其他的业务通过开放性的平台做接口，我们可以和各类专业的 ERP 系统，比如 OA 系统、CRM 系统所有的供应商，都可以做一个标准的接口，这样在这个开放性的云平台上，用户能灵活选择最适合本企业的各类 ERP 系统，享受到 ERP 各领域中的专业服务。在 PaaS 平台上提供私有云和公共云。私有云可以满足用户个性化的需求，公共云则可提供大数据背景下更多的 APP 应用。在 PAAS 平台的研发中，寻找国内外知名的软件公司，具有代表性和行业标杆类厂商，定制标准开放型的接口。

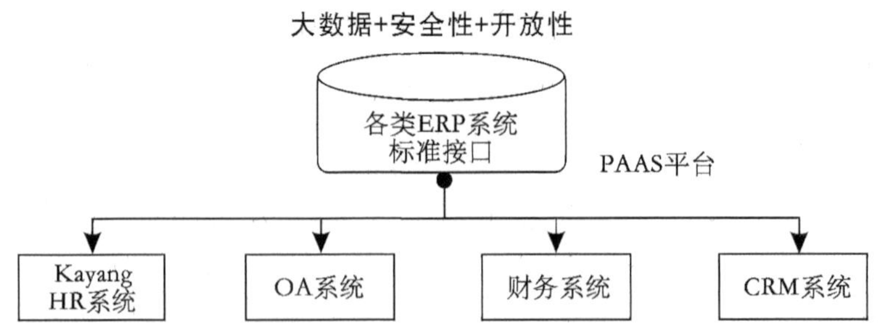

图 12 嘉扬开放平台及标准化接口

3. 多元增值服务模式

嘉扬的多元增值服务包括大数据分析评估、协同办公、智能推荐、APP应用等多元化增值服务模式。以大数据分析为例，结合云服务平台实现了人力资源系统的再造，建立起面向企业的个性化通用人力资源素质模型，建立起丰富的人才评测系统、招聘管理系统、继任与发展系统，形成绩效考核向绩效管理的全方位转变，实现员工从入职、激励、发展、留任到离职的整个生命循环的人才管理咨询及综合辅助决策性管理服务。

以大数据分析评估为例，通过基于关联规则分析和聚类分析的应用，实现通用人力资源素质模型，包括：企业文化核心价值观、人才价值观，行业特点及业务复杂度，战略绩效导向设计；人才评测系统包括分析判断、情绪控制、抗压能力、责任心等，敬业精神、战略理解、协调能力、沟通能力、规划安排等执行力，培养下属、团队建设、任务分配、授权管理等领导才能的设计，以支持企业选人、用人、育人、晋升；招聘管理系统包括关注招聘流程再造，吸引、招聘和适职，建立标准化的招聘流程，素质模型和人才评测系统建立等。

此外，与其他各专业的ERP供应商合作，提供诸如OA系统服务、财务系统服务、CRM系统服务等专业服务。在此服务模式下，在PaaS平台上，用户将快乐享受到多家专业公司提供的多元化服务。为了在云服务平台更好地实现多元化服务，我们必须提供公共的商品化程度高的服务，所以我们将和合作伙伴一起共同承担并提供专业的服务。在未来云服务模式下，预计未来赢利模式的利润贡献比例如图13所示。

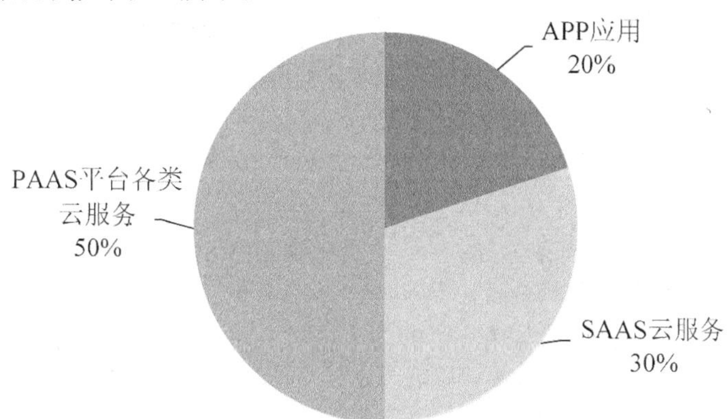

图13　嘉扬未来赢利模式利润组成

为了确保未来赢利模式的有效运作，我们分析了自身条件之后，制定相应的目标和计划（见表5）。

表 5　嘉扬未来目标和计划

自身条件	嘉扬在各行各业拥有大量的用户基础
	20 年专业的 HR 产品实施经验的积累和品牌效应
	在云服务案例中，目前已成功实施 JCI 和 EBAY 等多家世界 500 强的企业
目标计划	寻求更广泛的合作伙伴，拥有大量信任的用户群体，比如外服等专业的 HR 服务公司
	开拓 ERP 系统相关的应用，比如 OA、CRM 等
	开发更多的高端客户，实现优质云服务的口碑传播
	开放更多的、灵活方便的 eHR 应用小贴士，以小客户来影响大客户

（三）赢利 SWOT 分析

见表 6。

表 6　赢利优劣势分析

SWOT 分析	结　　果
优势 (Strengths)	• 产品专业，平台灵活，系统安全可靠 • 开放可扩展平台生态体系、一站式服务，行业组建丰富 • 考勤和薪资两大明星模块，功能强大 • 领先云架构、服务模式及业界良好的口碑和声誉 • 高质的项目实施团队，完善的售后服务体系 • 系统的综合性价比优势
劣势 (Weakness)	• 市场知名度待进一步提升，产生品牌效应 • 海外市场拓展刚刚起步有待积累
机遇 (Opportunity)	• 经济全球化带来管理理念的提升，加快企业化信息建设 • 国内外缺乏领军性的 HR 供应商，尤其越来越多的企业认识到本土化产品才是最适合国情的 • 制造业是我们擅长的领域，东南亚等区域制造业逐步发展，为嘉扬拓展海外市场带来契机
威胁 (Threats)	• 水平参差不齐的小型供应商争抢 HR 市场 • 客户对产品的档次和性能要求提高，给公司的研发和销售等人员匹配提出了挑战

五、销售及财务分析

（一）销售分析

针对现有“创新产品＋实施支持”，嘉扬将结合客户要求积极布局多元化的产品形态，在推广大中型、集团式企业版应用的同时，向中小型企业积极推广通用型产品。继续深化拓展与现有集团性客户、外服等机构的业务紧密合作，稳固并提升现有产品服务的市场占有率，扩展现有产品系列在各细分市场的占有率。对现有选择传统产品服务的客户，除了软件产品销售以外，加强实施服务及售后服务，通过年维护服务、单次维护收费、系统升级服务、业务变更服务及培训服务开展全面的产品多元化销售。

针对新型产品“云端服务＋开放平台＋多元增值”的赢利模式，积极开展云服务的推广与布局，新推出的云服务将预留 10%的销售预留空间。结合已采用云服务的首批 JCI、EBAY 等多家世界 500 强的企业客户，积极采用推荐成为示范工程，加以全方位的推广应用。继续深化与上海对外服务有限公司等有影响力的集团客户、国际领先的龙头企业 Workday 等单位开展多层次的紧密合作，共同开展本地化服务及拓展在高端市场技术市场服务。嘉扬无论是在项目产品还是服务的购置上与国际一线品牌及国内综合性软件产品供应商相比均具有性价比的持续竞争力。鉴于低廉的产品成本做保障，嘉扬的定价将从市场出发。

在新推出作为现有产品补充的 HR 云服务将采用按需租赁的方式，费用将包括实施服务及月租服务。实施服务包括初始化费用(数据导入、账号建立、培训等服务)、客户化的增值服务、按企业人数和按月的方式支付租赁费用，企业 HR 云服务价格方案见表 7、表 8。

销售模式将根据客户企业的规模提供不同的服务价格方案。随着收费方案从软件销售转向服务收费，基本收入将趋于稳定，而未来随着 APP 应用、定向培训、协同办公、大数据服务等产品服务的推出，嘉扬的收入模式将更加灵活和主动。

由此可以得出，嘉扬产品与服务销售量及销售额的详细计算表格，如表 9 所示。

表7　1～2 000人企业HR云服务价格方案

单位:元

模块	企业人数	实施服务					月租费用		多元增值
		初始化(导数据,建账号,培训)		客户化服务		合计	单价	费用	费用
		工作量	费用	工作量	费用				
组织人事	500	4	¥10 000.00	2	¥6 000.00	¥16 000.00	5	¥2 500.00	暂免
薪资与福利	500	2	¥5 000.00	5	¥15 000.00	¥20 000.00	6	¥3 000.00	暂免
考勤与休假	500	2	¥5 000.00	5	¥15 000.00	¥20 000.00	4	¥2 000.00	暂免
时间管理	500	2	¥5 000.00	3	¥9 000.00	¥14 000.00	6	¥3 000.00	暂免
					实施合计	¥70 000.00	月租合计	¥10 500.00	

表8　2 001～10 001人企业HR云服务价格方案

单位:元

模块	企业人数	实施服务					月租费用		多元增值
		初始化(导数据,建账号,培训)		客户化服务		合计	单价	费用	费用
		工作量	费用	工作量	费用				
组织人事	2000	5	¥12 500.00	4	¥12 000.00	¥24 500.00	6	¥12 000.00	暂免
薪资与福利	2000	3	¥7 500.00	10	¥30 000.00	¥37 500.00	8	¥16 000.00	暂免
考勤与休假	2000	3	¥7 500.00	10	¥30 000.00	¥37 500.00	5	¥10 000.00	暂免
时间管理	2000	3	¥7 500.00	6	¥18 000.00	¥25 500.00	7	¥14 000.00	暂免
					实施合计	¥125 000.00	月租合计	¥52 000.00	

表9　产品与服务的销售量及销售额表

（单位：万元）

年度	业务模块	报价方式	销售单价	销售数量	销售额
2011	eHR产品＋实施	产品＋实施＋许可＋支持	40～50	132	6 342
	HR云服务	服务＋实施		2	292
2012	eHR产品＋实施	产品＋实施＋许可＋支持	40～50	151	6 852
	HR云服务	服务＋实施		2	352
2013	eHR产品＋实施	产品＋实施＋许可＋支持	30～50	200	8 000
	HR云服务	服务＋实施		5	600
2014	eHR产品＋实施	产品＋实施＋许可＋支持	30～50	360	11 400
	HR云服务	服务＋实施		30	2 600
2015	eHR产品＋实施	产品＋实施＋许可＋支持	20～50	480	14 400
	HR云服务	服务＋实施		60	5 000
2016	eHR产品＋实施	产品＋实施＋许可＋支持	20～50	600	18 000
	HR云服务	服务＋实施		100	8 000

（二）财务分析

1. 营业收入

通过对收入的分析，可以看出营业收入每年增长率超过25%以上。从结构分析看，公司主营收入主要来源于两类产品：产品＋服务和服务（云）。主营收入中产品＋服务收入的比重占总收入的84%，成为收入的重要来源。具体数据如表10所示。

表10　营业收入预测

（单位：万元）

项　目	2013年	2014年	2015年	2016年	累计	结构比（%）
eHR产品＋服务	7 547	10 755	13 585	16 981	48 868	76
HR云服务	566	2 453	4 717	7 547	15 283	24
合计	8 113	10 189	13 679	17 925	64 161	100

2. 各产品损益预测对比

通过对两类业务利润的对比，公司的利润主要由产品＋服务这种传统业务模式所带来，但从销售利润率的分析中可以看出，新的云服务的净利润高于传统的产品＋服务业务，给企业未来的发展带来较高的利润空间。

表 11　各产品损益预测对比

（单位：万元）

项　目	2013 年	2014 年	2015 年	2016 年
一、eHR 产品＋服务业务				
销售收入	7 547	10 755	13 585	16 891
净利润	4 028	5 786	7 489	9 009
销售净利率	53%	54%	55%	54%
二、HR 云服务业务				
服务(云)销售收入	566	2 453	4 717	7 547
净利润	390	1 814	3 553	5 515
销售净利率	69%	74%	75%	73%

3. 成本费用分析

人工成本主要包括员工工资、福利、社会保险费等，占整体成本费用的 78%。

运营费用主要包括房租、水电、物业及日常运营费用等，占整体成本费用的 17%。

折旧及摊销主要包括机器设备折旧、无形资产摊销等费用，占整体成本费用的 5%。

表 12　成本费用预算

（单位：万元）

项　目	2013 年	2014 年	2015 年	2016 年
人工成本	2 280	3 200	3 900	5 400
运营费用	415	720	960	1 320
折旧及摊销	158	244	308	424
合计	2 853	4 164	5 168	7 144

4. 损益表

见表13。

表13　损益表预测

（单位:万元）

项　　目	2013年	2014年	2015年	2016年
一、营业收入	8 113	13 208	18 302	24 528
减:营业成本	1 498	2 137	2 624	3 631
营业税金及附加	63	103	143	191
销售费用	861	1 294	1 626	2 246
管理费用	493	733	917	1 267
财务费用				
资产减值损失				
二、营业利润	5 197	8 941	12 911	17 193
加:营业外收入				
减:营业外支出				
加:以前年度损益调整				
三、利润总额	5 197	8 941	12 911	17 193
减:企业所得税	780	1 341	1 949	2 579
四、净利润	4 417	7 599	11 042	14 614
五、净利润率	54%	58%	60%	60%

注:数据中,营业税及附加税按6%测算,企业所得税税率按15%(高新技术企业)税率进行测算。

六、风险控制

(一) 风险分析

1. 产品销售向服务租赁商业模式的创新

本项目推行的技术产品服务是推动产品销售模式由许可证销售、一次性购买向按需购买、租赁式服务的升级。尽管技术及服务在美国已经得到大面积认同，但在国内尚属于起步的初级阶段，因此市场处在培育的普及阶段，需要一定程度的产业组织及市场推广。

2. 企业发展面临的经营管理风险

企业业务发展对管理能力及人力资源提出更高的要求。随着新技术及新业务带动行业及企业业务的变革及快速发展，人才资源成为企业生存发展突破的关键因素，如何设计灵活的企业管理及激励机制，吸引稳固核心市场及技术人才是企业需要重点考虑的战略问题。

3. 企业发展拓展面临的市场竞争风险

大型的国际跨国公司具有品牌、资金等多方面的优势，将对企业市场拓展形成一定程度的竞争。企业将通过与大客户及大企业的紧密合作和深度融合，实现与竞争对手与下游重要客户的战略合作。不断加强纵深合作，保持自身的优势，形成企业独特的核心竞争力。

（二）控制手段

1. 模式创新风险控制手段

传统产品业务模式企业已有2000余家客户，嘉扬将继续做好客户的培育及服务工作，稳固已有的市场份额。企业也将结合产业链的组织，共同开展SAAS服务的宣传及推广，通过开展紧密合作的大客户开展市场的导入。从目前情况看，已有JCI、EBAY等多家世界500强的企业客户开始启动云服务业务，并已取得了良好的反响。

2. 经营管理风险控制手段

加强核心领导团队的建设，明细公司制度。持续做精现有赢利模式，拓展未来赢利模式，通过在市场上的表现展现企业的发展空间，适时提出企业资本战略及企业上市计划。定期回顾经营财务状况，保障资金使用效率，保障研发预算。

3. 市场竞争风险控制手段

把握市场需求、贴近用户要求进行产品开发组织，抢占市场先机。降低市场开拓风险，重点突破中型企业的解决方案。通过合作共赢深度合作，开展与外资企业的合作，加强与目前硬件市场主要占有者的联合。不断加强纵深合作，保持自身的优势和竞争力。注重发展公司在软件和服务上的竞争优势，逐步建立独特的企业核心竞争力。

有机蔬菜业的创生之旅
——上海一亩田实业的赢利模式

一、案例背景及赢利模式研究思路

（一）企业介绍

现代农业广泛运用化肥、农药、生长激素、转基因技术等，带来了诸如水土流失、食品污染、品质下降、生物多样性减少、能源危机、生态失衡等一系列问题，也造成了现代农业体系内在的不稳定性和不持续性。有机农业正是在这样的背景下启蒙和发展的，它是在吸收传统农业精华的基础上，运用生物学、生态学和农业科学原理和技术发展起来的农业可持续发展类型。

上海一亩田实业有限公司（简称一亩田）旨在提供一种全新的生活方式和健康理念，客户以会员制方式拥有崇明上海一亩田地，公司负责有机方式种植，并将所产送货上门，客户可以通过网络即时观察长势，也可在假日举家出游田间操作，使家人们在喧嚣的都市中得以体会亲近自然的田园之乐，足不出户得以享用健康安全的食品蔬菜；孩子们在游戏之外得以经历春华秋实，为童年增添绿色乐趣。种植上海一亩田，成就健康，收获梦想。

从 2008—2011 年，一亩田在上海崇明岛选择了最佳生产环境，并持续投入土壤、水和种苗的改良；从 2008 年至今持续开发和使用产权的 E-farm 系统对农业生产进行科学有效和持续的管理；2010 年上海首发并应用有机蔬菜追溯系统，获得上海市委、市政府的高度重视；纯家庭会员顾客超过 7 000 个，日配送能力超过 2 000 单，会员总数超过 7 万个；改造良田 1 500 亩，成为上海和全国最有活力的有机农业企业。

（二）案例典型性

在一亩田农场里，除了土地租金、种植物成本，最大的投入是人工成本。有机种植的特点是，除草、防虫防灾的工作都需要人工，光靠技术手段不能根本解决问题。“人工费用高于其他费用，蔬菜价格高于肉禽类，这些在发达国家的现代农场里很正常。”粗放式消费到集约式消费的变化，将是必然。在德国的餐厅，顾客会把点的菜肴全部吃完，如果客人点餐超过消费人数的量，服务员会善意地提醒：“够了”。未来，预约消费有机蔬菜也许会成为每家每户日常生活中很普通的一幕。

一亩田蔬菜生产基地位于“无烟岛”——以上海崇明，距离东滩保护湿地仅10公里左右，是有机蔬菜生长的天堂；从基地建设到生产管理，建立了一亩田标准化生产及SOP管理流程；进行严谨详细的农事生产记录，使每一颗出自这里的蔬菜种植过程透明化和完全可追溯。全球有机农业联合会（IFOAM）和国家环保部（OFDC）的双重有机认证体系，随时接受有关机构检查。专用的恒温配送系统，确保产品从农田采摘到家门口的封闭式管理。采用在线支付、移动POS机等非现金收费模式，确保客户的交易安全。农场直接到家，无中间环节，全程恒温保鲜运送。自由选择配送日期及菜品、自由选择下单方式、自由付款方式、免费宅配到家。强调施用有机肥改善地力，采用生物和机械的方法防治虫害，减少化学物质对环境的污染。用计算机海量数据计算，获取上海市民的蔬菜消费比例，精确生产，降低能源损耗，杜绝浪费和产能虚耗。

（三）赢利模式研究思路

本文利用PEST分析工具、无力分析方法、产业生命周期和行业关键要素等理论对一亩田所处宏观环境、行业环境进行介绍，识别出一亩田所面临的外部机遇和挑战。

然后介绍一亩田为了保证赢利模式创新的顺利实施所选择的业务类型和模式。

接下来，从一亩田的业务模式出发分析了赢利模式的要素组成，基本按照企业演化的轨迹，从目标顾客、价值主张、业务流程、核心资源、重要合作、收入结构（含定价方式）、成本结构等要素角度进行剖析。

最后，总结了一亩田赢利模式创新的经验，以期给有机蔬菜行业的发展提供一定的借鉴。

二、外部环境分析

（一）宏观环境分析

20世纪70年代以来，有机农业在欧、美、日以及部分发展中国家得到快速发展。目前世界上约有120个国家进行有机农业生产，有机农业生产和贸易规模约占整个食物系统的1%左右。2006年的统计表明，目前全球有近3 100万公顷有机农田，其中澳大利亚位居第一（近1 200万公顷），其次为阿根廷（约310万公顷），居第三位的是中国（230万公顷），美国位居第四（160万公顷）。目前全球至少有62万个有机农场（多数为小农户农场），拥有有机农场数目最多的前3位是墨西哥（8.3万个）、意大利（4.4万个）和乌干达（4万个）。

1. 政策环境为一亩田赢利模式创新提供了有力支撑

1）《食品工业“十一五”发展纲要》

国家发改委《食品工业“十一五”发展纲要》指出，“我国食物资源丰富，粮食、油料、蔬菜、水果、肉类和水产品等农产品产量均居世界首位，但是以这些农产品为原料的食品加工、转化增值程度偏低。在加工量方面，目前我国加工食品占消费食品的比重仅为30%，远低于发达国家60%～80%的水平”；“与发达国家相比，我国果蔬产业仍然比较落后，采后损失率达20%～30%，果品和蔬菜深加工率不足10%和1%。”纲要提出“十一五”期间要“基本建立我国现代果蔬加工和物流配送体系，形成布局合理、区域特色明显的果蔬加工业产业集群”；“到2010年，果蔬采后商品化率提高到60%以上，采后损失率降低到10%～15%，果蔬的深加工转化率分别达到10%～15%和3%～5%，果蔬皮渣的综合利用水平大幅度提高，经济效益进一步改善”；“在东北、西北、西南等果蔬主产区及东南沿海发达地区，重点发展脱水果蔬产业和果蔬速冻产业，形成环形产业布局，增强出口能力。”

2）《农产品加工业“十一五”发展规划》

《农产品加工业“十一五”发展规划》提出“十一五”期间我国果蔬加工业发展重点：“在果蔬主产地及东南沿海贸易发达地区，如山西、江苏、浙江、福建、山东等地发展脱水果蔬产业，同时向西部地区如甘肃、宁夏、新疆等发展，形成‘优势品种、优势产区加工’的‘双优’布局。重点发展洋葱、大蒜、南瓜、胡萝卜、姜、辣椒、萝卜条等脱水产品，扩大脱水马铃薯、洋葱、胡萝卜等大品种生产规模。

重点在东南沿海出口基地进行加工业布局，同时发展甘肃、宁夏、新疆等西部地区及东三省的脱水果蔬加工，增强向中亚及俄罗斯等欧洲国家的出口能力。”

3）上海市对蔬菜的优惠政策

上海市除了税收优惠之外，作为国际化大都市对农业的扶持力度也是非常大的。上海农业贡献仅仅占有1%的全市GDP，但是却受到多方的强烈关注。每一次粮价和菜价的波动都牵动着市委、市政府的神经。所以在上海，农业不但享受着各种税收优惠政策，而且市委、市政府每年调拨大量资金支持农业项目。农业的特殊人才也受到非常高的重视，上海绿叶菜本地供应课题使得上千家蔬菜基地和菜农获得实惠，上海市民也因此而获得健康、安全和方便的保障。

2. 经济发展趋势是一亩田赢利模式创新的催化剂

一亩田公司产生和发展是在人们逐渐富裕的基础上，一部分先富裕的人群对于食品的营养、新鲜、方便提出了新的要求，市场的需求差异性展现。富裕阶层对于生活有着较高的要求，追求高档住宅、豪华车辆、奢侈化妆品、顶级品牌服装等，在这些要求满足之后，他们为能否获得健康的饮食开始担忧。由此产生了人们对于食品等级的划分，和按照不同的标准、不同的成本生产产品的需求，由此就产生了优质高效农业产业化。

由于有机蔬菜价格较高，我国有机蔬菜一半用于出口，随着我国人民生活水平的提高和对健康关注程度的提高，国内消费市场规模将不断扩大。2005—2009年，我国有机蔬菜市场规模不断上升。2007年，市场规模为124万吨，同比增速为21.16%；2008年由于金融危机的影响，市场规模增速放缓，同比增长15.16%；2009年随着经济形势的好转，有机蔬菜的市场规模大幅上升，同比增速达到19.78%。

3. 社会文化环境为一亩田赢利模式创新提供持续市场需求

一亩田是在众多食品安全发生之后，把握了人们对于安全健康食品和蔬菜的需求。让我们回顾一下历史，饥饿问题曾经席卷全球，全球每年有几百万的人口因饥饿而失去生命。如何提高粮食的产量是摆在各国政府面前的头等大事，在政府的引导下，农业朝着高产高效的政策发展。自从1978年中国实现了农业联产承包责任之后，农民的积极性被极大地提高，生产效率获得快速提升，单季亩产量也从500～600斤增加到1 000～1 200斤。由此解决了社会温饱问题。我国政府也为能够满足13亿人民的温饱问题而受到全球的尊重。但是，随着温饱问题的解决又出现了很多新的问题。农业的机械化提高了劳动生产率，解放了大量的农村劳动力，这些没有经过任何培训的农民涌入城市，一方面帮助了城市的建设，另一方面也给城市带来诸多负面影响，如就业、住宿、医疗、卫生和安全。与此同时，农村出现了留守老人和儿童，老无所养、幼无所教。农

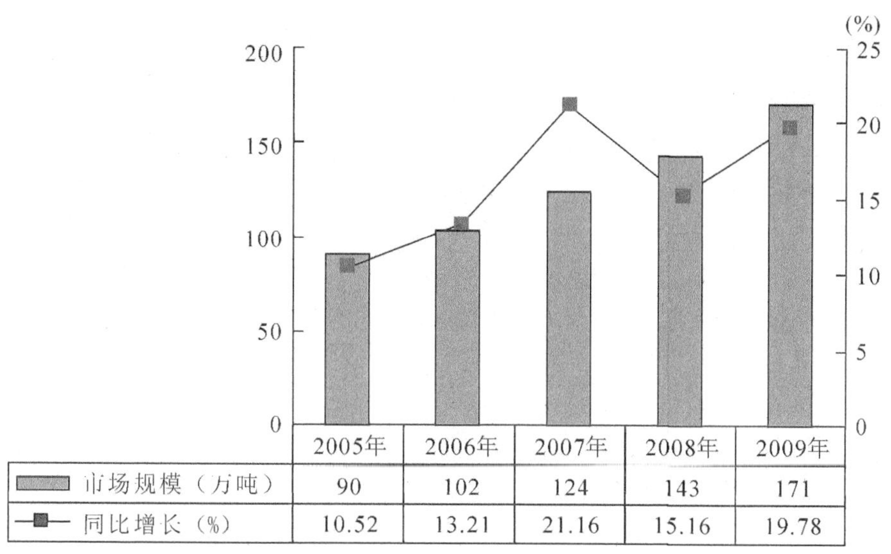

	2005年	2006年	2007年	2008年	2009年
市场规模（万吨）	90	102	124	143	171
同比增长（%）	10.52	13.21	21.16	15.16	19.78

图 1　2005—2009 年我国有机蔬菜行业市场规模

民在中国作为一个职业岗位，人数在急剧下降。农民阶层在社会分工里被摆在了最低的位置，没有社会地位和政治地位，现代主流社会即便是支付较高的工资也没有多少人愿意去当农民。在一定程度上，农业专业化、产业化、规模化离我们似乎越来越远，而粮食和蔬菜安全日益严重，引起全社会的关注。

4. 科学技术发展是一亩田赢利模式创新的驱动力

现代物流是物品从供应地向接收地的实体流动过程，是根据实际需要将运输、储存、装卸搬运、包装、流通加工、配送和信息处理等基本功能实施有机的结合。它主要包括四个方面：实质流动、实质存储、信息流通和管理协调。现代物流业的出现是社会分工细化的必然结果，科学技术的发展、市场竞争的加剧、城市化与工业化的相互作用共同促进了它的快速发展，并逐步形成一个新兴产业体系。相关研究表明，现代物流业不仅降低加工成本，而且能够降低交易成本，它的发展水平和经济增长与人均国内生产总值的提升有很高的相关性。大力推进上海现代物流业的发展，对于率先转变经济增长方式，加快形成以服务经济为主的产业结构，提升城市综合服务功能，增强上海的城市国际竞争力具有十分重要的意义。物流将成为未来上海发展的支柱产业。

2010 年以来，国内电子商务的发展高歌猛进。中国企业的互联网交易(B2B)已在全球市场名列前茅，交易额估计为 5 000 亿欧元。由于中国农村和偏远城镇互联网的发展，以及 3G 标准的采用，中国在线的网购用户已经达到 1.6亿。

（二）产业环境分析

1. 有机蔬菜产业链

产业链理论认为，产业链的形成和优化是社会分工的结果，也是产业发展的必经之路。我国有机蔬菜产业的跨越式发展，在很大程度上有赖于有机蔬菜产业链的优化、升级。

有机蔬菜行业的上游行业主要是制种行业和肥料行业等。种子行业位于农业生产链的最上端，是农业生产中最基本、最重要的生产资料，决定了农作物的产量和质量。据中国种子协会统计，我国农作物种子常年用量约为 125 亿千克以上，2008 年杂交玉米、杂交水稻、蔬菜以及棉花种子市场容量超过 300 亿元，潜在市场价值 800 多亿元，是世界第二大种子市场。目前我国农业用种多为自留种，种子商品化率低，仅为 36%，而美国等发达国家种子商品化率达 90%以上，可见我国的种子市场还有很大的发展空间。目前我国农业产业结构的调整必须以种子结构的调整作为起点，开发推广附加值高、适应市场需求的种子新品种是整个农业产业结构调整的关键。伴随农业产业结构的升级，我国对优质种子的需求将稳步增长，这必然促使我国种植业朝着高科技、高效型和集约化的方向发展。

在有机蔬菜需求市场上，消费者的行为与偏好对于处于成长阶段的有机蔬菜行业的影响十分巨大，它主要是通过影响有机蔬菜产品的市场价值实现，进而影响有机蔬菜生产者的行为而发生作用的。目前，我国对有机蔬菜具有辨别能力的消费者所占比例很小。其主要原因之一是由于宣传推介力度不够。认知是消费者产生购买行为的基础。只有消费者较全面地感知了某种产品消费确实能够极大化地满足其生理需要和社会需要时，才会产生积极的购买行为，并在消费过程中通过对该产品优良特性印象的不断强化，从而形成持续性的购买激励。而消费者认知度的提高，尤其是对新事物的认知，又在很大程度上依赖于宣传推介的力度。事实上，目前对有机蔬菜的宣传十分欠缺，导致居民对有机蔬菜这一新事物的认知度普遍较低，存在着许多认知误区。由于我国还没有形成稳定的有机蔬菜消费观念，从根本上制约了有机蔬菜的消费。

我国幅员辽阔，南北方物产各有特色，只有通过运输才能调剂有机蔬菜市场供应，互补余缺。运输是有机蔬菜生产与消费之间的桥梁，也是有机蔬菜商品经济发展必不可少的重要环节。在某些发达国家，蔬菜约有 70%是经运输后被销售的。近年来随着我国商品经济的飞速发展，蔬菜运输也受到了前所未有的重视。

运输可以看作是动态贮藏，运输过程中产品的振动程度，环境中的温度、湿度和空气成分都对运输效果产生重要影响。新鲜蔬菜水分含量多，采后生理活动旺盛，易破损、易腐烂。蔬菜采摘后仍然是一个活的有机体，新陈代谢持续，由于断绝了从母体的营养来源，只能凭借自身采摘前积累的营养物质的分解来提供生命活动所需要的能量，因此蔬菜呼吸越强，营养物质消耗越多，品质下降越快。

运输只不过是蔬菜流通的一种手段，它的最终目的地是销售市场、贮藏库或包装厂。一般而言，运输过程中的环境条件是难以控制的，特别是气候的变化和道路的颠簸，极易对蔬菜质量造成不良影响。只有具备良好的运输设施和技术，并且运输中的各个环节一定要快，才能使蔬菜迅速到达目的地。

2. 有机蔬菜行业所处的产业生命周期

产业的生命周期理论认为产业的产生发展有四个阶段：产业引入时期（产业发展初创期）、产业成长时期、产业成熟时期、产业衰退时期。

产业生命周期各阶段的特征：

1）初创期（也叫幼稚期）

在这一阶段，由于新产业刚刚诞生或初建不久，而只有为数不多的创业公司投资于这个新兴的产业。由于初创阶段行业的创立投资和产品的研究、开发费用较高，而产品市场需求狭小（因为大众对其尚缺乏了解），销售收入较低，因此这些创业公司可能不但没有赢利，反而普遍亏损；同时，较高的产品成本和价格与较小的市场需求还使这些创业公司面临很大的投资风险。另外，在初创阶段，企业还可能因财务困难而引发破产的危险。因此，这类企业更适合投机者而非投资者。这一时期的市场增长率较高，需求增长较快，技术变动较大，产业中各行业的用户主要致力于开辟新用户、占领市场，但此时技术上有很大的不确定性，在产品、市场、服务等策略上有很大的余地，对行业特点、行业竞争状况、用户特点等方面的信息掌握不多，企业进入壁垒较低。在初创阶段后期，随着行业生产技术的提高、生产成本的降低和市场需求的扩大，新行业便逐步由高风险、低收益的初创期转向高风险、高收益的成长期。

2）成长期

在这一个时期，拥有一定市场营销和财务力量的企业逐渐主导市场，这些企业往往是较大的企业，其资本结构比较稳定，因而它们开始定期支付股利并扩大经营。在成长阶段，新产业的产品经过广泛宣传和消费者的试用，逐渐以其自身的特点赢得了大众的欢迎或偏好，市场需求开始上升，新产业也随之繁荣起来。与市场需求变化相适应，供给方面相应地出现了一系列的变化。由于市场前景良好，投资于新产业的厂商大量增加，产品也逐步从单一、低质、高价向多样、优质和低价方向发展，因而新行业出现了生产厂商和产品相互竞争的局面。这种状况会持续数年或数十年。由于这一原因，这一阶段有时被称为投资机会时期。这种状况的继续将导致生产厂商随着市场竞争的不断发展和产品产量的不断增加，市场的需求日趋饱和。生产厂商不能单纯地依靠扩大生产量、提高市场的份额来增加收入，而必须依靠追加生产、提高生产技术、降低成本，以及研制和开发新产品的方法来争取竞争优势，战胜竞争对手以维持企业的生存。这一时期的特点是市场增长率很高，需求高速增长，技术渐趋定型，产业特点、产业竞争状况及用户特点已比较明朗，企业进入壁垒提高，产品品种及竞争者数量增多。

但上述方法只有资本和技术力量雄厚、经营管理有方的企业才能做到。那些财力与技术较弱、经营不善，或新加入的企业(因产品的成本较高或不符合市场的需要)则往往被淘汰或被兼并。因而，这一时期企业的利润虽然增长很快，但所面临的竞争风险也非常大，破产率与合并率相当高。在成长阶段的后期，由于产品竞争优胜劣汰规律的作用，市场上生产厂商的数量在大幅度下降之后便开始稳定下来。由于市场需求基本饱和，产品的销售增长率减慢，迅速赚取利润的机会减少，整个行业开始进入稳定期。在成长阶段，虽然行业仍在增长，但这时的增长具有可测性。由于受不确定因素的影响较少，产业的波动也较小。此时，投资者蒙受经营失败而导致投资损失的可能性大大降低，因此，他们分享产业增长带来的收益的可能性大大提高。

3) 成熟期

产业的成熟阶段是一个相对较长的时期。在这一时期里，在竞争中生存下来的少数大厂商垄断了整个行业的市场，每个厂商都占有一定比例的市场份额。由于彼此势均力敌，市场份额比例发生变化的程度较小。厂商与产品之间的竞争手段逐渐从价格手段转向各种非价格手段，如提高质量、改善性能和加强售后维修服务等。产业的利润由于一定程度的垄断达到了很高的水平，而风险却因市场比例比较稳定，新企业难以打入成熟期市场而较低，其原因是市场已被原有大企业比例分割，产品的价格比较低。因而，新企业往往会由于创业投资无法很快得到补偿或产品的销路不畅，资金周转困难而倒闭或转产。

在产业成熟阶段，产业内行业增长速度降到一个更加适度的水平。在某些情况下，整个产业的增长可能会完全停止，其产出甚至下降。由于丧失其资本的增长，致使产业的发展很难较好地保持与国民生产总值同步增长，当国民生产总值减少时，产业甚至蒙受更大的损失。但是，由于技术创新的原因，产业中的某些行业或许实际上会有新的增长。在短期内很难识别何时进入成熟阶段，但总而言之，在这一阶段一开始，投资者便希望收回资金。

这一时期的特征表现为市场增长率不高，需求增长率不高，技术上已经成熟，行业特点、行业竞争状况及用户特点非常清楚和稳定，买方市场形成，行业赢利能力下降，新产品和产品的新用途开发更为困难，行业进入壁垒很高。

4）衰退期

这一时期出现在较长的稳定阶段后。由于新产品和大量替代品的出现，原产业的市场需求开始逐渐减少，产品的销售量也开始下降，某些厂商开始向其他更有利可图的产业转移资金，因而原产业出现了厂商数目减少、利润下降的萧条景象。至此，整个产业便进入了生命周期的最后阶段。在衰退阶段里，厂商的数目逐步减少，市场逐渐萎缩，利润率停滞或不断下降。当正常利润无法维持或现有投资折旧完毕后，整个产业便逐渐解体了。

这一时期的特征为市场增长率下降，需求下降，产品品种及竞争者数目减少。从衰退的原因来看，可能有四种类型的衰退：

（1）资源型衰退，即由于生产所依赖的资源的枯竭所导致的衰退。

（2）效率型衰退，即由于效率低下的比较劣势而引起的行业衰退。

（3）收入低弹性衰退，即因需求—收入弹性较低而衰退的行业。

（4）聚集过度性衰退，即因经济过度聚集的弊端所引起的行业衰退。

2009年，我国有机蔬菜行业生产规模增速达到11.07%，市场规模增速为19.78%，销售毛利率达到15%左右，市场集中度较低，市场增长率较高，需求增长较快，技术变动较大，产业中各行业的用户主要致力于开辟新用户、占领市场，但此时技术上有很大的不确定性，在产品、市场、服务等策略上有很大的余地，对行业特点、行业竞争状况、用户特点等方面的信息掌握不多，企业进入壁垒较低。因此，根据上述产业生命周期理论可以认为我国的有机蔬菜行业正处于初创期。

（三）有机蔬菜行业五力分析

根据波特“五种因素”模型，这里对新进入者、行业内企业、替代品、供应商的议价力量和购买者的议价力量一一进行具体分析。

1. 新进入者的威胁

有机蔬菜行业近几年获得了非常迅猛的发展，这是因为：我们现在经常能够听说现在吃饭不香了，吃饭没味了，富贵病、新型疾病越来越多。2008年中国举办了世界瞩目的奥运会，中国给世界一个很大的惊喜。但在奥运会刚刚结束之后，我们听说了三聚氰胺儿童奶粉的事件，很多著名公司如三鹿、圣元、伊利、蒙牛全都牵连其中，让国人触目惊心！我们在感觉吃饭没有味道的同时也增加了太多的担忧，什么能吃？什么是安全的？还有谁是可以信赖的？政府如何监控？著名企业可靠吗？一部分人凭借独特的资源先富起来，他们提出能否得到高品质的粮食和蔬菜，同时支付较高的费用。顺应这种客观社会需求，由此就产生了优质高效农业产业化。

有机蔬菜的价格要比普通蔬菜贵3～5倍，这里蕴藏着巨大的商机。在中国经济发展的今天，很多民间资本在国际经济不景气的情况下被迫转型；还有一些原来从事普通蔬菜种植基地看到有机蔬菜的价格诱惑也转而生产有机蔬菜。我们能够经常看到，一些原来从事房地产、化工、出口贸易的企业纷纷转向投资有机蔬菜行业，一亩田也属于新进入者。

2. 行业内企业间的竞争

行业内的竞争者也在不断地提高和改变自己的经营方式和竞争策略。在上海，目前有机蔬菜的生产经营过程有这样几个典型类型（见表1）。

表1　上海有机蔬菜经营类型

类型	企业特点	代表公司	比例(%)
1	自己生产，田头批发	上海健绿花菜合作社	82
2	销售和电子商务	菜管家、海客乐、和乐康	10
3	自己生产，销售进入批发市场或者超市	上海崇本堂农业科技有限公司	5
4	自己生产、销售、配送，从田头到餐桌	上海一亩田实业有限公司	3

第一种，自己生产但不做面对终端消费者的销售环节，只做田头蔬菜交易和批发，交给专门的经销商。这种企业在享受专业化农业种植生产的同时，损失了大幅的利润空间，自己承担着农业种植的风险。当前的主要赢利点在于获得国家对于农业种植的补贴和农业项目专项补贴资金，属于较为传统的农业企业。这类企业与农业主管部门必然有密切的联系。这种类型的企业如上海健绿花菜合作社、崇明合兴园艺场等生产基地。

第二种，只做销售和电子商务，不做生产和配送。这种经营模式具备较轻的资本负担和快速增长性，也有较高的利润率，承担较小的风险，产品丰富和灵活性较高。这是一种新型的企业，是刚刚进入蔬菜行业入门阶段的选择，在农产品当前安全问题突出，如果没有一定的资产作为支撑，就难于得到客户的认同。这种类型的企业如菜管家、海客乐、和乐康等上海有机蔬菜电子商务类公司。

第三种，自己生产、自己销售产品进入批发市场或者超市，省去了部分中间环节，销售价格相对较低，消费者可以获得较高的收益。这样的企业在有机蔬菜行业应该有5年以上的经营经历，这样才能获得超市的品牌认同。按照较为传统的经销模式，很难吸引到新型人才，无力开发电子商务来销售自己的产品。这类企业如上海崇本堂农业科技有限公司的锦菜园品牌蔬菜，进入华东各地的家乐福和麦德龙超市。

第四种，自己生产、自己销售、自己配送，从田头到餐桌，省去了全部中间环节，销售价格最低，消费者可以获得安全、新鲜、营养的蔬菜。这是一种全新的经营模式，在日本和美国都有成功的模式。消费者和生产者直接见面，信任感增强，产销对接，省去所有的中间环节，生产者和消费者共同分享获益。这类企业如上海一亩田和多利农庄等新兴企业。

3. 替代品的威胁

有机蔬菜的替代品目前有绿色蔬菜、无公害蔬菜、无土栽培蔬菜和普通方式种植的蔬菜等。这些蔬菜在安全、新鲜、营养方面和有机蔬菜虽然有明显的差异，但是它们在价格方面却具备着很大的优势，分别具备较大的市场份额，如图2所示。

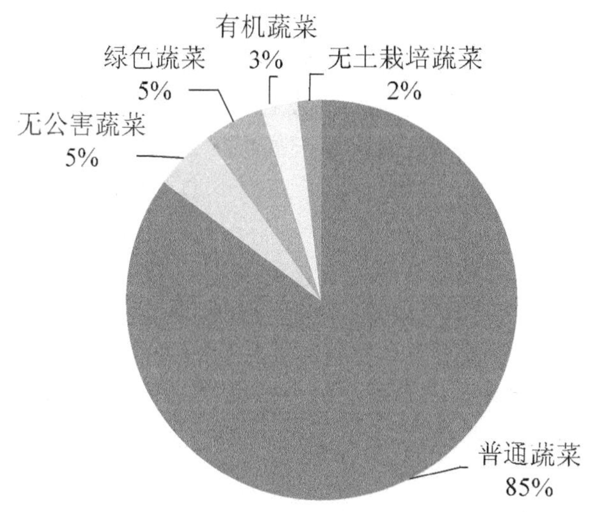

图2　市场各种等级蔬菜比例

第一，绿色蔬菜。绿色蔬菜是我国农业部门推广的认证蔬菜，分为A级和AA级两种。其中，A级绿色蔬菜生产中允许限量使用化学合成生产资料，AA级绿色蔬菜则较为严格地要求在生产过程中不使用化学合成的肥料、农药、兽药、饲料添加剂、食品添加剂和其他有害于环境和健康的物质。从本质上讲，绿色蔬菜是从普通蔬菜向有机蔬菜发展的一种过渡性产品。绿色蔬菜价格一般是普通蔬菜价格的2～3倍，目前在市场上的份额大约在5%左右。

第二，无公害蔬菜。无公害蔬菜是按照相应生产技术标准生产的、符合通用卫生标准并经有关部门认定的安全蔬菜。严格来讲，无公害是蔬菜的一种基本要求，普通蔬菜都应达到这一要求。这要求生产基地必须取得相关的证书，生产残留物对自然环境影响较小。无公害蔬菜价格一般是普通蔬菜的1.5～2倍，目前市场份额不到5%，通常能够争取到绿色认证的就不会去做无公害蔬菜的认证了。

第三，无土栽培蔬菜。无土栽培是指不用土壤，用溶液培养植物的方法，包括水培和沙培。19世纪中，W.克诺普等发展了这种方法。到20世纪30年代开始把这种技术应用到农业生产上。在21世纪人们进一步改进技术，使得无土栽培发展起来。无土育苗，不用土壤，而用非土壤的固体材料作基质，浇营养液，或不用任何基质，而利用水培或雾培的方式进行育苗，称为无土育苗。按是否利用基质，又可分为基质育苗和营养液育苗，前者是利用蛭石、珍珠岩、岩棉等基质并浇灌营养液苗；后者不用任何基质，只利用某些支撑物和营养液。无土育苗的优点是幼苗生长迅速、苗龄短，根系发育好、幼苗健壮、整齐，定植后缓苗时间短、易成活，无土栽培在育苗阶段具有极强的优势，亩产量很高、产品外观较好、商品价值较高，但无土栽培蔬菜的口感较差、营养不全面，大面积推广争论较大，目前市场份额很低，价格与普通蔬菜没有多少区别。

第四，普通方式种植的蔬菜。目前我们市场上买到的蔬菜都属于普通蔬菜，这种蔬菜没有经过严格的管理，即没有产地说明、没有证书、没有生产单位信息的三无产品。国家对这类产品的安全监管上也无从着手，大多采取事后应急处理，平时的抽检工作意义不大。市场份额大约在85%。

4. 供应商的议价力量

有机蔬菜供应商主要包括农资、肥料、种子几大类，按照企业控制资源的优势，在当前形势下他们有了更多的选择方式。

农资供应紧缺与原材料涨价、劳动力涨价紧密联系。最近几年国家对农业改造项目资金逐年增加，农业抗风险能力不断提高，农民购买设施的热情高涨，所以在今后的几年时间里农资涨价将是一个常态机制。

有机种植使用的肥料和生物制剂供应持续紧张。有机种植虽然在我国有十几年的发展历史，但是相关配套的肥料供应提高却相对滞后。根据从业经验，可供选择的有机肥生产厂家和有资质的生物制剂供应厂商屈指可数，这样供应商的议价能力在今后几年还会持续在较高的水平上。

有机种植的种子供应商在今后几年将有一段较好的时光。前些年转基因食品、转基因种子、太空种子等新鲜事物忽悠了老百姓一回。现在人们对非转基因种子和国外引进种子的需求大幅增加，对于蔬菜种植者来说议价能力处于较低位置。

5. 购买者的议价力量

当今社会的总体格局是买方市场，购买者和消费者在有多种选择的同时，可以从有机蔬菜、绿色蔬菜、无公害蔬菜甚至普通蔬菜中做出自己的选择，存在提高议价能力的可能。但在选择奢侈品时，消费者却处于相应的劣势。为什么会发生这样的情况呢？这是因为，奢侈品具备 6 个特点：绝对优秀的品质，高昂的价格，稀缺性和独特性，高级美感和多级情感，悠久的历史传统和传奇的品牌故事，非功能性。这种人们在选购奢侈品时的心态，同样的场景也会发生在选择有机蔬菜上。所以真正的有机蔬菜消费群，他们更加关注的产品的品质、真实性等，议价能力相反却会下降。最近几年将是有机蔬菜发展的黄金时间，也是一亩田积累客户、建立品牌和进行原始积累的最佳时间。

三、内部资源和能力分析

企业要进行战略选择，不但要了解外部环境，更要清晰自身的特点，对自身内部条件和能力正确定位。变化的外部环境不断给企业带来机会，但是只有具备相应内部条件的企业，才能利用机会。环境赋予的机会使企业已具备的长处得以发挥，而企业的短处却限制了对外部环境中机会的利用。许多企业的经验表明：有的企业环境虽然十分有利，但由于关键资源缺失而错过了发展机会；而有的企业环境虽然不利，但由于能够利用资源的长处而得到了发展。因此，只有系统地分析企业的内部条件，才能使企业认清自身的优缺点，扬长避短，在激烈的市场竞争中求得生存和发展。

（一）强大的人才能力

一亩田总经办主要由 3 个创始人和两名高管组成，承担制订公司治理结构、大政方针等事务，确定公司发展方向、方法和资源提供。这是公司的核心机构。由于组织成员分别来自不同行业、岗位，具备了资金运作、企业管理、精益生产、现代物流、电子商务的高端素养和技能，分别是公司不同岗位的领军人才，每个人皆能创建部门、招揽人才、建立框架和部门流程及不断改进部门业绩表现等。总经办成员整合能力、快速作战能力和相互包容性非常强，是最核心的公司竞争力。

一亩田公司现有正式员工 195 人，其中：中等职业教育及以上学历人员 60 人，占员工总数的 30%、硕士研究生及以上 5 人；各类专业技术职称人员 10 人，占员工总数的 30%；各类专业技能等级人员 12 人，占员工总数的 6%。

（二）优秀的生产基地资源

公司生产基地地处崇明，这对于产品的安全、营养和营销具备基础性的作用。一亩田的种植采用有机种植技术，不使用化学合成的农药、不使用化肥、不使用除草剂、不使用转基因种子、不使用激素，而是采用土壤灭菌处理、物理防虫、人工除草等方式。集天地之精华，采崇明之生机，取自然之谐和，依靠这里洁净的空气、水质和土壤，生产出安全放心的有机蔬菜。大家知道，一般市场所提供的蔬菜如果从外地长途运输而来，必须考虑运输过程中的成熟过程和防止运输的挤压和承重，采收时间会适当提前，会采用部分激素调节外观以达到商品性的效果，口感相对较差。一亩田由于采用有机肥和自然生产方式，有机蔬菜生长周期充分，比一般化肥和激素种植的蔬菜生长周期要增加 20%～30%。蔬菜吸取多种有机质尤其是更多的微量元素，营养更加丰富，所以一亩田的蔬菜比一般市场所提供的蔬菜有更好的口感。

（三）过硬的运营能力

一亩田公司实施的模式是"从田头到餐桌"。要想完成这一关键任务，运营部起着非常重要的作用，主要采取家庭会员制的经营模式，为您提供个性化的有机蔬菜配送服务，保证一颗颗新鲜的蔬菜及时送到您的家中。一亩田的配送区域目前已经达到整个上海地区。客户通过电话、网络等多种方式可以选择自己满意的蔬菜和配送周期，一亩田的客服人员、物流人员、采收包装人员组成了一亩田的营运框架，今后这一部门会取得很大的发展壮大。

（四）多样的销售模式

一亩田销售在发展前期较多采取会议销售、小区推广活动和生产基地体验活动及客户口碑相传等方式，为公司发展积累了宝贵的经验和进一步发展所需要的资金。目前具备了产品推广会议、电话销售、市场调查、陌生拜访、口碑相传、媒体采访等组合营销的能力，现有客户近 30 000 户，稳定的家庭客户超过 3 000家，保守估计上海至少有 50 万家庭知道崇明一亩田有机农场和崇明蔬菜是高品质蔬菜的代表，品牌优势凸显。

（五）可靠的IT支持

一亩田公司IT部肩负着公司系统开发任务。公司管理系统分为前后台系统。前台系统面向客户界面，旨在宣传企业文化、客户订单和产品展示的功能，从最初的5个模块扩展到8个模块，客户访问量日突破万户；后台系统面向公司内部，涉及客户关系管理、仓库管理、种植管理、财务管理和订单处理系统等，后台从最初的8个模块拓展到14个模块，实用性大幅提升，管理效率不断增强。

四、基于SWOT分析的公司战略制定

企业发展战略强调的是如何充分利用外界环境中的机会，避开威胁，充分发掘和运用企业内部的资源，以求得企业的发展。通过对一亩田公司外部因素、内部条件的全面分析，明确了一亩田公司面临的机会与威胁，掌握了一亩田公司具有的优势与劣势。在此基础上，根据公司自身的能力以及环境的要求，通过分析工具，制定出使公司立足现在、着眼未来的发展战略。

公司战略定位是赢利模式创新的起点和依据。一亩田清楚地认识到，有机蔬菜的行业目前出口国外的企业的数量很多，而国内消费者对于有机蔬菜的认识也逐渐觉醒，在现今环境污染加重的环境下，人们也越来越注重生活的品质，而一亩田面对国内的消费者的服务，刚好填补了这一空白。

（一）SWOT分析

1. 优势分析(Strengths)

(1) 人才优势。公司现有人员中，硕士学历5名、本科32名、大专40名。专业人才中，现代企业管理人才5名，分别是企业运营、精益生产、现代物流、电子商务和资金运作各个方面的领军人才。另外，我们还有种植技术8名、营销人才5名、IT系统开发人才7名。

(2) 营销优势。我们具备了产品推广会议、电话销售、市场调查、陌生拜访、口碑相传、媒体采访等组合营销的能力，现有客户近30 000户，稳定的家庭客户超过3 000家，保守估计上海至少有50万家庭知道崇明一亩田有机农场和崇明蔬菜是高品质蔬菜的代表。

(3) 品牌优势。一亩田从成立伊始就注重品牌建设，现已在上海中高端客

户中享有广泛的影响力。一亩田 LOGO 圆满的创意，安全、新鲜、方便的宗旨已经深入人心。客户愿意通过一亩田的渠道去了解和购买更多的厨房用品。一亩田之歌《梦田》已广泛传唱。

(4) 物流配送能力。一亩田配送能力已经覆盖了上海外环以内和青浦徐泾、闵行莘庄、浦东新区的部分高档社区。目前 15 条配送线路，具备每天 500 单左右的配送能力。今后将扩建 3～5 个配送点，计划达到每天 1 200～1 500 单配送能力，配送的灵活性会大幅提升，配送成本也在同步下降。

(5) 农场远程管理能力。通过多年积累，我们已经能够通过系统安排生产种植计划、统计产量、订单处理、成本控制、信息收集和处理。这让农场远程管理成为现实。

2. 劣势分析(Weakness)

(1) 土地资源开始缺乏，没有长期可供发展的大面积农用土地和配套设施。

(2) 加工能力不足，导致多余产品无法进入消费领域，造成一定的浪费。

(3) 基本没有有机肥的自制能力。生产种植成本居高难下，在技术上有困难。

(4) 运输配送能力开始显示不足，每天往返上海的低成本菜篮子工程车只有一部，仅能进行一次往返运输。

(5) 追溯系统的 IT 硬件投入和软件开发有较大的差距。自有资金很难满足开发的要求。

(6) 栽培方面尤其是茄果类和花菜类中后期追肥比较困难，现有的液态肥效果不明显，费用也比较高；茄果类白粉虱基数比较高，防治难度大；秋季病毒病严重防治效果不理想；瓜类，尤其是礼品甜瓜中后期枯萎病较严重，现有的药防治效果不明显；等等。

3. 机会分析(Opportunities)

(1) 崇明土地资源在几年之内将有一批新增的面积产生，农村土地流转政策已经深入人心，老百姓愿意把自己的土地流转承包，这给我们以发展机会。

(2) 国家农业政策扶持力度不断加大，在种植、物资、流通、销售等环节均有优惠政策。政府和监管部门对食品安全问题解决的有效性。在当期网络发达的条件下，食品安全问题的宣传会更显突出。

(3) 在一亩田公司品牌力的影响下，农业技术人才容易得到招聘。技术合作单位也日趋增多，农科院、高校农学院和农业技术部门给我们越来越多的帮助。人们对高品质产品的需求将日趋强烈，产品供应差异化，优质高效农业发展前景广阔。

(4) 有机蔬菜市场份额将逐步提升。有机农业作为可持续发展方式，将会受到众多力量的追捧。会有更多的政策、资金、人才和消费者进入有机领域，成为有机农业可持续发展的坚强支柱。

(5) 规模化过程。有机农业的规模化经营，将会不断降低各项成本，消费者和生产者将不断受益。

4. 威胁分析(Threats)

(1) 新进入者的威胁。有机蔬菜行业近几年获得了非常迅猛的发展，有机蔬菜的价格要比普通蔬菜贵 3～5 倍，这里蕴藏着巨大的商机，将会有很多的进入者参与竞争。

(2) 行业内企业间的竞争。社会上有诸多从事着与我们相同或相似的经营模式，而行业内的竞争者也在不断地提高和改变着自己的经营方式和竞争策略。

(3) 替代品的威胁。有机蔬菜的替代品有绿色蔬菜、无公害蔬菜、无土栽培蔬菜和普通方式种植的蔬菜等。这些蔬菜在安全、新鲜、营养方面与有机蔬菜虽然有明显的差异，但是它们在价格方面却具备着很大的优势。

(4) 供应商的议价力量。有机蔬菜供应商主要包括农资、肥料、种子几大类，按照自己控制资源的优势，在当前形势下他们有了更多的选择方式，在供应方面存在涨价趋势。

(5) 购买者的议价力量。当今社会的总体格局是买方市场，购买者和消费者在有多种选择的同时，人们可以从有机蔬菜、绿色蔬菜、无公害蔬菜甚至普通蔬菜中做出自己的选择，存在进一步提高议价能力的可能。

(二) 战略选择

1. 总体发展战略

1) 企业使命的确定

企业在制定经营战略时，首先必须做出的最重要的抉择就是确定企业使命。一亩田公司经营哲学:采用透明种植的方式给客户真实、安全、健康的有机产品，坚持农业的可持续发展。一亩田产业化经营模式其实质就是用管理现代工业的办法来组织现代农业的生产和经营，实现农产品直销“从田头到餐桌”，减少中间流通环节。它借鉴国外成功经验，以企业经营为主体，以国内市场为导向，以提高经济效益为中心，以电子商务和管理系统平台为支撑，围绕蔬菜产业和厨房产品，优化组合农业生产各种生产要素，对农业和农村经济实行区域化布局、专业化生产、一体化经营、社会化服务、企业化管理，形成以市场牵公司、公司带基地、基地连农户为一体的经济管理机制和运行机制。

战略业务单位的划分为三个层次，即公司战略、业务战略、职能部门战略。

它们之间的比较见表 2。

表 2　三个层次战略类型的比较

特点	战略层次		
	公司战略	业务战略	职能部门战略
性质	观念型	中间	执行型
明确程度	抽象	中间	确切
可衡量程度	以判断评价为主	半定量化	通常可定量
频率	定期或不定期	定期或不定期	定期
时期	长期	中期	短期
所起作用	开创性	中等	改善增补性
承担的风险	较大	中等	较小
赢利潜力	大	中	小
资源	部分具备	部分具备	基本具备

2）发展规划

公司发展战略是公司发展计划的路线和原则、灵魂与纲领。公司发展战略指导公司发展计划，公司发展计划落实公司发展战略。注意中、长期大计划下小计划的细分和落实。重视计划，尤其是年度计划是对的；但还要围绕年度计划作好阶段计划，要坚持用公司的发展战略来指导和统帅各项计划。计划制订时必须注意到具体的措施、定量的目标和综合平衡。计划必须是基于公司发展战略基础上的详细的相对的短期目标，是战略达成的根本保证。在公司发展战略的制定和实施过程中必须紧紧围绕战略的核心。

3）战略目标

开展全面电子商务改造，有能力向消费者提供全面的农产品社区直销和配送等售后服务，完善产品供应链管理（完善库存管理、物流管理、供应商管理）。整体升级客户服务系统和呼叫中心系统（2012 年 500 个坐席工作人员）。建立以生鲜产品、加工农产品为核心的现代化配送中心，在市区建立 5～6 个集展示、配送、销售一体的品牌专卖店。建立覆盖整个上海的配送系统。扩大可供应产品线：生鲜类包括水果、豆制品、菌菇；加工类包括调味类、酒类、米粮。建立成熟有效的公司＋农户的产品生产模式，进一步规范有机蔬菜生产基地的生产数据采集系统。形成管理多个基地和有机、绿色、无公害多种级别蔬菜的管理能力。建立高等级的农产品加工基地，提高农产品的附加值和存储能力。提高蔬菜的利用率，并提供更多的农民工就业机会。进行战略生产基地的布局，本地进行绿叶菜等不易于储存的生产，在北方建立根茎类生产基地，在南方建立茄果类、瓜果类生产基地。

2. 基本竞争战略

纵向一体化战略是一亩田公司在两个可能的方向上扩展现有经营业务的一种发展战略，它包括前向一体化和后向一体化。

前向一体化战略是指获得分销商或零售商的所有权并加强对它们的控制，也就是公司根据市场的需要和生产技术的可能条件，利用自己的优势，把成品进行深加工的战略。在生产过程中，物流从顺方向移动，称为前向一体化。采用这种战略，是为获得原有成品深加工的高附加价值。一般是把相关的前向公司合并起来，组成统一的经济联合体。越来越多的制造商借助互联网和直销队伍直接销售自己的产品，这也是一种前向一体化。

3. 品牌战略

几年来，一亩田公司运用品牌战略的利器，取得了竞争优势并逐渐发展壮大，从而确保了公司的长远发展。在科技高度发达、信息快速传播的今天，产品、技术及管理诀窍等容易被对手模仿，难以成为核心专长；而品牌一旦树立，则不但有价值并且不可模仿，因为品牌是一种消费者认知、一种心理感觉，这种认知和感觉难以模仿。

一亩田公司的品牌战略，其内容包括品牌化决策、品牌模式选择、品牌识别界定、品牌延伸规划、品牌管理规划与品牌远景设立六个方面。

4. 职能战略

(1) 营销战略。基于一亩田公司既定的战略目标，向市场转化过程中必须关注客户需求的确定、市场机会的分析、自身优势的分析、自身劣势的反思、市场竞争因素的考虑、可能存在的问题预测、团队的培养和提升等综合因素，最终确定公司各个阶段增长型、防御型、扭转型、综合型的不同市场营销战略，作为指导公司将既定战略向市场转化的方向和准则。

(2) 文化战略。公司文化包括公司经营观念、公司精神、价值观念、行为准则、道德规范、公司形象以及全体员工对公司的责任感、荣誉感等。它是提高公司凝聚力的重要手段，同时又以公司精神为核心，把公司成员的思想和行为引导到公司所确定的发展目标上来，它又通过对公司所形成的价值观念、行为准则、道德规范等以文字或社会心理方式对公司成员的思想、行为施加影响、控制。价值观是一亩田公司文化的基石。

应清醒地认识到，在知识经济时代，公司文化战略的特殊重要性，主要在于知识经济时代所依赖的知识和智慧不同于传统经济所依赖的土地、劳动力与资本等资源，它是深埋在人们头脑中的资源。知识和智慧的分享是无法捉摸的活动，上级无法监督，也无法强制，只有员工自愿并采取合作态度，他们才会贡献智慧和知识。

(3) 形象战略。在信息爆炸的知识经济时代，产品广告、销售信息等已很难引起消费者注意和识别。在此情形下，公司间竞争必然集中到形象竞争上。一亩田正是用各种广告宣传和促销手段，不断提高公司声誉，创立名牌产品，使消费者根据一亩田的"名声"和"印象"选购产品。正如广告专家大卫奥格威所说："广告是对品牌印象的长期投资。"

(4) 产品战略。基于公司战略，将一亩田愿景、使命和战略目标分解到产品群、产品线和产品，最后到各区域。产品战略通过产品的客户划分确定平台战略、产品线战略，并在产品的指导下确定资源配置计划。一亩田产品战略实施思路是:理解总体市场，进行市场细分，描述公司的产品地图 ，公司总体产品规划和各产品/单品的发展规划，制定公司总体产品策略及各产品/单品的总体策略，制定产品/单品的区域策略。

(5) 人事战略。一亩田认为:"人才问题是个战略问题";"人事战略是战略管理的重要组成部分，必须用战略管理的思维方式去思考和布局各项人事人才工作。"思维方式和理念的转变必然带来工作思路和工作方式、方法的转变。一是从传统人事管理转向现代人力资源战略管理;二是从事务管理转向制度建设;三是从政策主导型管理模式转向法制化管理模式。在一亩田，"做人事如同做公司，一是要有激情，二是要有韧劲。有了激情，又有韧劲，就不会畏惧困难。"

(6) 财务战略。即为增强一亩田财务竞争优势，在分析公司内外环境因素对资金流动影响的基础上，对公司资金流动进行全局性、长期性与创造性的谋划，并确保其执行的过程。财务战略关注的焦点是公司资金流动，这是财务战略不同于其他各种战略的质的规定性;公司财务战略应基于公司内外环境对资金流动的影响，这是财务战略环境分析的特征所在;公司财务战略的目标是确保公司资金均衡有效流动并最终实现公司总体战略。一亩田公司财务战略应具备全局性、长期性和创造性。

(7) 生产战略。生产战略与传统方法有两个明显的差异:一是一亩田生产战略强调了对产品竞争力的保障，通过目标优先级的决策实现了产品竞争优势，而传统方法仅以成本和效率为中心，强调生产系统的高产出和规模经济;二是一亩田生产战略强调了系统各要素间在生产类型结构框架下的协调性，而传统方法则过分强调高效率与最现代化技术的应用，往往使系统内部的要素组合失调，不能最佳地发挥结构的潜力。

五、一亩田赢利模式创新

（一）一亩田主产业务赢利模式分析

一亩田的主产业务，即有机蔬菜业务，立足于崇明岛，对土地进行改造改良，现在主要包括根茎薯芋类、瓜果类、禽蛋、崇明土特产、叶菜类、茄果类、花菜类、豆类等。保证了纯天然有机生产，12 小时从采摘到送货上门 12 小时之内，同时还配备了全国挑选的有机水果、有机粮油，提供给顾客一种拥有自己的一亩有机田的消费体验。

主产业务赢利模式因素：

价值主张：人人都有一亩田。

目标顾客：个体客户和企业客户。

核心资源：全程控制的有机蔬菜。

业务流程：顾客下单—采摘—送货上门。

重要合作：有机水果、有机粮油、有机干货供应商。

收入和成本结构：种植成本和采购成本、物流成本。

（二）365 厨房赢利模式分析

365 厨房弥补了一亩田上海基地的生产环境限制的不足，提供了除有机蔬菜之外的有机肉类、有机海鲜、调味副食、南北干货、冲调饮品、日用品等，保证了整个厨房的有机绿色。将绿色生活的理念从源头输入顾客的意识当中。提供的所有肉类都来自澳洲的牛羊肉，定位高端市场。来自全世界最好的牧场的澳洲牛羊，全程草饲，不添加任何生长激素，海鲜等其他厨房用品都是经过一亩田公司严格筛选出来的。

365 厨房赢利模式因素：

价值主张：有机的厨房。

目标顾客：个体客户。

核心资源：核心的有机蔬菜配备全球的有机肉类粮油等。

业务流程：顾客下单—货物配备—送货上门。

重要合作：有机水果、有机粮油、有机干货供应商，国外有机肉类提供商。

收入和成本结构：种植成本和采购成本、物流成本。

（三）母婴专场赢利模式

一亩田抓住中国女性更加关注厨房食材采购、烹饪的文化特征，特别推出了母婴专场，更加符合消费者的需求，从食材的角度提供了纯天然的维生素、DHA、钙、铁、蛋白质等的摄入，通过深海直接补充DHA，来自阿根廷的细鳞鳕鱼，蛋白质来源则为新西兰牛肉等。

同时为准妈妈们提供了孕期基础半月体验套餐，孕期基础全月套餐，妈妈抱抱牛犊轻食套餐，以及多种国际的母婴日用品。给从孕期到哺乳期，给妈妈们提供全程的有机食物套餐。

母婴专场赢利模式因素：

价值主张：有机的食物套餐组合。

目标顾客：孕期和哺乳期的女性。

核心资源：有机食材。

业务流程：顾客特性和需求—推荐食材组合。

重要合作：食材供应商。

收入和成本结构：采购成本和生产成本。

六、一亩田赢利模式创新经验及启示

当生存环境越来越差，人们的生活质量严重受到威胁时，一亩田看到了国内消费者正在逐渐重视生活质量的提高；传统的有机蔬菜生产商，很大的收入来自出口，而专门面向国内消费者的有机蔬菜生产商却寥寥无几。

总结一亩田赢利模式创新的经验，可以帮助传统农业在资本、技术、人才等资源上合理配置。

一亩田从创立以来，通过审视内外部环境变化明确自身定位，实现了从种植土壤、种子选择、种植过程到最后的冷链物流送货上门，实现了对有机蔬菜的全程控制，打造了自身的核心竞争力，同时基于核心竞争力发展了365厨房、母婴专场等，将有机蔬菜绿色生活的理念灌输到消费者的意识当中。

“清晰定位、有机绿色、绿色生活”，可看作是对一亩田赢利模式创新精髓的概括。

首先面对国内有机蔬菜主要以出口为主、同时国内消费者的有机消费意识越来越强的现状，一亩田决定向国内消费者提供有机蔬菜。这样的定位，避免了传统的有机蔬菜市场的红海竞争，开发出一片广阔的蓝海。

有机绿色。一亩田从种植土壤、种子选择、种植过程到最后的冷链物流送货上门，实现了对有机蔬菜的全程控制，保证所提供食材的有机性，通过自身的物流系统，减少了食材损失，同时也更好地控制了食材送到客户的全程不受污染。

绿色生活。一亩田基于自身的有机蔬菜的核心能力，提供互补的配套产品，如 365 厨房中的澳洲肉类专场、海鲜专场、南北干货等，将绿色生活的理念从有机蔬菜为基础全面铺开，实现了整个厨房的有机绿色，将绿色健康生活的理念逐渐扩充到顾客的意识当中，同时通过开展农家乐活动，让越来越多的客户接触到有机蔬菜，从而增强潜在顾客有机绿色生活的意识。

一亩田正是在这些理念下步步为营，逐步强大起来，从 2008—2011 年，一亩田在上海崇明岛选择了最佳生产基地环境，并持续投入土壤、水和种苗的改良；从 2008 年至今持续开发和使用产权的 E-farm 系统对农业生产进行科学有效和持续的管理；2010 年上海首发并应用有机蔬菜追溯系统，获得上海市委市政府的高度重视；纯家庭会员顾客超过 7 000 个，日配送能力超过 2 000 单，会员总数超过 7 万个；改造良田 1 500 亩，成为上海和全国最有活力的有机农业企业。

传统帽业的多元化创新之旅
——南通动感服饰在线商务有限公司赢利模式

一、案例背景及赢利模式研究思路

（一）企业介绍

南通富美服饰有限公司（简称富美）成立于1996年，是一家集设计、生产、销售于一体的帽饰企业，目前下辖7家公司，现有员工近千人，产品销往国内外，其品牌公司上海帽饰汇在北京、上海、天津、杭州等成立多家分店，网络品牌公司动感帽饰是2013年"双十一"销量帽饰类全国第一。公司通过ISO9001质量管理体系、ISO14001环境管理体系、OHSAS18001职业健康安全管理体系、WRAP社会责任体系，获得了江苏省五星级数字企业，并成立了中国服装协会帽饰研发中心和中国最大的帽饰博物馆。

自主创业18年来，主营帽饰的南通富美服饰公司，在应对2008年国际金融危机时，把创新驱动、研发引领作为公司的发展战略，把提高产品自主设计贡献率和品牌贡献率作为发展方向，通过几年努力，从一家生产型外贸型企业转型为创新型企业，外贸、内销、品牌、电商四轮驱动，一跃成为中国帽饰行业的领头羊。2009年，中国服装协会批文决定将中国帽饰研发中心落户富美公司。4年来，中国帽饰研发中心从观念、人才、品牌、文化及网络平台五个方面着手，不断夯实基础，提升研发中心的能力和影响力，研发中心如今已成为中国帽饰行业的公共平台，并引起了世界知名帽饰杂志 *The Hat Magazine* 的高度关注，用多个版面进行了推介。有4名国际知名帽饰设计师加盟研发中心设计团队，现在每年自主设计开发帽饰新款达2 000个，设计专利达300个。投资1 000多万的帽饰博物馆已收集国内外各个时代精品帽饰2 000多款。在继2009年首次举办江苏省帽饰设计大赛后，2012 年又承办了中国服装协会主办的首届（帽仕汇杯）中国国际帽饰设计大赛，国内外设计师踊跃参赛，并在 2013 年 3 月北京第 21 届中国国际服饰博览会上举行了隆重的颁奖典礼；同时首开先河举行了中国首次帽饰走秀活动，产生重大影响力。2013 年 3 月，第九届中国服装年度品牌大奖颁奖大会上，富美公司自主品牌帽仕汇荣获服饰大奖。荣获这项被誉为中国服装奥斯卡金奖，在中国帽饰行业是首家，在南通服装行业也是第一个。

（二）案例典型性

帽子很小，但在头顶上，这就注定了帽子的显赫地位。一个人，无论穿什么衣服、什么鞋子、系什么腰带、戴什么耳环，但最终给人留下印象的，一定是一顶特别的帽子。纵观世界历史，没有哪位君主的肖像上没有帽子，法国、荷兰、英国、中国、俄罗斯等国家的博物馆内都可以见到象征着权力和地位的帽子与皇冠。

20 世纪初，巴黎是世界时尚设计中心，巴黎社会各阶层无论贫富贵贱、男女老幼，都会随时随地佩戴着一顶帽子。不戴帽子已经成为没有礼貌、没有修养的象征。克里斯汀·迪奥曾说出一句经典话语："没有帽饰，我们就没有文明。"

近看中国历史，远观世界历史，一个国家在其鼎盛时代，帽饰文化也最为辉煌。法国、英国、荷兰、俄罗斯、美国、日本等国在其强盛时期，无不重视帽饰文化。第二次世界大战后，最为强盛的美国一跃成为帽子的消费大国；20 世纪七八十年代，日本的经济达到顶峰，大有购买曼哈顿之势，那时的日本也成为帽子消费最鼎盛的时期，而今随着日本经济的下滑，戴帽者的比例也在下降；当今，美国作为世界第一经济大国，帽子的消费也稳居世界第一。据不完全统计，美国 2008 年帽子消费约 47 亿美元，2011 年约 65 亿美元，2013 年约 75 亿美元。

中国有 13 亿人口，假如中国的消费量是美国的 1/10，那么，总消费量近 28 亿美元，相当于 170 多亿元人民币。中国有老人 1.6 亿，消费大约在 80 亿元，加上儿童、成人的时尚个性化消费，中国帽子的消费总额预计每年在 150 亿～200 亿元。

富美创始人孙建华于 1996 年成立富美公司，专营帽子的出口贸易。随着公司不断地发展与壮大，孙建华发现众多帽饰供应商缺乏一定的质量意识和开发意识，为解决这一问题，先后建立了 5 家帽子加工厂。从最初根据客户的需要供应货品，发展至成立设计中心、开发新品，到后来帮助客户开发市场、拓展新品类，富美每年通过研究新客户、新市场、新品类，不断增加新的赢利点，保证公司的赢利不断增长。

当今社会，我国乃至全球已经进入互联网时代，在信息社会的大背景下，网络消费以惊人的速度不断增长。随着互联网对传统社会的不断渗透，快捷、低价、品种丰富的消费方式更加受消费者青睐。为充分满足消费者需求，2007 年，专门从事互联网销售业务的动感帽饰应运而生。创业之初，创始人甚至做好了企业会亏损 4—5 年的心理准备。

18 年来，富美一直踏踏实实做事，实实在在做订单，一心服务好客户；在自身不断发展壮大的基础上，着力研究客户、研究产品、研究市场；在互联网迅速发展的时代，果断成立动感帽饰，并顺应电商发展之大势，不断完善自身配置，满足客户需求。回过头来，不难发现，富美走的是一条从“做事”到“做市”，再到“做势”之路，这是一条不断优化赢利模式的企业健康发展之路。

（三）赢利模式研究思路

本文将首先利用 PEST 分析工具、产业链分析方法和竞争五力模型、产业生命周期和行业关键要素等理论和分析工具对富美所处宏观环境、行业环境进行介绍，识别出南通动感在创新的过程中所面临的外部机遇和挑战。

然后，分析得出南通动感从传统帽饰行业向电商转型历史必然性，以此作为富美赢利模式创新的出发点和指导思想。

最后，本书总结了南通动感赢利模式创新的经验，以期给传统帽饰行业转型提供一定的借鉴。

二、外部环境分析

我国帽子行业近年来出口增长迅猛，从 2003—2007 年，出口额增长了 111%，并于 2007 年达到 19.24 亿美元。根据海关统计显示，2008 年上半年，我国帽类产品出口额已达 10.44 亿美元，较 2007 年同期的 8.55 亿美元增长了 22%。如果保持这样的增速，帽子行业主要产品出口额在 2008 年将轻松突破 20 亿美元大关，并且仍将延续近年来的高速增长趋势。

我国帽子行业的出口市场主要集中在一些发达国家和地区，特别是一些欧美国家，例如排名我国帽子出口前五的市场，除香港地区和日本以外，其余都在欧美。另外，从市场分布比例看，我国帽子出口的集中度较高，特别是美国，一个国家就占据了 30.5%的比例，排名第一，而排名其后的日本、香港地区、德国和英国也合计占据了我国出口总额的 26.8%，仅这五个市场就占据我国出口总

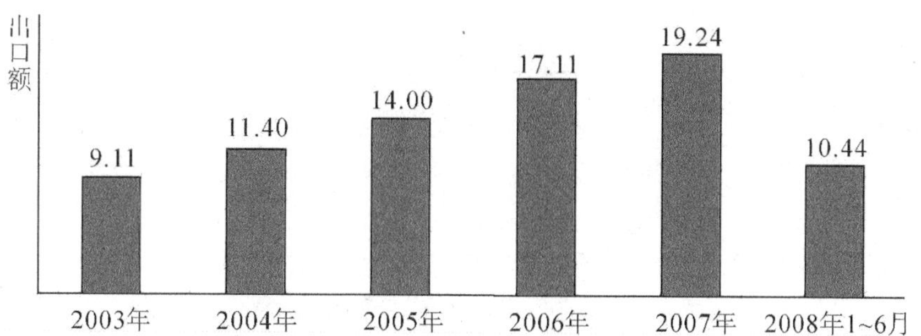

图1　我国帽子行业主要产品历年出口额(单位:亿美元)

额约60%。

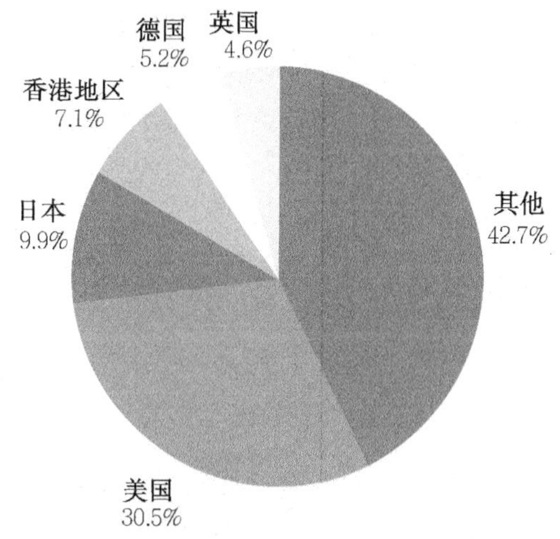

图2　我国帽子行业出口市场分布

2007年我国帽子出口依然保持迅猛增长,其中出口超过1 000万美元的国家有25个,而2006年仅有21个。在这些国家/地区中,增长最快的分别是:巴西(198.5%)、俄罗斯(50.1%)、阿联酋(24.7%)、智利(22.0%)、澳大利亚(21.7%)和西班牙(20.6%),主要分布在东欧、中南美和中东国家。而美国、日本、德国、英国和香港地区仍然是主要的出口市场。

2012年7月以来我国重点大型零售企业服饰销售中,帽饰类产品的销售额超过了2亿多元。在当月的同期销售的服饰类产品中,帽饰类产品的销售额增长居于首位,这也证明了帽饰行业对未来消费个性时尚化等趋势的预测。

从帽类产品的流行趋势看,随着人们崇尚自然、追求个性、标新立异等消费理念的改变,当今帽类服饰用品的消费潮流,已由原来的整洁、标志、功能型,向着自然、潇洒、便携型快速转化。据美国《时尚》杂志统计分析，帽类产品在市场上的卖点主要分为两部分，即传统功能型和时尚流行型。近两年来，市场上流行型消费心理购买帽子产品的已占到 74%，远远大于功能型消费。为此，我国制帽行业必须顺应这一潮流，从材料选用、款式设计、颜色搭配到追求环保、融合品位等方面做到与时俱进，作相应变革。

以下运用战略管理中的 PEST 分析工具对南通动感宏观环境进行详细分析，由此得出南通动感进行赢利模式创新的背景和必然性。

（一）宏观环境分析

衣、食、住、行是人类生活的四大元素。人们把“衣”放在首位，可见服饰对于我们的重要性。中国人口 14 亿，庞大的人口基数本身就组成了一个庞大的服装消费市场。同时随着国民收入的不断上升，在 2003 年人均 GDP 超过了 1 000美元后，中国市场将进入精品消费时代，到 2007 年，中国人均 GDP 已达到了 2 280 美元。服饰消费将不再仅仅为了满足最基本的生存需求，将向更高的心理需求、自我满足需求跃进，特别是几千万人口跨入中产阶级后，其对反映自身社会地位和品位的服饰的需求将越来越迫切，将成就一批抓住了该阶层需求的服饰品牌。“服饰”两字不仅仅是强调“衣服”，也将焦点聚集到“配饰”上面。帽子市场将越做越大，市场细分将越来越小，今后消费趋势将集中在精品化和个性化上。

1. 科学技术发展

1）互联网的使用

我们生活在一个全球互联网迅猛发展的时代，身边的一切都离不开网络。网上交易的出现，为服饰行业打开了新的销售渠道。网购由于其低廉的成本和便利的方式赢得了不少忠实的消费者，我们能看到越来越多的企业增设了网上交易平台，为的是最大限度地出售自己的产品。除此之外，网络的影响是巨大的，由于人们几乎每天都与互联网打交道，在网络上打广告能极大程度地宣传所属品牌，扩大知名度，由此我们能在浏览网页或者看视频的同时看到许多服饰品牌的广告。

2）生产技术提高

纺织面料的质量水平及缝制帽生产工艺水平都有了很大的提高。

2. 政策环境

1）服饰行业扶持政策

2009 年随着全球经济形势的恶化，国家出台了诸多产业扶持政策，包括继续上调出口退税、发布《纺织工业调整和振兴规划》、减免出入境检疫费用等。

其中，《纺织工业调整和振兴规划》对中小服装企业的资金融通给予了较大支持，而《关于加快推进服装家纺自主品牌建设的指导意见》对服装行业如何根本提高竞争力，摆脱危机指明了方向；此外，美国及欧洲对华服装出口数量限制到期，客观上也为国内服装对欧美的出口恢复起到了一定作用。

从整体政策环境看，国家政策面有利于降低行业运行风险。这是我国服装行业标准化工作全面提高自主创新能力，以科技进步为支撑加快推进服装行业结构调整，彻底转变发展方式的重要时期。在进一步完善国内标准化工作的基础上，积极参与国际标准化工作，争取在国际标准化方面的话语权，是我国服装行业标准化工作"十二五"期间的重要任务。

表 1　国家服饰行业扶持政策

1	《纺织工业调整和振兴规划》	规划提出，2009—2011 年，中西部纺织工业产值所占比重提高到 20%左右。培育 100 家左右具有较强影响力的自主知名品牌企业，将自主品牌产品出口比重提高到 20%。积极开拓农村市场，增加对边远乡村的销售；资金支持方面，加大对中小纺织企业扶持力度，现有支持中小企业发展的专项资金（基金）等向纺织服装企业适当倾斜
2	《关于加快推进服装家纺自主品牌建设的指导意见》	到 2015 年，基本形成健康、规范的服装、家纺自主品牌发展的市场和社会环境；培育发展一批以自主创新为核心、以知名品牌为标志、具有较强竞争力的优势服装、家纺企业；服装、家纺自主品牌在国内国际市场占有率显著提高；形成若干具有国际影响力的服装、家纺自主品牌

2）电子商务政策

电子商务的发展与运行需要有良好的政策法律环境，政府制定了《电子商务的"十二五"发展规划》，对电子商务投资、税收、道德问题和商业信用提出相关政策。随着互联网普及率和社会信息化水平的不断提高，我国电子商务正在跨越"规模经济"的临界点，即将进入全面发展的新阶段。

3）头饰行业生产、出口贸易相关规定

2007 年 7 月 1 日起，财政部调整部分商品的出口退税政策，共涉及 2 831 项商品。作为易引起贸易摩擦的 2 268 项商品之一，头饰类产品帽子、发夹、头巾和假发出口退税率从 13%降低至 11%，出口企业的成本压力加大。

3. 社会文化环境

当前的社会文化包含了多元文化要素，包容性更强，同时更加注重环保、自我享受，同时也更易受到外界风尚的引导。这些社会文化因素对服饰行业产生较大影响的主要有：材料的选择将会更环保健康，天然材料发展速度将会更快；国内市场更多考虑实用性和成本，外贸产品应该多考虑流行趋势和材料舒适性；高附加值特种产品需求将大大增加，设计的人性化要求将更加凸显。

1）人口环境

市场＝人口＋购买力＋购买欲望，因此人口环境与市场关系密不可分。人口流动从乡村流向城市的趋势在不断扩大，以及教育水平的提高，“白领”人口增多，使人们对未来的要求特别是服饰档次的要求大大提高，更加注重服饰的品味与文化。

网民数量也大幅度上升。2013 年 12 月底我国网民数达到 6.64 亿，普及率超过 50%，网络购物用户数达到 3.42 亿，手机网民规模达到 4.2 亿，农村网民数达到 1.46 亿，网上银行与网上支付用户人数分别为 1.91 亿和 1.87 亿。

2）地理环境

东部地区是中国经济最为繁荣的区域之一，尤其是区域内江浙沪等地，不仅地理位置优越，而且历来是中国纺织服装的重要基地。东部纺织服装批发市场总体现代化程度高，硬件设施先进，商业街规格高，配套设施齐全，贸易额首屈一指。东部地区纺织服装经济散发着惊人的活力，商机盎然。

3）消费者的品牌意识

品牌对于消费者的价值包括功能性、情感性及自我表达性。当今人们对品牌的情感性及自我表现性利益越来越关注。成功品牌的一个重要特征就是始终如一地将品牌功能与消费者的心里欲求联结起来。近年来，国内消费市场已经明显表现出从产品消费向品牌消费过渡的特征，各类商品的竞争也从产品竞争跨入品牌竞争时代。在这种情况下，能够成功打造自身品牌的形象、塑造品牌价值的服装才会赢得消费者的信任和追随，才能不断提升自身的知名度和美誉度。

4）流行性消费趋势

当今帽类服饰用品的消费潮流，已由原来的整洁、标志、功能型，向着自然、潇洒、便携型快速转化。据美国《时尚》杂志统计分析，帽类产品在市场上的卖点主要分为两部分，即传统功能型和时尚流行型。近两年来，市场上流行型消费心理购买帽子产品的已占到 74%，远远大于功能型消费。因此，我国制帽行业必须顺应这一潮流，从材料选用、款式设计、颜色搭配到追求环保、融合品位等方面做到与时俱进，作相应变革。

4. 经济发展

1）国民经济增长

中国连续多年 GDP 增速超过 10%，在新常态下，GDP 增长将保持在 7%

左右。随着经济快速发展,人民收入的增加导致对服饰需求的旺盛。

2) 网络购物交易

2014 年网络购物交易规模达到 27 898 亿元,同比增长 49.7%。2013 年,网络购物交易额占社会消费品零售总额的比重将达到 7.8%,比上年提高 1.6 个百分点,并且中国的网络零售市场交易规模占比已达到社会消费品零售总额的 8.7%,同比增长了 27.9%。

2013 年中国网络购物市场中 B2C 交易规模达 6 500 亿元,在 2013 年网络购物市场交易规模的比重达到 35.1%。

5. 宏观环境总体分析

从行业整体看,随着经济全球化和世界产业整合重组的日益加剧,帽类产品具有的劳动密集型特点,决定着这一传统行业越来越不适应在发达国家生存和发展,所以现今全球制帽业的生产格局已经基本转移到发展中国家。一些发达国家的制帽企业纷纷在如中国、印度、越南、斯里兰卡、柬埔寨等国家建立独资或合资企业,甚至选择、培育产品质量优秀、信誉良好的生产加工基地,迅速由生产型向经营型转变。我国由于具有政治安定、社会稳定、劳务资源丰富等优势,特别是在加入 WTO 后,与国际惯例和运行规则的逐步接轨,使我国日渐成了全球性产品的加工基地。目前,我国帽类产品由于特有的产业优势,显示出极强的生命力和发展潜力。

从制帽产业的市场前景看,随着帽子种类和功能的不断丰富和进步,人类消费品位、服饰理念、健康保健和生活观念的逐步提高,帽类产品作为服饰必需品,其消费需求和市场正在日益强劲和扩大。

(二)产业环境分析

近几年我国帽子行业发展速度较快。受益于帽子行业生产技术不断提高以及下游需求市场不断扩大,帽子行业在国内和国际市场上发展形势均十分看好。虽然受金融危机影响,帽子行业近两年发展速度略有减缓,但随着我国国民经济的发展以及国际金融危机的逐渐消退,我国帽子行业重新迎来良好的发展机遇。由于新进入企业不断增多,上游原材料价格持续上涨,导致行业利润降低,因此我国帽子行业市场竞争也日趋激烈。面对这一现状,帽子行业业内企业要积极应对,注重培养创新能力,不断提高自身生产技术,加强企业竞争优势;同时企业还应全面把握该行业的市场运行态势,不断学习最新生产技术,了解该行业国家政策法规走向,掌握同行业竞争对手的发展动态,唯此才能使企业充分了解该行业的发展动态及自身在行业中所处地位,制定正确的发展策略,以使企业在残酷的市场竞争中取得领先优势。

1. 行业产业链

产业链理论认为，产业链的形成和优化是社会分工的结果，也是产业发展的必经之路。

上游产业：原材料等。

产业本身：产品生产，技术研发。

下游产业：消费市场。

2. 波特五力模型

1）现有竞争者

河北丽华制帽集团有限公司：帽子十大品牌之一，河北省名牌产品，世界礼帽行业中生产规模最大的企业集团之一，高档兔绒礼帽和高级变性兔绒产品填补国内空白，全国民族用品定点生产企业。

河南红日实业股份有限公司：帽子十大品牌之一，世界上生产羊毛呢毡礼帽的龙头制造商，红日国际集团下属企业，伊斯兰帽产量最大、出口最多的厂家之一，多次为国家及省部级领导、英国女王、世界知名大公司设计制作礼帽、广告帽。

北京盛锡福帽业有限责任公司：帽子十大品牌之一，始创于 1911 年，中华老字号，国家非物质文化遗产，北京市著名商标，以其用料考究、手工制作、做工精细、品质优良而著称于世，曾为毛泽东、周恩来等党和国家领导人、外国政府首脑定做帽子。

2）潜在进入者的威胁

上游原材料价格持续上涨，导致行业利润降低，我国帽子行业市场竞争也日趋激烈，市场日趋饱和。

3）供应商议价能力

供应商议价能力高，原材料的需求在不断上涨。

4）购买者议价能力

购买者议价能力高，市场上可选品牌很多，帽子企业需要有差异化、个性化的可供选择。

5）替代品

对于女性来说，替代品是其他头饰类的装饰品，类似于发箍等。对于男性来说，几乎没有其他替代品。

三、内部资源和能力分析

（一）网络销售的SWOT分析

随着电商平台的增加，电商市场竞争愈加激烈，除各平台在PC端各自发力外，更将目标发展至移动客户端。不管是天猫无线事业部、手机淘宝还是腾讯的微信和京东强强联手，移动端的发展已经远远超出人们的预期，基本上最近几年中国移动的增速应该是PC增速的10倍和5倍，未来我们预计增速的差异还会持续在3倍、5倍、2倍的速度。按照这样的增速，预计在2016年，移动端产生的交易规模将会超过PC端，随着时间的推移，这些平台之间或者卖家之间的竞争最终会净化整个产业，提高电商行业的含金量。

电子商务的发展与运行需要有良好的政策与法律环境，政府制定了《电子商务的"十二五"发展规划》，对电子商务投资、税收、道德问题和商业信用提出了相关政策，随着互联网普及率和社会信息化水平的不断提高，我国电子商务正在跨越"规模经济"的临界点，即将进入全面发展的新阶段。

表2　网络销售的SWOT分析

内部	S优势 • 企业高层的强大支持 • 强大的自有工厂供应链 • 新款设计开发能力，及自身巨大外内贸款式参考 • 优秀的高度执行力团队 • 多年电商运营经验并有成熟团队 • 股份激励措施，主人翁意识强 • 较高的创新能力和学习能力	W劣势 • 库存压力、款式、下单量把握不一定每款都准确 • 电商人才储备压力，电商市场真正实力派人员缺少 • 产品单一，扩充品类需要外联 • 未来公司急速扩大时整体管理能力 • 对平台新渠道的驾驭能力

（续表）

外部	O 机会 • 消费环境：中国正在进入全民网购时代，用户网购依赖程度加深 • 政策环境：各地陆续出台政策扶持电商发展 • 资本环境：VC 看好电商发展，行业投融资活跃，各平台不断优化提供更好购物体 • 90 后消费人群网购渗透达 90% • 移动无线端购物转化空间巨大 • 细分市场越发清晰，越容易做大	T 威胁 • 网络透明化，产品甚至设计版面抄袭严重 • 同行低价竞争，导致市场混乱 • 知名大品牌越来越多进驻各平台，竞争更加激烈 • 平台流量向知名品牌化倾斜 • 竞争的不断增大导致运营成本越来越高

1. 能力分析

1）企业顶层的先知先觉

动感定位为未来发展网售，这是企业主先知先觉的意识和对未来网售坚定决心的体现。

2）强大的自有工厂供应链

动感的总公司是一家在国内排名前 8，具有研发生产销售综合能力的帽饰企业，自有帽饰针梭织工厂 5 家，紧密合作供应商 60 多家。核心工厂为动感网售单独配备快速反应生产线，开辟绿色通道。

3）新款设计开发能力

动感总公司自有设计师 10 位，更有日本、韩国、欧美等知名设计师的协助和设计资源的借鉴。它不但是中国服装协会帽饰研发中心的授权单位，更与国内外设计师、行业协会、帽饰杂志社、大专院校服饰科系保持良好的合作关系，为公司源源不断地提供国内国际最新流行趋势及创意帽饰。

4）高度执行力的优秀团队

动感团队建立初期就订立了自己了团队目标：全力打造一支高效率的执行力团队，整个团队上下环节配合，高度顺畅，每个人都有较高的责任心，并且逐渐形成了团队"家"文化，所有"家人"为了网络事业团结一心，共同奋进。

5）股份激励措施

动感目前已经实行股份制度，初创和核心人员已经分配股份，每 2 年会逐渐增大股份比例和人员比例，让所有同事都有属于自己的真正事业，让大家都有归属感，

6）动感所有同事坚持做好服务，坚定公司的服务理念

利润是服务好客户的结果而不是目的。不断创造"WOW"的惊喜，让客户

在购物体验中一次又一次感动、一次又一次口碑传播。

四、南通动感赢利模式创新战略和组织结构

（一）战略定位

1）做领头羊，走差异化

当产品还没有样本的概念的时候，富美开始给客户提供产品图片样本，让客户对产品有直观的了解；当竞争对手也开始提供样本时，富美开始增加样品，进而又给客户提供色卡和面料卡。一方面，富美的定位就是永远比竞争对手先走一步，让客户掌握更全的信息，方便选择；另一方面，富美不断地设计新的款式和研发新的面料，努力永远做被模仿者。

2）引领时尚潮流，做全球帽子品牌的整合者

3）收藏是为了传承

每一顶帽饰，都记载着一段往事、代表着一种文化，不能湮没在历史的长河中。而且，这些藏品，对公司的设计师、对同行、对相关院校，都由一定的启迪和借鉴作用。

（二）组织结构

见图 3、图 4。

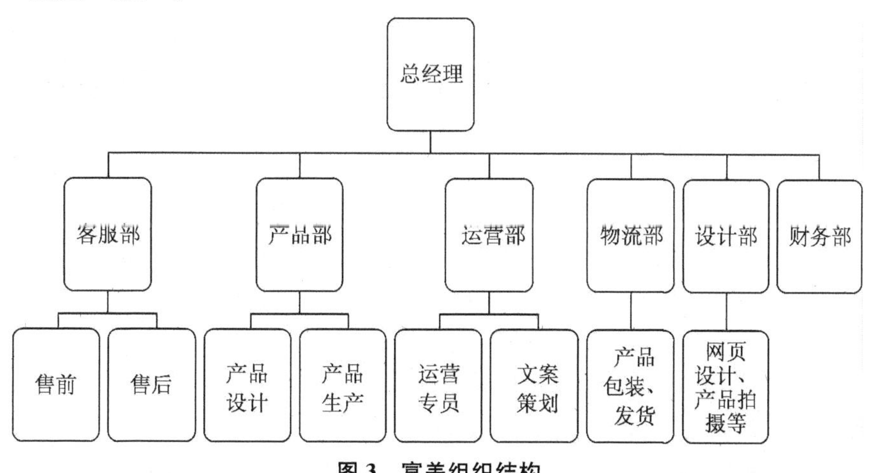

图 3　富美组织结构

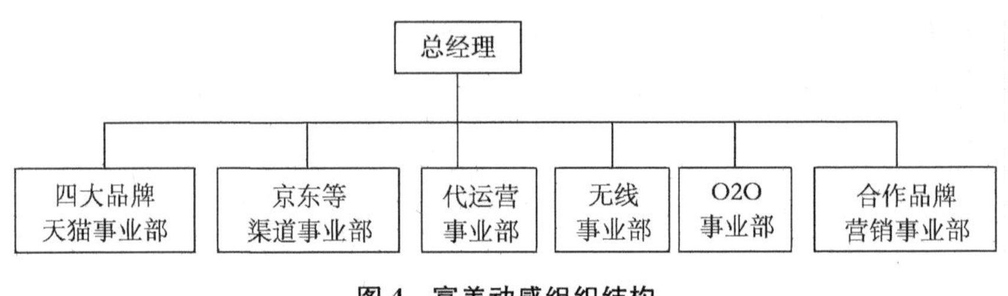

图 4　富美动感组织结构

五、南通动感赢利模式创新

（一）南通动感赢利模式创新阶段

第一阶段(1996 年)，成立南通富美服饰有限公司。其负责人孙建华，20 多年前在一家国营纺织企业工作。才华得不到施展的他，30 岁辞职，专门做起了帽子的外贸生意，在南通成立了南通富美有限公司。主营外销业务。

第二阶段(2000 年)，成立南通富士美帽业有限公司，主营业务是梭织制造。

第三阶段(2003 年)，成立富美服饰有限公司，主营业务是针织制造。

第四阶段(2007 年)，成立南通动感服饰在线商务有限公司，主营业务是网售。动感服饰于 2007 年 6 月成立，是富美公司旗下从事帽子、手套、围巾网络销售平台的子公司。2008 年初成立第一家淘宝 C 店，2009 年进入天猫，由最先创立的 4 人发展到现在 32 人。2010 年目标定位主打天猫店铺，2013 年开始全渠道，6 年的发展逐渐摸索出一套自己独特的经营模式，加上原有一套非常完善的运营系统，近 3 年处于快速发展期。目前已经是国内最大的帽饰网络销售平台，自主品牌 SIGGI 为电子商务帽饰类第一大品牌。

第五阶段(2009 年)，成立上海帽仕汇服饰有限公司，主营业务是品牌专卖店和代理。帽仕汇以展卖为载体，举办古董帽文化鉴赏巡展活动，在帽仕汇上海、天津、杭州等店铺所在的商场大厅进行展示。帽仕汇通过巡展讲解古董帽所蕴含的文化、佩戴者的身份地位等，加深消费者对帽饰的文化认知。针对那些走进店铺中的消费者，帽仕汇会定期举办迷你酒会。

第六阶段(2014 年)，建立中国帽饰博物馆。2014 年 9 月，以动感服饰创始人孙建华的英文名字命名的 jeffsun 帽饰博物馆揭牌，以中国古代冠饰为主，展出了他所收藏的 600 多件藏品。在 350 平方米的帽饰博物馆馆内徜徉，细观一件件展品，仿佛有穿越时空之感，又似乎在遨游世界各地。从宋辽时代的高翅铜鎏金女冠到清朝的银点翠七凤冠，再到当代的经典创意之作；从巴拿马草帽到印第安鹰羽帽，再到中国少数民族的各种帽饰；从各种帽架、帽盒到顶戴花翎、眉勒，再到各种荷包、暖耳、云肩。

（二）南通动感赢利模式创新内容

1. 知名品牌贴牌产品

富美给阿玛尼、G-star 等品牌做贴牌产品。

该业务的赢利模式要素如下：

• 价值主张：降低成本，保证质量。

• 目标顾客：国内国际知名品牌。

• 核心资源：生产基地、技术工艺、成本低。

• 业务流程：接受订单—完成订单—交付。

• 重要合作：知名品牌等。

• 收入和成本结构：主要收入来自帽子生产。

• 产品定价方式：合同定价。

2. 动感网售品牌

南通动感服饰在线商务有限公司业务的赢利模式要素如下：

• 定位：专业的帽子服饰销售网站。

• 价值观：服务心态、学习、责任心、创新力、执行力。

• 客户群：天真浪漫的孩子（BOBYKIDS）、时尚前卫的青年（.COM）、优雅知性的白领（SIGGI）、儒雅的长者（冠之缘）、男女老少（外贸系列）。

• 特色服务：代客设计，量身定做。

• 资源：ISO9001－2000 质量认证，8 名专业的设计师队伍，700 名丰富的帽业经验的团队，560m^2 的物流仓库，700m^2 展示空间（总部），80 000 顶（常年现货）以及 20 款/周的新款推出。

业务流程：网售。

• 重要合作：电子商务网站。

• 收入和成本结构：主要收入来自帽子销售•

• 产品定价方式：动感定的价格。

3. 动感自营中高端品牌

动感有自营的 hatters、jeffsun 等品牌，专业打造男女礼帽，这些帽子也出现在时尚芭莎、surface 等一线时尚杂志中。

该业务的赢利模式要素如下：

• 价值主张：差异化。
• 目标顾客：帽子爱好者，中高端客户。
• 核心资源：知名设计师，富美总公司资源。
• 业务流程：专卖店，网上商城。
• 重要合作：电子商务网站、实体店加盟等。
• 收入和成本结构：主要收入来自帽子销售。
• 产品定价方式：富美定的价格。

4. 帽仕汇——全球帽子品牌的整合者

依托富美在帽饰领域近20年精心耕耘的强力后盾，从上海田子坊的第一家品牌专营店开始，帽仕汇开始了蓬勃发展。目前已在北京、上海、天津、杭州等地建立了自己的HATTERS'HUB帽仕汇品牌专柜及专卖店，涵盖所有花式帽型，进驻国内中高端商场。HATTERS' HUB帽仕汇共囊括了三个本土品牌、两个设计师品牌、两个国外顶级帽饰品牌，致力于打造帽子饰品行业的航空母舰。HATTERS' HUB帽仕汇涵盖所有花式帽型，并有高级定制服务提供。无论是日常生活、工作通勤还是参加高端晚宴；无论是遮阳保暖还是搭配扮靓，在HATTERS' HUB帽仕汇都能与您心中的那一顶帽子相遇。该公司现有专业的帽饰设计师16位，其中12位是专业国内帽饰设计师，4位是来自英、日、西班牙和美国的国际设计师，每年发布2 000余款潮流新品。帽仕汇不少帽饰产品，尤其是手工帽饰，被《时尚芭莎》《时尚》(*Cosmao*)、《时装》(*L'OFFICIEL*)等知名时尚杂志争相借用拍摄杂志大片，引领最新的潮流风尚。HATTERS' HUB帽仕汇不单致力打造帽饰品牌的航母，更是致力成为整合全球帽饰资源、分享经验、结交朋友的纽带，为广大爱帽人士提供因帽而结缘的平台。

该业务的赢利模式要素如下：

• 价值主张：个性时尚。
• 目标顾客：中高端客户。
• 核心资源：知名设计师，富美总公司资源。
• 业务流程：专卖店，个性定制。
• 重要合作：商场等。
• 收入和成本结构：主要收入来自帽子销售。
• 产品定价方式：帽仕汇定的价格。

六、南通动感赢利模式创新绩效

1）南通动感历年网上销售情况

见图 5。

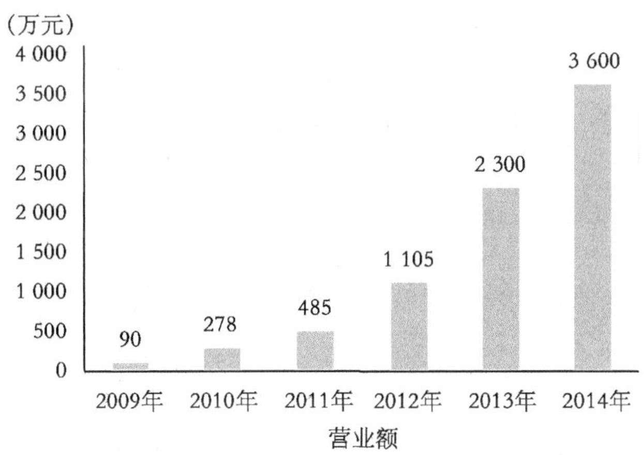

营业额

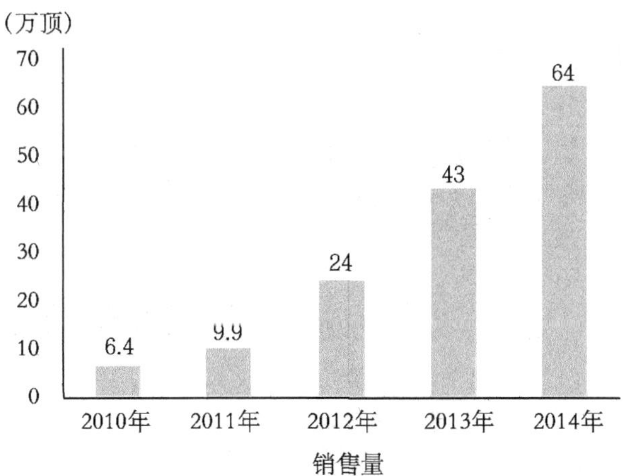

销售量

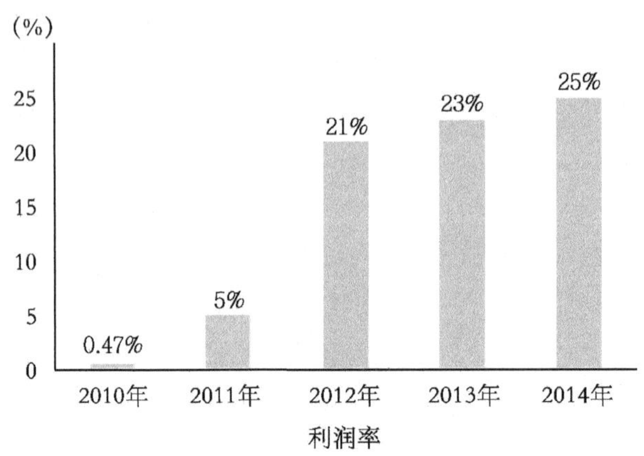

图 5　动感网上销售情况

2）网售帽饰细分品牌分布

目前帽饰市场，女性市场占比 67.42%，男性市场占 32.57%，其中老年市场和儿童市场帽饰非常巨大，可开发性极强，而动感拥有全面的分类品牌。

(1) Siggi 品牌：优雅、知性、时尚女性，目前网络销售搜索销售额第一大品牌。

(2) TOP-EX：户外运动品牌。

(3) 冠之缘：中老年帽饰品牌。

(4) BabyKids：儿童帽饰品牌。

3）预计销售额增长

预计未来 5 年动感实现销售额增长见图 6。

4）增长比例

预计动感的增长比例见图 7、图 8。

从图 7、图 8 中可以看出，未来人员的增长、库存的增长都会明显小于营业额的增长，并且利润率的增长会更快。

七、南通动感赢利模式创新经验及启示

（一）南通动感赢利模式创新经验

1. 以人为本

所谓以人为本，就是要尊重人，关爱人，重视人的作用，把人作为企业、社会

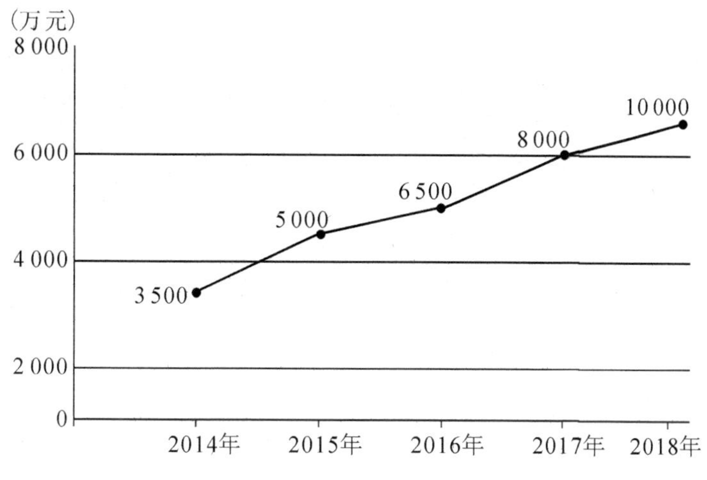

图 6　动感未来 5 年销售额增长

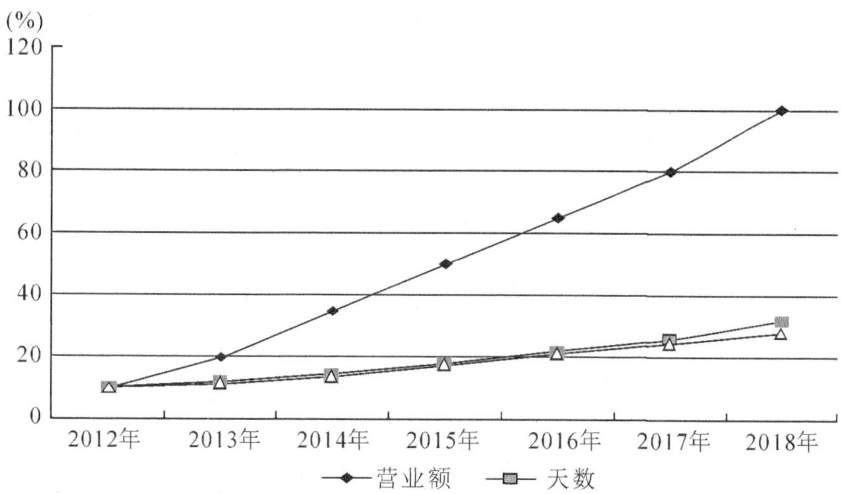

图 7　动感营业额、人数、库存数上升比例对比(2012—2018 年)

发展的根本。公司领导及员工有义务、有责任,使工作成为愉快的经历,提倡开心愉快地生活和工作。

2. 理念创新

一是产品创新。设计人员走出去了解国际流行趋势,对辅料及帽子市场进行分析,结合流行元素及自身的专业知识,为新老客户推出吸引眼球的款式。

二是价值观。富美公司的价值观是:服务、学习、创新、责任感、行动力。结合各自的工作岗位,总结出该做什么,不该做什么,让员工明白什么是公司倡导

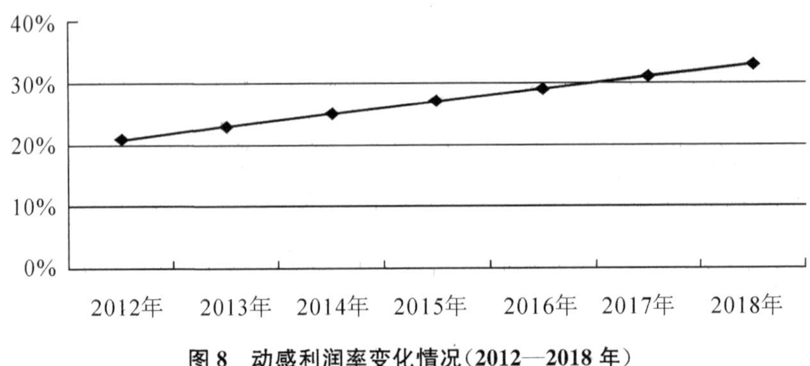

图 8　动感利润率变化情况(2012—2018 年)

的,什么是公司反对的。

三是客户培训和考评。录制中、英、日文版 DVD,并且要求国外客户的设计人员、业务人员认真学习理解。每年年底,公司都要对部分客户作考评,对“没有价值的客户”予以淘汰。

3. 模式创新

由于坚持不懈地开拓创新,打造自己的品牌,拓展市场渠道,公司的营业额持续上升。南通富美公司拥有的品牌,已完成全球注册;南通动感服饰在线商务有限公司网络销售情况良好,取得了一定的成绩;目前,公司正在向中服协申请筹办中国帽饰创意设计中心,进一步提升自己的品牌。

(二)南通动感未来赢利点分析

(1) 网上平台销售。网络销售是最基本的保障。

(2) 个性化专属在线定制服务。未来的网购应属于个性化的时代,差异化的产品会越来越受客户的欢迎,目前动感正在和爱定客合作设计定制器,开展未来专属定制服务,客户可以在线上对款式、颜色、绣花、印花、铆钉、钻石、个性签名等排列组合,自主设计、随意搭配,自己就是设计师,而且设计出来的将会是独一无二的。这样的帽饰无论是送爱人、送家人还是送朋友等都会非常有意义和珍贵。届时,动感各大网上销售平台将会同期开展私人定制服务,可想而知这个市场将有多大。

(3) 知名品牌授权合作。帽子可以开展品牌授权合作,在网上无尽的浏览量面前,充分展示自己的独特设计作品。例如,目前正在和施华洛世奇元素合作,推出高端帽饰;与阿狸授权合作,2013 年下半年阿狸授权初步尝试销售额 130 万元,还有其他更为知名品牌的授权合作正在洽谈中,从而可以展现出更多的差异化产品。

(4) 代销。

动感曾成功地帮助过有生产能力但无销售能力的企业代销帽饰。对方只负责生产，我们帮助在网上销售，动感不占用库存，也没有资金占用风险。动感本身有巨大的浏览量和品牌吸引力及成熟的运营系统，只要是高质量的优质款式，在经过审核后都可以进入代销模式，利润非常可观。

(5) 各种活动俱乐部合作。目前和动感合作的有高尔夫协会、钓鱼协会、浙江大学校友会、香港大学校友会等等，未来动感也会和更多的俱乐部合作，开展户外帽子合作。

(6) 代运营。动感本身有一个非常成熟和完善的运营系统和人员分配体系，可以帮助有生产能力但无运营能力的电商店铺代运营。代运营可以整店托管或者部分托管，包括摄影及视觉营销设计、品牌推广策划、精准营销、客服等。与一般的托管第三方不同，动感是有牢固基础的实干型公司。目前已经有一些企业让动感帮助代运营电商部，这也是动感未来非常好的赢利模式，如果利润可观，专门成立代运营事业部也并非不可能。

(7) 品牌公司合作，大数据营销共享。对于电商行业来说，数据的重要性毋庸置疑。围绕着大数据，产品数据、交易数据、数据追踪、数据安全、数据挖掘和数据分析已经成为未来电商平台的制胜关键和利润焦点。

当今，不管你有没有意识到，大数据已经来到我们身边。我们可以根据 60 万的会员和还在快速增长期的数量，做精准电商营销；我们可以根据客户的年龄、工作、住址、收入情况等帮助合作品牌精准对接；我们每天平均有 1 800 个包裹的发货量；我们可以帮助合作品牌商联合宣传，包括海报、扫码等营销措施。